LE DROIT DES GENS,

OU

PRINCIPES

DE

LA LOI NATURELLE,

Appliqués à la conduite & aux affaires des Nations
& des Souverains.

PAR M. DE VATTEL.

*Nihil eſt enim illi principi Deo, qui omnem hunc mundum regit, quod
quidem in terris fiat, acceptius, quam conſilia cœtuſque hominum
jure ſociati, quæ civitates appellantur.* Cicer. Somn. Scipion.

Nouvelle édition augmentée.

TOME II.

A NEUCHATEL,

De l'Imprimerie de la Société Typographique.

M. DCC. LXXIII,

ABRÉGÉ

DE LA VIE

DE M. DE VATTEL,

*Conſeiller Privé de S. M. le Roi de Pologne , Electeur de Saxe,
& ſon Miniſtre auprès de la République de Berne.*

MONSIEUR EMER DE VATTEL, fils de M. N. de
Vattel, & de Madame N. de Montmollin, naquit dans
la prinipauté de Neuchatel en Suiſſe, au mois d'avril 1714.
Dès ſes plus tendres années il manifeſta des talens rares ,
& un goût décidé pour les ſciences. Voué d'abord à la
théologie , il fit ſes premieres études en humanité & en
philoſophie dans l'univerſité de Bâle. De retour dans ſa
patrie, il ſubit l'examen ordinaire pour ces deux objets, de
la maniere la plus diſtinguée, & ſe rendit à Geneve dans le
deſſein de s'occuper de ſciences plus directement relatives à
ſa deſtination. Mais bientôt, entraîné par ſon goût pour l'é-
tude de la philoſophie, il abandonna toute autre vue, &
cette ſcience devint ſa principale occupation. Il lut & mé-
dita profondément les ouvrages de *Leibnitz* & de *Wolff*, &
donna au public ſa *Défenſe du ſyſlême du premier* , ouvrage
qui annonce une connoiſſance très-diſtincte des matieres les
plus abſtraites de la métaphyſique, & dans lequel on trouve,
outre le développement exact des principes du philoſophe
Allemand, la réponſe aux objections de ceux qui ne les
goûtoient pas, & un traité de la liberté humaine, auſſi claire
que ſolide.

Tome I.   *

C'eſt ainſi qu'en cultivant la ſcience la plus propre à per-
fectionner l'entendement, M. de Vattel cherchoit à ſe mettre
en état de remplir quelque emploi diſtingué dans la ſociété.
Ses talens lui permettoient d'y aſpirer, & la modicité de ſa
fortune le lui rendoit néceſſaire. Né ſujet de S. M. le roi
de Pruſſe, il ſe rendit à Berlin en 1741, pour offrir ſes
ſervices au monarque philoſophe qui venoit de monter ſur
le trône. Monſieur de Vattel deſiroit d'occuper un poſte qui
l'appellât au maniement des affaires politiques. Aucun,
malheureuſement pour lui, ne ſe trouvoit alors vacant. Ses
facultés ne lui permettoient pas d'attendre long-tems un
vuide incertain, on lui fit eſpérer un ſuccès moins éloigné
à la cour de Dreſde. Il y paſſa en 1743 ; & l'accueil diſtingué qu'il obtint de M. le comte de Bruhl, premier miniſtre
de S. M. le roi de Pologne, fixa ſon choix.

Des affaires particulieres l'ayant rappellé dans ſa patrie,
il retourna à Dreſde en 1746, obtint le titre de conſeiller
d'ambaſſade, avec une penſion, & fut envoyé à Berne, en
qualité de miniſtre de S. M. le roi de Pologne, auprès de
cette république. Arrivé au lieu de ſa deſtination, il ſut
bientôt ſe faire eſtimer & conſidérer par les chefs de l'é-
tat, & s'acquitta avec ſuccès des différentes commiſſions
dont il fut chargé.

Mais comme ſon emploi n'exigeoit pas une réſidence
continuelle, M. de Vattel paſſoit une partie de l'année dans
le ſein de ſa famille; & ce fut alors que, conſacrant aux
lettres le loiſir que lui accordoient les affaires, il donna
au public pluſieurs pieces détachées de morale, de littérature & d'amuſement, qu'on a raſſemblées ſous divers titres;
mais ſur-tout il travailla ſérieuſement au grand ouvrage dont
il avoit formé le plan depuis long-tems, à ſon immortel
traité *du droit des gens*, qui, imprimé d'abord à Neuchatel,
& enſuite en divers lieux, traduit en pluſieurs langues,
adopté par toutes les communions, reçu favorablement dans

tous les états, lui acquit à jufte titre la plus grande réputation, & lui concilia les fuffrages des politiques autant que ceux des gens de lettres. On peut dire en effet que M. de Vattel a déployé dans cette intéreffante production toute l'étendue de fon génie & la folidité de fes lumieres, à mefure qu'on y trouve l'empreinte des vertus qui formoient l'effence de fon caractere. Tout y eft clair, judicieux, fyftématique ; & les préceptes font appuyés par des exemples bien choifis. Tout y annonce le citoyen vertueux, l'ami des hommes, de la liberté, de la vraie gloire. Le fentiment vif & profond dont l'auteur étoit pénétré, donne à fon ftyle une chaleur, une énergie qui ne fe trouve pas dans les ouvrages purement didactiques ; en un mot, le *droit des gens* de M. de Vattel fera toujours regardé par les connoiffeurs, comme un ouvrage du premier mérite, deftiné à éclairer les nations fur leurs intéréts les plus effentiels. Mais quelque application que l'auteur eût donnée à la compofition de ce traité, l'idée de fon importance l'avoit engagé à le revoir encore, & à l'enrichir de quelques notes dont les matériaux ont été trouvés dans fes manufcrits, & auxquelles de nombreufes occupations & une mort prématurée ne lui ont pas permis de mettre lui-même la derniere main. On les a recueillies avec le plus grand foin dans cette édition, qui devient par-là fupérieure à toutes celles qui l'ont précédée.

Enfin, un dernier fruit des travaux littéraires de M. de Vattel parut fous le titre de *Queftions de droit naturel, ou obfervations fur le traité du droit de la nature, par M. Wolff.* L'auteur, en lifant attentivement l'ouvrage de ce grand philofophe, s'étoit apperçu de quelques écarts relativement à la méthode, & même de quelques inexactitudes dans les démonftrations, défauts inévitables dans un travail très-long & très-détaillé. Il crut que le refpect même dont il étoit rempli a fon égard, lui impofoit le devoir de faire difparoître ces taches légeres. Dans cette vue, M. de Vattel

a raſſemblé un grand nombre de queſtions intéreſſantes
concernant le droit naturel ; il les diſcute en peu de mots,
d'une maniere nette & préciſe ; il les démontre par les vrais
principes de cette ſcience. Cet ouvrage eſt néceſſaire pour
quiconque veut lire avec fruit celui de M. Wolff.

Mais les talens de M. de Vattel étoient trop connus de la
cour de Saxe, & trop ſupérieurs à l'objet de ſa miſſion en
Suiſſe, pour qu'il pût y ſéjourner long-tems, & ne pas être
mieux occupé. La guerre venoit de s'allumer dans l'Allemagne. Il fut rappellé en 1768, & deſtiné à travailler dans le
cabinet. Parvenu enfin au but qu'il s'étoit propoſé, & mis
à portée de manifeſter ſon génie pour le maniement des
affaires politiques, M. de Vattel ſe livra tout entier à ſes importantes fonctions. Le nombre & l'importance de ſes ſervices furent bientôt récompenſés par l'emploi de conſeiller
privé de S. A. E. de Saxe. Mais le zele dont il étoit
animé pour les intérêts de ſon maître, & ſon application
continuelle à un travail que les circonſtances rendoient plus
pénible encore, affoiblirent par degrés le tempérament
robuſte qu'il avoit reçu de la nature, & ſur les reſſources
duquel il comptoit trop peut-être. Sa ſanté ſe dérangea au
point qu'il fut obligé d'interrompre ſes occupations, & de
ſe rendre dans ſa patrie en 1766, pour tâcher de la rétablir
en reſpirant l'air natal & en goûtant quelque repos. Ces
ſecours & l'uſage de quelques remedes paroiſſant lui avoir
rendu ſes forces, il ſe hâta de retourner à Dreſde pendant
l'automne de la même année, & il reprit ſes fonctions avec
une aſſiduité que ſa convaleſcence encore imparfaite ne put
ſoutenir. Une attaque violente de la même maladie le
contraignit, dès l'année ſuivante, de faire de nouveau le
voyage de Neuchatel, réſolu de ſe donner tout le tems
néceſſaire pour rétablir entiérement ſa ſanté ; mais, loin d'y
réuſſir, la maladie réſiſta à tous les ſecours de l'art ; & M.
de Vattel ſuccomba enfin ſous ſes efforts le 20 décembre 1767,

emportant les regrets les plus vifs de fa famille, de fes amis, de fes concitoyens, des gens de lettres, comme ceux de la cour au fervice de laquelle il s'étoit confacré.

Il avoit époufé à Drefde en 1764, mademoifelle Marianne de Chêne; & de ce mariage eft né un fils, qui, quoiqu'encore en bas âge, donne de flatteufes efpérances. Puiffe-t-il marcher fur les traces d'un pere que la mort·lui ravit trop tôt pour fon bonheur !

Nous ne nous arrêterons pas à faire ici l'éloge de feu M. de Vattel Quelque confolant qu'il pût être pour nous de répandre quelques fleurs fur le tombeau d'un compatriote fi digne de notre *admiration* & de notre *eftime*, la voix publique doit nous difpenfer de ce foin. Tout le monde fait qu'il réuniffoit dans un degré rare les qualités de l'efprit & celles du cœur; qu'il joignoit à la jufteffe, à l'étendue du génie, les vertus les plus effentielles, la candeur, la droiture, la générofité, les fentimens nobles & élevés. Invariable dans fes principes, il fut toujours bon citoyen, ami fidele, empreffé à faire le bien. Ses ouvrages d'ailleurs fuffifent pour le faire connoître. Il s'y eft peint lui-même par des traits qui caractérifent la plus belle ame. Ce que nous y ajouterions ne pourroit qu'affoiblir un tableau qui, en nous rappellant tout ce qu'il fut, honore & fa patrie & l'humanité.

CATALOGUE

Des ouvrages de M. DE VATTEL.

1º. **D**Efenfe du fyftême de Leibnitz, 1. vol. *in*-12 de 5 à 6 cents pages, imprimé en 1741, à Leyde, chez Elicluzac.

2°. Pieces diverfes de morale & d'amufement, 1. vol. *in* - 12 de 257 pages. A Paris, chez Briaſſon 1746, & réimprimé à Dreſde, chez Walther en 1747, avec quelques augmentations, fous le titre de *Loiſir philoſophique*.

3°. Mélanges de littérature & de poéſies , 1. vol. *in* - 12 de 323 pages. A Paris, fous le nom d'Amſterdam, chez Vincent, 1757.

4°. Le droit des Gens, 2. vol. *in*-4°, imprimé d'abord à Neuchatel fous le titre de Londres , enfuite à Paris , en Hollande & ailleurs, fans la participation de l'auteur, & dont on donne aujourd'hui une nouvelle édition poſthume.

5°. Mélanges de morale, de littérature & de politique , brochure *in*-12 de 109 pages. A Neuchatel, 1770.

6°. Queſtions de droit naturel, & obſervations fur le traité du droit de la nature, de M. Wolff, 1. vol. *in* - 12 de 439 pages. A Berne, 1762.

LE DROIT DES GENS.

LIVRE III.

DE LA GUERRE.

CHAPITRE I.

De la guerre & de ses différentes especes , & du droit de faire la guerre.

A guerre est *cet état dans lequel on poursuit son droit par la force.* On entend aussi par ce mot , l'acte même ou la maniere de poursuivre son droit par la force ; mais il est plus conforme à l'usage, & plus convenable dans un traité du droit de la guerre, de prendre ce terme dans le sens que nous lui donnons.

§. 1. Définition de la guerre.

La *guerre publique* est celle qui a lieu entre les nations ou les souverains , qui se fait au nom de la puissance publique , & par son ordre. C'est celle dont nous avons à traiter ici. La *guerre privée*, qui se fait entre particuliers , appartient au droit naturel proprement dit.

§. 2. De la guerre publique.

En traitant du droit de sûreté , nous avons montré que la nature donne aux hommes le droit d'user de force , quand cela est nécessaire , pour leur défense & pour la conservation de leurs droits. Ce principe est généralement reconnu; la raison le démontre, & la nature elle - même l'a gravé

§. 3. Du droit de faire la guerre.

Tome II.   A

dans le cœur de l'homme. Quelques fanatiques feulement, prenant à la lettre la modération recommandée dans l'évangile, fe font mis en fantaifie de fe laiffer égorger, ou dépouiller, plutôt que d'oppofer la force à la violence. Mais il n'eft pas à craindre que cette erreur faffe de grands progrès. La plupart des hommes s'en garentiront d'eux - mêmes : heureux s'ils favoient auffi bien fe tenir dans les juftes bornes que la nature a mifes à un droit accordé feulement par néceffité ! C'eft à les marquer exactement, ces juftes bornes, c'eft à modérer par les regles de la juftice, de l'équité, de l'humanité, un droit trifte en lui - même & trop fouvent néceffaire, que ce troifieme livre eft deftiné.

§. 4.
Il n'appartient qu'à la puiffance fouveraine.

La nature ne donnant aux hommes le droit d'ufer de force que quand il leur devient néceffaire pour leur défenfe & pour la confervation de leurs droits, (Liv. II. §. 49. & fuiv.) il eft aifé d'en conclure que depuis l'établiffement des fociétés politiques, un droit fi dangereux dans fon exercice n'appartient plus aux particuliers, fi ce n'eft dans ces rencontres, où la fociété ne peut les protéger, les fecourir. Dans le fein de la fociété, l'autorité publique vuide tous les différens des citoyens, réprime la violence & les voies de fait. Que fi un particulier veut pourfuivre fon droit contre le fujet d'une puiffance étrangere, il peut s'adreffer au fouverain de fon adverfaire, aux magiftrats qui exercent l'autorité publique ; & s'il n'en obtient pas juftice, il doit recourir à fon propre fouverain, obligé de le protéger. Il feroit trop dangereux d'abandonner à chaque citoyen la liberté de fe faire lui-même juftice contre les étrangers ; une nation n'auroit pas un de fes membres qui ne pût lui attirer la guerre. Et comment les peuples conferveroient-ils la paix, fi chaque particulier avoit le pouvoir de la troubler ? Un droit d'une fi grande importance, le droit de juger fi la nation a un véritable fujet de fe plaindre, fi elle eft dans le cas d'ufer de force, de prendre les armes avec juftice, fi la prudence le lui permet, ſi le bien de l'état l'y invite ; ce droit, dis-je, ne peut appartenir qu'au corps de la nation, ou au ſouverain qui la repréſente. Il eſt ſans doute au nombre de ceux ſans leſquels on ne peut gouverner d'une maniere ſalutaire, & que l'on appelle droits de majeſté. (L. I. §. 45.)

La puiſſance ſouveraine eſt donc ſeule en pouvoir de faire la guerre. Mais comme les divers droits qui forment cette puiſſance, réſidente originairement dans le corps de la nation, peuvent être ſéparés, ou limités, ſuivant la volonté de la nation, (L. I. §§. 31. & 45.) c'eſt dans la conſtitution particuliere de chaque état, qu'il faut chercher quelle eſt la puiſſance autoriſée à faire la guerre au nom de la ſociété. Les rois d'Angleterre, dont le pouvoir eſt d'ailleurs ſi limité, ont le droit de faire la guerre (*) & la paix : ceux de Suede l'ont perdu. Les brillans & ruineux exploits de CHARLES XII, n'ont que trop autoriſé les états du royaume à ſe réſerver un droit ſi intéreſſant pour leur ſalut.

La guerre eſt *défenſive*, ou *offenſive*. Celui qui prend les armes pour repouſſer un ennemi qui l'attaque, fait une guerre *défenſive*. Celui qui prend les armes le premier & attaque une nation qui vivoit en paix avec lui, fait une guerre *offenſive*. L'objet de la guerre défenſive eſt ſimple, c'eſt la défenſe de ſoi-même : celui de la guerre offenſive varie autant que les diverſes affaires des nations. Mais en général, il ſe rapporte ou à la pourſuite de quelques droits, ou à la ſûreté. On attaque une nation, ou pour ſe faire donner une choſe à laquelle on forme des prétentions, ou pour la punir d'une injure qu'on en a reçue, ou pour prévenir

§. 5.
De la guerre défenſive & de la guerre offenſive.

(*) Je parle du droit en lui même. Mais un roi d'Angleterre ne pouvant, ni lever de l'argent, ni contraindre ſes ſujets à prendre les armes, ſans le concours du parlement, ſon droit de faire la guerre ſe réduit en effet à peu de choſe, ſi le parlement ne lui fournit les moyens.

A 2

celle qu'elle fe prépare à faire , & détourner un danger
dont on fe croit menacé de fa part. Je ne parle pas encore de la
juftice de la guerre : ce fera le fujet d'un chapitre à part.
Il s'agit feulement ici d'indiquer en général les divers objets
pour lefquels on prend les armes ; objets qui peuvent fournir des raifons légitimes , ou d'injuftes prétextes , mais qui
font au moins fufceptibles d'une couleur de droit. C'eft pourquoi je ne mets point au rang des objets de la guerre offenfive , la conquête, ou le defir d'envahir le bien d'autrui. Une
pareille vue , dénuée même de prétexte, n'eft pas l'objet d'une
guerre en forme , mais celui d'un brigandage , dont nous
parlerons en fon lieu.

CHAPITRE II.

De ce qui fert à faire la guerre , de la levée des troupes , &c.
de leurs commandans , ou des puiſſances ſubalternes
dans la guerre.

§. 6
Des inftru-
mens de
la guerre.

LE fouverain eft le véritable auteur de la guerre, laquelle
fe fait en fon nom & par fon ordre. Les troupes, officiers , foldats , & en général tous ceux par le moyen defquels le fouverain fait la guerre , ne font que des inftrumens
dans fa main. Ils exécutent fa volonté , & non la leur. Les
armes , & tout l'appareil des chofes qui fervent à la guerre,
font des inftrumens d'un ordre inférieur. Il eft important, pour
decider les queftions qui fe préfenteront dans la fuite , de déterminer précifément quelles font les chofes qui appartiennent
à la guerre. Sans entrer ici dans le détail , nous dirons que
tout ce qui fert particuliérement à faire la guerre , doit être
mis au rang des inftrumens de la guerre ; & les chofes qui
font également d'ufage en tout tems , comme les vivres , ap-

partiennent à la paix; fi ce n'eft en certaines occafions particulieres, où l'on voit que ces chofes - là font fpécialement
deftinées à foutenir la guerre. Les armes de toute efpece,
l'artillerie, la poudre à canon, le falpêtre & le fouflre, qui
fervent à la fabriquer, les échelles, gabions, outils, & tout
l'attirail d'un fiege, les matériaux de conftruction pour les
va ffeaux de guerre, les tentes, les habi s de foldats, &c. tout
cela appartient conftamment à la guerre.

La guerre ne pouvant fe faire fans foldats, il eft manifefte que quiconque a le droit de faire la guerre, a naturellement auffi celui de lever des troupes. Ce dernier droit
appartient donc encore au fouverain, (§. 4.) & il eft au
nombre des droits de majefté. (L. I. §. 45.) Le pouvoir de
lever des troupes, de mettre une armée fur pied, eft d'une
trop grande conféquence dans l'état, pour qu'il puiffe être
confié à d'autres qu'au fouverain. Les puiffances fubalternes
n'en font point revêtues : elles l'exercent feulement par ordre ou par commiffion du fouverain. Mais il n'eft pas toujours néceffaire qu'elles en ayent un ordre exprès. Dans ces
occafions preffantes, où il eft impoffible d'attendre les ordres
fuprêmes, un gouverneur de province, un commandant de
place peuvent lever des troupes, pour la défenfe de la ville
ou de la province qui leur eft confiée; & ils le font en vertu du pouvoir que leur donne tacitement leur commiffion,
pour des cas de cette nature.

§. 7.
Du droit
de lever
des trou-
pes.

Je dis que ce pouvoir éminent eft l'apanage du fouverain; il fait partie de l'empire fuprême. Mais on a vû ci-
deffus, que les droits, dont l'affemblage conftitue la fouveraineté, peuvent être divifés, (L. 1. §§. 31. & 45.) fi telle
eft la volonté de la nation. Il peut donc arriver que la nation ne confie pas à fon conducteur un droit fi dangereux à
fa liberté, celui de lever des troupes & de les tenir fur pied,
ou qu'elle en limite au moins l'exercice, en le faifant dé-

pendre du confentement de fes répréfentans. Le roi d'Angleterre, qui a le droit de faire la guerre, a bien auſſi celui de délivrer des commiſſions pour la levée des troupes ; mais il ne peut contraindre perſonne à s'enrôler, ni entretenir une armée ſur pied, ſans le concours du parlement.

§. 8
Obligation
des ci-
toyens ou
ſujets.

Tout citoyen eſt obligé de ſervir & de défendre l'état, autant qu'il en eſt capable. La ſociété ne peut ſe conſerver autrement ; & ce concours pour la défenſe commune eſt une des premieres vues de toute aſſociation politique. Quiconque eſt en état de porter les armes, doit les prendre, au premier commandement de celui qui a le pouvoir de faire la guerre.

§. 9.
nrôle-
mens, le-
vée des
troupes.

Autrefois, & ſur-tout dans les petits états, dès que la guerre ſe déclaroit, tout devenoit ſoldat ; le peuple entier prenoit les armes & faiſoit la guerre. Bientôt on fit un choix, on forma des armées de gens d'élite, & le reſte du peuple ſe tint à ſes occupations ordinaires. Aujourd'hui l'uſage des troupes réglées s'eſt établi preſque par-tout, & principalement dans les grands états. La puiſſance publique leve des ſoldats, les diſtribue en différens corps, ſous l'autorité des chefs & autres officiers, & les entretient auſſi long-tems qu'elle le trouve à propos. Puiſque tout citoyen ou ſujet eſt obligé de ſervir l'état, le ſouverain eſt en droit d'enrôler qui il lui plaît, dans le beſoin. Mais il ne doit choiſir que des gens propres au métier de la guerre ; & il eſt tout-à-fait convenable qu'il ne prenne, autant que cela ſe peut, que des hommes de bonne volonté, qui s'enrôlent ſans contrainte.

§. 10.
S'il y a des
exemptions
de porter
les armes.

Naturellement nul n'eſt exempt de prendre les armes pour la cauſe de l'état ; l'obligation de tout citoyen étant la même. Ceux-là ſeuls ſont exceptés, qui ne ſont pas capables de manier les armes, ou de ſoutenir les fatigues de la guerre. Par cette raiſon, on exempte les vieillards, les enfans

& les femmes. Quoiqu'il se trouve des femmes aussi robustes
& aussi courageuses que les hommes, cela n'est pas ordinaire,
& les regles sont nécessairement générales, elles se forment
sur ce qui se voit plus communément. D'ailleurs, les femmes
sont nécessaires à d'autres soins dans la société, enfin le mê-
lange des deux sexes dans les armées entraîneroit trop
d'inconvéniens.

Autant qu'il est possible, un bon gouvernement doit
employer tous les citoyens, distribuer les charges & les
fonctions, de maniere que l'état soit le mieux servi, dans
toutes ses affaires. Il doit donc, quand la nécessité ne le presse
pas, exempter de la milice tous ceux qui sont voués à des
fonctions utiles, ou nécessaires à la société. C'est pourquoi
les magistrats sont ordinairement exempts; ils n'ont pas trop
de tout leur tems, pour rendre la justice & maintenir le bon
ordre.

Le clergé ne peut naturellement, & de droit, s'arro-
ger aucune exemption particuliere. Défendre la patrie n'est
point une fonction indigne des mains les plus sacrées. La loi
de l'église, qui défend aux ecclésiastiques de verser le sang,
est une invention commode, pour dispenser d'aller aux coups,
des gens souvent si ardens à souffler le feu de la discorde & à
exciter des guerres sanglantes. A la vérité, les mêmes raisons
que nous venons d'alléguer en faveur des magistrats, doivent faire exempter des armes le clergé véritablement utile,
celui qui sert à enseigner la religion, à gouverner l'église &
à célébrer le culte public. (*)

(*) Autrefois les évéques alloient à la guerre, à raison de leurs fiefs, & y me-
noient leurs vassaux. Les evêques Danois ne manquoient point à une fonction, qui
leur plaisoit davantage que les soins paisibles de l'épiscopat. Le fameux ABSALON,
évêque de Rotschild & ensuite archevêque de Lunden, étoit le principal général du
roi VALDEMAR I. Et depuis que l'usage des troupes réglées a mis fin à ce service féo-
dal, on a vu des prélats et curiers ambitionner le commandement des armées. Le cardinal de LA VALETTE, SOURDIS archevêque de Bourdeaux, endossèrent la cuirasse

Mais cette immenfe multitude d'inutiles religieux, ces gens, qui, fous prétexte de fe confacrer à Dieu, fe vouent en effet à une molle oifiveté, de quel droit prétendent-ils à une prérogative ruineufe à l'état ? Et fi le prince les exempte des armes, ne fait-il pas tort au refte des citoyens, fur qui il rejette le fardeau ? Je ne prétends pas ici confeiller à un fouverain de remplir fes armées de moines ; mais de diminuer infenfiblement une efpece inutile, en lui ôtant des privileges abufifs & mal-fondés. L'hiftoire parle d'un évé-que guerrier, (*) qui combattoit avec une maffue, affom-mant les ennemis, afin de ne pas encourir l'irrégularité, en répandant leur fang. Il feroit plus raifonnable, en dif-penfant les religieux de porter les armes, de les employer aux travaux & au foulagement des foldats. Plufieurs s'y font prêtés avec zele dans la néceffité : je pourrois citer plus d'un fiege fameux, où des religieux ont fervi utilement à la défenfe de la patrie. Quand les Turcs affiégerent Malte, les gens d'églife, les femmes, les enfans mêmes, tous contri-buerent, chacun felon fon état ou fes forces, à cette glorieufe défenfe, qui rendit vains tous les efforts de l'empire Ottoman.

Il eft une autre efpece de fainéans, dont l'exemption eft plus criante encore ; je veux parler de ce tas de valets, qui rempliffent inutilement les maifons des grands & des ri-ches : gens dont la vocation eft de fe corrompre eux-mêmes, en étalant le luxe de leur maître.

fous le miniftere de RICHELIEU, qui s'en revétit lui-même, à l'attaque du pas de Sufe. C'eft un abus auquel l'eglife s'oppofe avec raifon. Un évêque eft mieux à fa place dans fon diocefe, qu'à l'armée ; & aujourd'hui les fouverains ne manquent pas de généraux & d'officiers, plus utiles que ne pourroient l'être des gens d'églife. En général, il convient que chacun refte dans fes fonctions. Je ne contefte au clergé qu'une exemption de droit, & dans les cas de néceffité.

(*) Un évêque de Beauvais, fous PHILIPPE-AUGUSTE. Il combattit à la bat-taille de Bovines.

Chez

Chez les Romains , la milice fut gratuite, pendant que tout le peuple y servoit à son tour. Mais dès que l'on fait un choix , dès que l'on entretient des troupes sur pied , l'état doit les soudoyer ; car personne ne doit que sa quote-part du service public : & si les revenus ordinaires ne suffisent pas , il faut y pourvoir pas des impôts. Il est juste que ceux qui ne servent pas payent leurs défenseurs.

Quand le soldat n'est pas sous la tente, il faut nécessairement le loger. Cette charge tombe naturellement sur ceux qui possedent des maisons. Mais comme elle est sujette à bien des inconvéniens , & très-fâcheuse aux citoyens, il est d'un bon prince, d'un gouvernement sage & équitable, de les en soulager autant qu'il est possible. Le roi de France y a pourvu magnifiquement en bien des places , par des cazernes, construites pour le logement de la garnison.

Les asyles préparés aux soldats & aux officiers pauvres, qui ont blanchi sous le harnois, que les fatigues ou le fer de l'ennemi ont mis hors d'état de pourvoir à leurs besoins, peuvent être envisagés comme une partie de la solde militaire. En France & en Angleterre , de magnifiques établissemens en faveur des invalides , font honneur au souverain & à la nation , en acquittant une dette sacrée. Le soin de ces infortunées victimes de la guerre, est un devoir indispensable pour tout état, à proportion de son pouvoir. Il est contraire , non pas seulement à l'humanité , mais à la plus étroite justice, de laisser périr de misere , ou indignement forcés à mendier leur pain , de généreux citoyens, des héros , qui ont versé leur sang pour le salut de la patrie. Leur entretien honorable feroit une charge bien convenable à répartir sur les riches couvens & sur les gros bénéfices eccléfiastiques. Il est trop juste que des citoyens , qui fuient tous les dangers de la guerre , employent une partie de leurs richesses à soulager leurs vaillans défenseurs.

Tome I I.

Les foldats mercénaires font des étrangers qui s'enga-gent volontairement à fervir l'état, pour de l'argent, pour une folde convenue. Comme ils ne doivent aucun fervice à un fouverain dont ils ne font pas fujets, les avantages qu'il leur fait font leurs motifs. Ils contractent, par leur engagement, l'obligation de le fervir, & le prince, de fon côté, leur promet des conditions ftipulées dans leur capitulation. Cette capitulation regle & mefure des obligations & des droits refpectifs des contractans, doit être obfervée religieufement. Les plaintes de quelques hiftoriens François, contre des trou-pes Suiffes, qui, en diverfes occafions, ont autrefois refufé de marcher à l'ennemi, & fe font même retirées, parce qu'on ne les payoit pas, ces plaintes, dis-je, ne font pas moins ridicules qu'injuftes. Par quelle raifon une capitulation lieroit-elle plus fortement l'une des parties que l'autre? Dès que le prince ne tient pas ce qu'il a promis, les foldats étran-gers ne lui doivent plus rien. J'avoue qu'il y auroit peu de générofité à abandonner un prince, lorfqu'un accident le mettroit pour un tems hors d'état de payer, fans qu'il y eut de fa faute. Il pourroit même fe trouver des circonftances dans lefquelles cette inflexibilité feroit, finon injufte à la rigueur, au moins fort contraire à l'équité; mais ce n'a jamais été le cas des Suiffes. Ils ne quittoient point à la premiere *montre* qui manquoit : & lorfqu'ils ont vu dans un fouverain beau-coup de bonne volonté, jointe à une véritable impuiffance de les fatisfaire, leur patience & leur zele fe font conftamment foutenus. HENRI IV leur devoit des fommes immenfes: ils ne l'abandonnerent point dans fes plus grandes néceffités; & ce héros trouva dans la nation autant de générofité que de bravoure.

Je parle ici des Suiffes, parce qu'en effet, ceux dont il eft queftion étoient fouvent de fimples mercénaires. Mais il ne faut pas confondre avec des troupes de cette efpece, les Suiffes qui fervent aujourd'hui diverfes puiffances, avec la per-

miſſion de leur ſouverain & en vertu des alliances qui ſubſiſtent entre ces puiſſances & le corps Helvétique, ou quelque canton en particulier. Ces dernieres troupes ſont de véritables auxiliaires, quoique payées par les ſouverains qu'elles
ſervent.

On a beaucoup agité la queſtion, ſi la profeſſion de
ſoldat mercénaire eſt légitime, ou non; s'il eſt permis à des
particuliers de s'engager pour de l'argent, ou pour d'autres
récompenſes, à ſervir un prince étranger, dans ſes guerres.
Je ne vois pas que cette queſtion ſoit fort difficile à réſoudre. Ceux qui s'engagent ainſi, ſans la permiſſion expreſſe
ou tacite de leur ſouverain, pechent contre leur devoir de citoyens. Mais dès que le ſouverain leur laiſſe la liberté de
ſuivre leur inclination pour les armes, ils deviennent libres
à cet égard. Or il eſt permis à tout homme libre, de ſe joindre à telle ſociété qu'il lui plaît, & où il trouve ſon avantage, de faire cauſe commune avec elle, & d'épouſer ſes
querelles. Il devient en quelque façon, au moins pour un
tems, citoyen de l'état où il prend du ſervice : & comme,
pour l'ordinaire, un officier eſt libre de quitter quand il le
trouve à propos, & le ſimple ſoldat au terme de ſon engagement, ſi cet état entreprend une guerre manifeſtement injuſte, l'étranger peut prendre ſon congé. Ce ſoldat mercénaire, en apprenant le métier de la guerre, ſe ſera rendu
plus capable de ſervir ſa patrie, ſi jamais elle a beſoin de ſon
bras. Cette derniere conſidération nous fournira la réponſe
à une inſtance que l'on fait ici. On demande ſi le ſouverain peut honnêtement permettre à ſes ſujets de ſervir indiſtinctement des puiſſances étrangeres, pour de l'argent?
Il le peut, par cette ſeule raiſon que de cette maniere ſes
ſujets vont à l'école d'un métier qu'il eſt utile & néceſſaire
de bien ſavoir. La tranquillité, la paix profonde, dont jouit
depuis long-tems la Suiſſe, au milieu des guerres qui agi-

tent l'Europe, ce long repos lui deviendroit bientôt funefte, fi fes citoyens n'alloient pas dans les fervices étrangers, fe former aux opérations de la guerre & entretenir leur ardeur martiale.

§. 14.
Ce qu'il faut obfer-ver dans leur enga-gement.

Les foldats mercénaires s'engagent volontairement ; le fouverain n'a aucun droit de contraindre des étrangers : il ne doit même employer ni furprife, ni artifice, pour les engager à un contrat, lequel, auffi bien que tout autre, doit être fondé fur la bonne-foi.

§. 15.
Des enrô-lemens en pays étran-gers.

Le droit de lever des foldats appartenant uniquement à la nation, ou au fouverain, (§. 7.) perfonne ne peut enenrôler en pays étranger, fans la permiffion du fouverain ; & avec cette permiffion même, on ne peut enrôler que des volontaires. Car il ne s'agit pas ici du fervice de la patrie, & nul fouverain n'a le droit de donner ou de vendre fes fujets à un autre.

Ceux qui entreprennent d'engager des foldats en pays étranger, fans la permiffion du fouverain, & en général quiconque débauche les fujets d'autrui, viole un des droits les plus facrés du prince & de la nation. C'eft le crime que l'on appelle *plagiat*, ou vol d'homme. Il n'eft aucun état policé qui ne le puniffe très-févérement. Les enrôleurs étrangers font pendus fans rémiffion, & avec juftice. On ne préfume point que leur fouverain leur ait commandé de commettre un crime, & quand ils en auroient reçu l'ordre, ils ne devoient pas obéir ; le fouverain n'étant pas en droit de commander des chofes contraires à la loi naturelle. On ne préfume point, dis-je, que ces enrôleurs agiffent par ordre de leur fouverain, & on fe contente pour l'ordinaire de punir, quand on peut les attraper, ceux qui n'ont mis en œuvre que la féduction. S'ils ont ufé de violence, on les réclame, lorfqu'ils ont échapé, & on redemande les hommes qu'ils ont enlevés. Mais fi l'on eft affuré qu'ils ont eu des ordres, on eſt fondé à regarder cet attentat d'un ſouverain étranger comme une injure, & comme un ſujet très-légitime de lui déclarer la guerre, à moins qu'il ne faſſe une réparation convenable.

Tous les ſoldats, ſujets ou étrangers, doivent prêter ſerment de ſervir avec fidélité, & de ne point déſerter le ſervice. Ils y ſont déjà obligés, les uns par leur qualité de ſujets, & les autres par leur engagement. Mais leur fidélité eſt ſi importante à l'état, qu'on ne ſauroit prendre trop de précautions pour s'en aſſurer. Les déſerteurs méritent d'être punis très-ſévérement, & le ſouverain peut même décerner contre eux une peine capitale, s'il le juge néceſſaire. Les émiſſaires qui les ſollicitent à la déſertion, ſont beaucoup plus coupables encore que les enrôleurs dont nous venons de parler. §. 16.
Obligation
des ſol-
dats.

Le bon ordre & la ſubordination, par-tout ſi utiles, ne ſont nulle part ſi néceſſaires que dans les troupes. Le ſouverain doit déterminer exactement les fonctions, les devoirs & les droits des gens de guerre, ſoldats, officiers, chefs des corps, généraux ; il doit regler & fixer l'autorité des commandans dans tous les grades, les peines attachées aux délits, la forme des jugemens &c. Les loix & les ordonnances, qui concernent ces différens points, forment le code militaire. §. 17.
Des loix
militaires.

Les réglemens qui tendent en particulier à maintenir l'ordre dans les troupes & à les mettre en état de ſervir utilement, forment ce qu'on appelle la diſcipline militaire. Elle eſt d'une extréme importance. Les Suiſſes font la premerei des nations modernes qui l'ait remiſe en vigueur. Une bonne diſcipline, jointe à la valeur d'un peuple libre, produiſit dès les commencemens de la république ces exploits éclatans, qui étonnerent toute l'Europe. Mᴀᴄʜɪᴀᴠᴇʟ dit que *les Suiſſes* §. 18.
De la diſ-
cipline mi-
litaire.

font les maîtres de l'Europe dans l'art de la guerre. (*) De nos
jours les Pruſſiens on fait voir ce que l'on peut attendre
d'une bonne diſcipline & d'un exercice aſſidu : des ſoldats ra-
maſſés de tout côté , ont exécuté, par la force de l'habitude
& par l'impreſſion du commandement, ce que l'on pourroit
eſpérer des ſujets les plus affectionnés.

§. 19.
Des puiſ-
ſances ſu-
balternes
dans la
guerre.

Chaque officier de guerre , depuis l'enſeigne juſqu'au
général , jouit des droits & de l'autorité qui lui font attri-
bués par le ſouverain : & la volonté du ſouverain , à cet
égard, ſe manifeſte par ſes déclarations expreſſes , ſoit dans
les commiſſions qu'il délivre, ſoit dans les loix militaires,
ou elle ſe déduit, par conſéquence légitime, de la nature des fonctions commiſes à un chacun. Car tout homme
en place eſt préſumé revêtu de tous les pouvoirs, qui lui
font néceſſaires pour bien remplir ſa charge, pour s'acquitter heureuſement de ſes fonctions.

Ainſi la commiſſion de général en chef, quand elle eſt
ſimple & non limitée, donne au général un pouvoir abſolu
ſur l'armée, le droit de la faire marcher où il juge à propos,
d'entreprendre telles opérations qu'il trouve convenables au
ſervice de l'état, &c. Il eſt vrai que ſouvent on limite ſon
pouvoir ; mais l'exemple du maréchal de TURENNE montre
aſſez que quand le ſouverain eſt aſſuré d'avoir fait un bon
choix, il lui eſt avantageux & ſalutaire de donner *carte blan-
che* au général. Si le Duc de MARLBOUROUGH eût dépendu,
dans ſes opérations, de la direction du cabinet, il n'y a pas
d'apparence que toutes ſes campagnes euſſent été couron-
nées de ſuccès ſi éclatans.

Quand un gouverneur eſt aſſiégé dans ſa place, toute
communication lui étant ôtée avec ſon ſouverain, il ſe trouve
par cela même revêtu de toute l'autorité de l'état, en ce
qui concerne la défenſe de la place & le ſalut de la garniſon.

(*) Diſcours ſur TITE LIVE.

Il eſt néceſſaire de bien remarquer ce que nous diſons ici, afin d'avoir un principe pour juger de ce que les divers commandans, qui ſont des puiſſances ſubalternes ou inferieures dans la guerre, peuvent faire avec un pouvoir ſuffiſant. Outre les conſéquences que l'on peut tirer de la nature même des fonctions, il faut encore conſulter ici la coutume & les uſages reçus. Si l'on fait que chez une nation, les officiers d'un certain grade ont conſtamment été revétus de tels ou tels pouvoirs, on préſume légitimement que celui à qui on a affaire eſt muni des mêmes pouvoirs.

§. 26.
Comment leurs promeſſes obligent le ſouverain.

Tout ce qu'une puiſſance inférieure, un commandant dans ſon département, promet dans les termes de ſa commiſſion & ſuivant le pouvoir que lui donnent naturellement ſon office & les fonctions qui lui ſont commiſes, tout cela, dis-je, par les raiſons que nous venons d'expoſer, eſt promis au nom & en l'autorité du ſouverain, & l'oblige comme s'il avoit promis lui-même immédiatement. Ainſi un commandant capitule pour ſa place & pour ſa garniſon, & le ſouverain ne peut invalider ce qu'il a promis. Dans la derniere guerre, le général qui commandoit les François à *Lintz*, s'engagea à ramener ſes troupes en-deçà du Rhin. Des gouverneurs de place ont ſouvent promis que pendant un certain tems, leur garniſon ne porteroit point les armes contre l'ennemi avec qui ils capituloient : & ces capitulations ont été fidélement obſervées.

§. 27.
En quels cas leurs promeſſes ne lient, qu'elles ſeules.

Mais ſi la puiſſance inférieure va plus loin & paſſe le pouvoir de ſa charge, ſa promeſſe n'eſt plus qu'un engagement privé, ce que l'on appelle *ſponſio*, & dont nous avons traité ci-deſſus (L. II. Ch. XIV.). C'étoit le cas des conſuls Romains aux *Fourches-Caudines*. Ils pouvoient bien conſentir à livrer des otages, à faire paſſer l'armée ſous le joug, &c. mais ils n'étoient pas en pouvoir de faire la paix, comme ils eurent ſoin d'en avertir les Samnites.

§. 22.
De celle qui s'attribue un pouvoir qu'elle n'a pas.

Si une puiſſance inférieure s'attribue un pouvoir qu'elle n'a pas, & trompe ainſi celui qui traite avec elle, même un ennemi, elle eſt naturellement tenue du dommage cauſé par ſa fraude, & obligée à le réparer. Je dis, même un ennemi, car la foi dans les traités doit être gardée entre ennemis, comme en conviennent tous ceux qui ont du ſentiment, & comme nous le prouverons dans la ſuite. Le ſouverain de cet officier de mauvaiſe foi, doit le punir & l'obliger à réparer ſa faute, il le doit à la juſtice & à ſa propre gloire.

§. 23.
Comment elles obligent leurs inférieurs.

Les puiſſances ſubalternes obligent par leurs promeſſes ceux qui ſont ſous leurs ordres, à l'égard de toutes les choſes qu'elles ſont en pouvoir & en poſſeſſion de leur commander. Car, à l'égard de ces choſes-là, elle ſont revêtues de l'autorité du ſouverain, que leurs inférieurs ſont tenus de reſpecter en elles. C'eſt ainſi que dans une capitulation, le gouverneur de la place ſtipule & promet pour ſa garniſon, & même pour les magiſtrats & les citoyens.

CHAPITRE III.

Des juſtes cauſes de la guerre.

§. 24.
Que la guerre ne doit point être entrepriſe ſans de très-fortes raiſons.

Quiconque aura une idée de la guerre, quiconque réfléchira à ſes effets terribles, aux ſuites funeſtes qu'elle traîne après elle, conviendra aiſément qu'elle ne doit point être entrepriſe ſans les plus fortes raiſons. L'humanité ſe révolte contre un ſouverain, qui prodigue le ſang de ſes plus fideles ſujets, ſans néceſſité, ou ſans raiſons preſſantes, qui expoſe ſon peuple aux calamités de la guerre, lorſqu'il pourroit le faire jouir d'une paix glorieuſe & ſalutaire

taire. Que ſi à l'imprudence, au manque d'amour pour ſon
peuple, il joint l'injuſtice envers ceux qu'il attaque, de quel
crime, ou plutôt, de quelle effroyable ſuite de crimes ne ſe
rend-il point coupable? Chargé de tous les maux qu'il attire
à ſes ſujets, il eſt coupable encore de tous ceux qu'il porte
chez un peuple innocent. Le ſang verſé, les villes ſacca-
gées, les provinces ruïnées; voilà ſes forfaits. On ne tue
pas un homme, on ne brûle pas une chaumiere, dont il ne
ſoit reſponſable devant Dieu & comptable à l'humanité. Les
violences, les crimes, les déſordres de toute eſpece, qu'en-
traînent le tumulte & la licence des armes, ſouillent ſa conſcience & ſont mis ſur ſon compte, parce qu'il en eſt le prémier auteur. Vérités certaines, images trerribles qui devroient
inſpirer aux conducteurs des nations dans leurs entrepriſes
guerrieres, une circonſpection proportionnée à l'importance
du ſujet !

§. 25.
Des raiſons
juſtificati-
ves & des
motifs de
faire la
guerre.

Si les hommes étoient toujours raiſonnables, ils ne com-
battroient que par les armes de la raiſon. La juſtice & l'é-
quité naturelle ſeroient leur regle, ou leur juge. Les voies
de la force ſont une triſte & malheureuſe reſſource, contre
ceux qui mépriſent la juſtice & qui refuſent d'écouter la raiſon. Mais enfin, il faut bien venir à ce moyen, quand
tout autre eſt inutile. Une nation juſte & ſage, un bon
prince, n'y recourt qu'à l'extrêmité, comme nous l'avons
fait voir dans le dernier chapitre du livre II. Les raiſons
qui peuvent l'y déterminer ſont de deux ſortes, les unes
ſont voir qu'il eſt en droit de faire la guerre, qu'il en a un
légitime ſujet, on les appelle *raiſons juſtificatives* : les autres ſont priſes de l'utilité & de la convenance : par elles on
voit s'il convient au ſouverain d'entreprendre la guerre, ce
ſont des *motifs*.

§. 26.
Quelle eſt
en général
la juſte
cauſe de la
guerre.

Le droit d'uſer de force, ou de faire la guerre n'appartient aux nations que pour leur défenſe & pour le maintien

de leurs droits (§. 3.). Or fi quelqu'un attaque une nation ou viole fes droits parfaits, il lui fait *injure*. Dès-lors, & dès-lors feulement, cette nation eft en droit de le repouffer & de le mettre à la raifon : elle a le droit encore de prévenir l'injure, quand elle s'en voit menacée. (L. II. §. 50.) Difons donc en général, que le fondement, ou la caufe de toute guerre jufte, eft l'*injure*, ou déjà faite, ou dont on fe voit menacé. Les raifons juftificatives de la guerre font voir que l'on a reçu une injure, ou qu'on s'en voit affez menacé, pour être autorifé à la prévenir par les armes. Au refte, on voit bien qu'il s'agit ici de la partie principale qui fait la guerre, & non de ceux qui y prennent part, en qualité d'auxiliaires.

Lors donc qu'il s'agit de juger fi une guerre eft jufte, il faut voir fi celui qui l'entreprend a véritablement reçu une injure, ou s'il en eft réellement menacé. Et pour favoir ce que l'on doit regarder comme une injure, il faut connoître les *droits* proprement dits, les *droits parfaits* d'une nation. Il en eft de bien des fortes, & en très-grand nombre, mais on peut les rapporter tous aux chefs généraux, dont nous avons déjà traité, & dont nous traiterons encore dans cet ouvrage. Tout ce qui donne atteinte à ces droits eft une *injure*, & une jufte caufe de la guerre.

§. 27.
Quelle
guerre eft
injufte.

Par une conféquence immédiate de ce que nous venons d'établir, fi une nation prend les armes lorfqu'elle n'a reçu aucune injure, & qu'elle n'en eft point menacée, elle fait une guerre injufte. Celui-là feul a droit de faire la guerre, à qui on a fait, ou à qui on fe prépare à faire injure.

§. 28.
Du but de
la guerre.

Nous déduirons encore du même principe le but ou la fin légitime de toute guerre, qui eft de *venger, ou de prévenir l'injure*. Venger fignifie ici pourfuivre la réparation de l'injure, fi elle eft de nature à être réparée, ou une jufte fatisfaction, fi le mal eft irréparable, c'eft encore, fi le cas l'exige, punir l'offenfeur, dans la vue de pourvoir à notre fûreté pour l'avenir. Le droit de fûreté nous autorife à tout cela (Liv. II. §§. 49-52.). Nous pouvons donc marquer diftinctement cette triple fin de la guerre légitime. 1°. Nous faire rendre ce qui nous appartient, ou ce qui nous eft dû. 2°. Pourvoir à notre fûreté pour la fuite, en puniffant l'agreffeur ou l'offenfeur. 3°. Nous défendre, ou nous garantir d'injure, en repouffant une injufte violence. Les deux premiers points font l'objet de la guerre offenfive; le troifieme eft celui de la guerre défenfive. CAMILLE fur le point d'attaquer les Gaulois, expofa en peu de mots à fes foldats tous les fujets qui peuvent fonder ou juftifier la guerre : *omnia quæ defendi, repetique & ulcifci fas fit* (*).

§. 29.
Les raifons juftificatives & les motifs honnêtes doivent concourir pour faire entreprendre la guerre.

La nation ou fon conducteur, n'ayant pas feulement à garder la juftice, dans toutes fes démarches, mais encore à les régler conftamment fur le bien de l'état, il faut que des motifs honnêtes & louables concourrent avec les raifons juftificatives, pour lui faire entreprendre la guerre. Ces raifons font voir que le fouverain eft en droit de prendre les armes, qu'il en a un jufte fujet; les motifs honnêtes montrent qu'il eft à propos, qu'il eft convenable, dans le cas dont il s'agit, d'ufer de fon droit : ils fe rapportent à la prudence, comme les raifons juftificatives appartiennent à la juftice.

§. 30.
Des motifs honnêtes, & des motifs vicieux.

J'appelle motifs *honnêtes* & *louables*, ceux qui font pris du bien de l'état, du falut & du commun avantage des citoyens. Ils ne vont point fans les raifons juftificatives, car il n'eft jamais véritablement avantageux de violer la juftice. Si une guerre injufte enrichit l'état pour un tems, fi elle recule fes frontieres, elle le rend odieux aux autres nations, & l'expofe au danger d'en être accablé. Et puis, font-ce toujours les richeffes & l'étendue des domaines qui font le bon-

(*) Tit. Liv. Lib. V. cap. XLIX.

heur des états? On pourroit citer bien des exemples ; bornons-nous à celui des Romains. La république romaine se perdit par ses triomphes, par l’excès de ses conquêtes & de sa puissance. Rome, la maîtresse du monde, asservie à des tirans, opprimée sous le gouvernement militaire, avoit sujet de déplorer les succès de ses armes, de regretter les tems heureux, où sa puissance ne s’étendoit pas au dehors de l’Italie, ceux-là même où sa domination étoit presque renfermée dans l’enceinte de ses murailles.

Les *motifs vicieux* sont tous ceux qui ne se rapportent point au bien de l’état, qui ne sont pas puisés dans cette source pure, mais suggérés par violence la des passions. Tels sont l’orgueilleux désir de commander, l’ostentation de ses forces, la soif des richesses, l’avidité des conquêtes, la haine, la vengeance.

§. 31.
Guerre dont le sujet est légitime & les motifs vicieux

Tout le droit de la nation, & par conséquent du souverain, vient du bien de l’état, & doit se mesurer sur cette regle. L’obligation d’avancer & de maintenir le vrai bien de la société, de l’état, donne à la nation le droit de prendre les armes contre celui qui menace ou qui attaque ce bien précieux. Mais si, lorsqu’on lui fait injure, la nation est portée à prendre les armes, non par la nécessité de se procurer une juste réparation, mais par un motif vicieux, elle abuse de son droit : le vice du motif souille des armes qui pouvoient être juste : la guerre ne se fait point pour le sujet légitime qu’on avoit de l’entreprendre, & ce sujet n’en est plus que le prétexte. Quant au souverain en particulier, au conducteur de la nation, de quel droit expose-t-il le salut de l’état, le sang & la fortune des citoyens, pour satisfaire ses passions ? Le pouvoir suprême ne lui est confié que pour le bien de la nation ; il n’en doit faire usage que dans cette unique vue, c’est le but prescrit à ses moindres démarches : & il se portera à la plus importante, à la plus dangereuse,

par des motif étrangers ou contraires à cette grande fin !
Rien n'eſt plus ordinaire cependant qu'un renverſement de
vues ſi funeſte; & il eſt remarquable, que par cette raiſon, le judicieux Polybe appelle *cauſes* (*) de la guerre,
les motifs qui portent à l'entrepredre & *prétextes* (**),
les raiſons juſtificatives dont on s'autoriſe. C'eſt ainſi,
dit-il, que la cauſe de la guerre des Grecs contre les Perſes
fut l'expérience qu'on avoit faite de leur foibleſſe, & Philippe, ou Alexandre après lui, prit pour prétexte le déſir
de venger les injures, que la Grece avoit ſi ſouvent reçues
& de pourvoir à ſa ſureté pour l'avenir.

§. 32.
Des pré-
textes.

Toutefois, eſpérons mieux des nations & de leurs conducteurs.   Il eſt de juſtes cauſes de guerre, de véritables
raiſons juſtificatives : & pourquoi ne ſe trouveroit-il pas des
ſouverains qui s'en autoriſent ſincérement, quand ils ont
d'ailleurs des motifs raiſonnables de prendre les armes ?
Nous appellerons donc *prétextes*, les raiſons que l'on donne
pour juſtificatives, & qui n'en ont que l'apparence, ou qui
ſont même abſolument deſtituées de fondement. On peut
encore appeller *prétextes*, des raiſons vraies en elles-mêmes
& fondées, mais qui n'étant point d'une aſſez grande importance pour faire entreprendre la guerre, ne ſont miſes en
avant que pour couvrir des vues ambitieuſes, ou quelqu'autre motif vicieux.   Telle étoit la plainte du Czar Pierre I.
de ce qu'on ne lui avoit pas rendu aſſez d'honneurs, à ſon
paſſage dans *Riga*. Je ne touche point ici à ſes autres raiſons
pour déclarer la guerre à la Suéde.

Les prétextes ſont au moins un hommage, que les injuſtes rendent à la juſtice. Celui qui s'en couvre, témoi-
gne encore quelque pudeur. Il ne déclare pas ouvertement
la guerre à tout ce qu'il y a de ſacré dans la ſociété humaine.

[*] Ælian. Hiſtor. Lib. III. cap. VI.
(**) Πϱοφάσεις.

Il avoue tacitement que l'injuſtice décidée mérite l'indignation de tous les hommes.

§. 33.
Guerre entrepriſe pour la ſeule utilité.

Celui qui entreprend une guerre, ſur des motifs d'utilité ſeulement, ſans raiſons juſtificatives, agit ſans aucun droit, & ſa guerre eſt injuſte. Et celui qui ayant en effet quelque juſte ſujet de prendre les armes, ne s'y porte cependant que par des vues intéreſſées, ne peut être à la vérité accuſé d'injuſtice, mais il manifeſte des diſpoſitions vicieuſes : ſa conduite eſt répréhenſible, & ſouillée par le vice des motifs. La guerre eſt un fléau ſi terrible, que la juſtice ſeule, jointe à une eſpece de néceſſité, peut l'autoriſer, la rendre louable, ou au moins la mettre à couvert de tout reproche.

§. 43.
Des peuples qui font la guerre ſans raiſons & ſans motifs apparens.

Les peuples toujours prêts à prendre les armes, dès qu'ils eſperent y trouver quelque avantage, ſont des injuſtes, des raviſſeurs, mais ceux qui ſemblent ſe nourrir des fureurs de la guerre, qui l'apportent de tous côtés, ſans raiſons ni prétextes, & même ſans autre motif que leur férocité, ſont des monſtres, indignes du nom d'hommes. Ils doivent être regardés comme les ennemis du genre-humain, de même que, dans la ſociété civile, les aſſaſſins & les incendiaires de profeſſion ne ſont pas ſeulement coupables envers les victimes particulieres de leur brigandage, mais encore envers l'état dont ils ſont déclarés enr.emis. Toutes les nations ſont en droit de ſe réunir, pour châtier, & même pour exterminer ces peuples féroces. Tels étoient divers peuples Germains, dont parle TACITE, tels ces barbares, qui ont détruit l'empire Romain. Ils conſerverent cette férocité long-tems après leur converſion au chriſtianiſme. Tels ont été les Turcs & d'autres Tartares, GENGHISKAN, TIMUR-BEC, ou TAMERLAN, fléaux de Dieu comme ATTILA, & qui faiſoient la guerre pour le plaiſir de la faire. Tels ſont dans les ſiecles polis & chez les nations les mieux civiliſées, ces prétendus héros, pour qui les combats n'ont que des charmes, qui font la guerre par goût, & non point par amour pour la patrie.

La guerre défensive eſt juſte, quand elle ſe fait contre un injuſte aggreſſeur. Cela n'a pas beſoin de preuves. La défenſe de ſoi-même contre une injuſte violence n'eſt pas ſeulement un droit, c'eſt un devoir pour une nation, & l'un de ſes devoirs les plus ſacrés. Mais ſi l'ennemi qui fait une guerre offenſive a la juſtice de ſon côté, ou n'eſt point en droit de lui oppoſer la force, & la défenſive alors eſt injuſte. Car cet ennemi ne fait qu'uſer de ſon droit : il a pris les armes, pour ſe procurer une juſtice qu'on lui refuſoit, & c'eſt une injuſtice que de réſiſter à celui qui uſe de ſon droit.

§. 35. Comment la guerre défenſive eſt juſte, ou injuſte.

La ſeule choſe qui reſte à faire en pareil cas, c'eſt d'offrir à celui qui attaque, une juſte ſatisfaction. S'il ne veut pas s'en contenter, on a l'avantrge d'avoir mis le bon droit de ſon côté, & l'on oppoſe déſormais de juſtes armes à ſes hoſtilités, devenues injuſtes, parce qu'elles n'ont plus de fondement.

§. 36. Comment elle peut devenir juſte contre une offenſive, qui étoit juſte dans ſon principe.

Les Samnites, pouſſés par l'ambition de leurs chefs, avoient ravagé les termes des alliés de Rome. Revenus de leur égarement, ils offrirent la réparation du dommage, & toute ſorte de ſatisfaction raiſonnable, mais leurs ſoumiſſions ne purent appaiſer les Romains. Sur quoi Caius Pontius général des Samnites, dit à ſon peuple : " puiſque les „ Romains veulent abſolument la guerre, elle devient juſ „ te pour nous par néceſſité ; les armes ſont juſtes & ſaintes, „ pour ceux à qui on ne laiſſe d'autre reſſource que les ar „ mes „ : *juſtum eſt bellum, quibus neceſſarium, & pia arma, quibus nulla niſi in armis relinquitur ſpes* (*).

____

(*) Tit. Liv. Lib. IX. *init.*

§. 37.
Comment
la guerre
offenfive eft
jufte, dans
une caufe
évidente.

Pour juger de la juftice d'une guerre offenfive, il faut d'abord confidérer la nature du fujet qui fait prendre les armes. On doit être bien affuré de fon droit, pour le faire valoir d'une maniere fi terrible. S'il eft donc queltion d'une chofe évidemment jufte, comme de recouvrer fon bien, de faire valoir un droit certain & inconteftable, d'obtenir une jufte fatisfaction pour une injure manifefte; & fi on ne peut obtenir juftice autrement que par la force des armes, la guerre offenfive eft permife. Deux chofes font donc néceffaires pour la rendre jufte : 1°. Un droit à faire valoir, c'eft-à-dire, que l'on foit fondé à exiger quelque chofe d'une nation. 2°. Que l'on ne puiffe l'obtenir autrement que par les armes. La néceffité feule autorife à ufer de force. C'eft un moyen dangereux & funefte. La nature, mere commune des hommes, ne le permet qu'à l'extrémité, & au défaut de tout autre. C'eft faire injure à une nation, que d'employer contr'elle la violence, avant que de favoir fi elle eft difpofée à rendre juftice, ou à la refufer. Ceux qui, fans tenter les voies pacifiques, courrent aux armes pour le moindre fujet, montrent affez, que les raifons juftificatives ne font, dans leur bouche, que des prétextes : ils faififfent avidement l'occafion de fe livrer à leurs paffions, de fervir leur ambition, fous quelque couleur de droit.

§. 38.
Et dans
une caufe
douteufe.

Dans une caufe douteufe, là où il s'agit de droits incertains, obfcurs, litigieux, tout ce que l'on peut exiger raifonnablement, c'eft que la queftion foit difcutée (Liv. II. §. 331.), & s'il n'eft pas poffible de la mettre en évidence, que le différend foit terminé par une tranfaction équitable. Si donc l'une des parties fe refufe à ces moyens d'accommodement, l'autre fera en droit de prendre les armes, pour la forcer à une tranfaction. Et il faut bien remarquer, que la guerre ne décide pas la queftion; la victoire contraint feulement le vaincu à donner les mains au traité qui termine le différend.

férent. C'eſt une erreur non moins abſurde que funeſte, de dire que la guerre doit décider les controverſes entre ceux qui, comme les nations, ne reconnoiſſent point de juge. La victoire ſuit d'ordinaire la force & la prudence, plutôt que le bon droit. Ce ſeroit une mauvaiſe regle de déciſion; mais c'eſt un moyen efficace, pour contraindre celui qui ſe refuſe aux voies de juſtice, & il devient juſte dans les mains du prince qui l'emploie à propos & pour un ſujet légitime.

La guerre ne peut être juſte des deux côtés. L'un s'attribue un droit, l'autre le lui conteſte, l'un ſe plaint d'une injure, l'autre nie de l'avoir faite. Ce ſont deux perſonnes qui diſputent ſur la vérité d'une propoſition : il eſt impoſſible que les deux ſentimens contraires ſoient vrais en même tems.

§. 39. La guerre ne peut être juſte des deux côtés.

Cependant il peut arriver que les contendans ſoient l'un & l'autre dans la bonne-foi : & dans une cauſe douteuſe, il eſt encore incertain de quel côté ſe trouve le droit. Puis donc que les nations ſont égales & indépendantes (Liv. II. §. 36. & Prélim. §§. 18. 19.) & ne peuvent s'ériger en juges les unes des autres, il s'enſuit que dans toute cauſe ſuſceptible de doute, les armes des deux parties qui ſe font la guerre doivent paſſer également pour légitimes, au moins quant aux effets extérieurs, & juſqu'à ce que la cauſe ſoit décidée. Cela n'empêche point que les autres nations n'en puiſſent porter leur jugement pour elles-mêmes, pour ſavoir ce qu'elles ont à faire, & aſſiſter celle qui leur paroîtra fondée. Cet effet de l'indépendance des nations n'empêche point non plus que l'auteur d'une guerre injuſte ne ſoit très-coupable. Mais s'il agit par les ſuites d'une ignorance, ou d'une erreur invincible, l'injuſtice de ſes armes ne peut lui être imputée.

§. 40. Quand réputée cependant pour légitime.

§. 41.
Guerre en-
treprife
pour punir
une nation.

Quand la guerre offenfive a pour objet de punir une nation, elle doit être fondée, comme toute autre guerre fur le droit & la néceffité. 1º. Sur le droit : il faut que l'on ait véritablement reçu une injure. L'injure feule étant une jufte caufe de la guerre (§. 26.), on eft en droit d'en pourfuivre la réparation; ou fi elle eft irréparable de fa nature, ce qui eft le cas de punir, on eft autorifé à pourvoir à fa propre fureté, , & même à celle de toutes les nations, en infligeant à l'offenfeur une peine capable de le corriger & de fervir d'exemple. 2º. La néceffité doit juftifier une pareille guerre, c'eft-à-dire, que pour être légitime, il faut qu'elle fe trouve l'unique moyen d'obtenir une jufte fatisfaction, laquelle emporte une fureté raifonnable pour l'avenir. Si cette fatisfaction complette eft offerte, ou fi on peut l'obtenir fans guerre, l'injure eft effacée, & le droit de fureté n'autorife plus à en pourfuivre la vengeance. (Voyez Liv. II. §§. 49-92.).

La nation coupable doit fe foumettre à une peine qu'elle a méritée, & la fouffrir en forme de fatisfaction. Mais elle n'eft pas obligée de fe livrer à la difcrétion d'un ennemi irrité. Lors donc qu'elle fe voit attaquée, elle doit offrir fatisfaction, demander ce qu'on exige d'elle en forme de peine, & fi on ne veut pas s'expliquer, ou fi on prétend lui impofer une peine trop dure, elle eft en droit de réfifter; fa défenfe devient légitime.

Au refte, il eft manifefte que l'offenfé feul a droit de punir des perfonnes indépendantes. Nous ne répéterons point ici ce que nous avons dit ailleurs (L. II. §. 7.) de l'erreur dangereufe, ou de l'extravagant prétexte de ceux qui s'arrogent le droit de châtier une nation indépendante, pour des fautes, qui ne les intéreffent point, qui s'érigeant follement en défenfeurs de la caufe de Dieu, fe chargent de punir la dépravation des mœurs, ou l'irréligion d'un peuple, qui n'eft pas commis à leurs foins.

Il fe préfente ici une queftion célebre & de la plus grande importance. On demande fi l'accroiffement d'une puiffance voifine, par laquelle on craint d'être un jour opprimé, eft une raifon fuffifante de lui faire la guerre; fi l'on peut avec juftice, prendre les armes, pour s'oppofer à fon aggrandiffement, ou pour l'affoiblir, dans la feule vue de fe garantir des dangers dont une puiffance démefurée menace prefque toujours les foibles? La queftion n'eft pas un probléme, pour la plupart des politiques : elle eft plus embaraffante pour ceux qui veulent allier conftamment la juftice à la prudence.

D'un côté, l'état qui accroît fa puiffance par tous les refforts d'un bon gouvernement, ne fait rien que de louable, il remplit fes devoirs envers foi - même, & ne bleffe point ceux qui le lient envers autrui. Le fouverain qui, par héritage, par une élection libre, ou par quelque autre voie jufte & honnête, unit à fes états de nouvelles provinces, des royaumes entiers, ufe de fes droits, & ne fait tort à perfonne. Comment feroit - il donc permis d'attaquer une puiffance, qui s'aggrandit par des moyens légitimes? Il faut avoir reçu une injure, ou en être vifiblement menacé, pour être autorifé à prendre les armes, pour avoir un jufte fujet de guerre (§§. 26. & 27.). D'un autre côté, une funefte & conftante expérience ne montre que trop que les puiffances prédominantes ne manquent gueres de molefter leurs voifins, de les opprimer, de les fubjuguer même entiérement, dès qu'elles en trouvent l'occafion, & qu'elles peuvent le faire impunément. L'Europe fe vit fur le point de tomber dans les fers, pour ne s'être pas oppofée de bonne heure à la fortune de Charles - Quint. Faudra-t-il attendre le danger, laiffer groffir l'orage qu'on pourroit diffiper dans fes commencemens, fouffrir l'aggrandiffement d'un voifin, & attendre paifiblement qu'il fe difpofe à nous donner des fers ? Sera-t-il tems de fe défendre, quand on n'en aura plus les moyens? La prudence eſt un devoir pour tous les hommes, & très-particuliérement pour les conducteurs des nations, chargés de veiller au falut de tout un peuple. Effayons de réfoudre cette grande queſtion, conformément aux principes facrés du droit de la nature & des gens. On verra qu'ils ne menent point à d'imbécilles fcrupules, & qu'il eſt toujours vrai de dire que la juſtice eſt inféparable de la faine politique.

§. 43.
Seul & par lui même, il ne peut en donner le droit.

Et d'abord, obfervons que la prudence, qui eſt fans doute une vertu bien néceffaire aux fouverains, ne peut jamais confeiller l'ufage des moyens illégitimes, pour une fin juſte & louable. Qu'on n'oppofe point ici le falut du peuple, loi fuprême de l'état, car le falut même du peuple, le falut commun des nations, profcrit l'ufage des moyens contraires à la juſtice & à l'honnêteté. Pourquoi certains moyens font-ils illégitimes? Si l'on y regarde de près, fi l'on remonte jufqu'aux premiers principes, on verra que c'eſt précifément parce que leur introduction feroit pernicieufe à la fociété humaine, funeſte à toutes les nations. Voyez en particulier ce que nous avons dit en traitant de l'obfervation de la juſtice. (Liv. II. Chap. V.) C'eſt donc pour l'intérêt & le falut même des nations, que l'on doit tenir comme une maxime facrée, que la fin ne légitime pas les moyens. Et puifque la guerre n'eſt permife que pour venger une injure reçue, ou pour fe garantir de celle dont on eſt menacé (§. 26.), c'eſt une loi facrée du droit des gens, que l'accroiffement de puiffance ne peut feul & par lui-même donner à qui ce foit le droit de prendre les armes, pour s'y oppofer.

§. 44.
Comment les apparences du danger donnent ce droit.

On n'a point reçu d'injure de cette puiffance ; la queſtion le fuppofe. Il faudroit donc être fondé à s'en croire menacé, pour courir légitimement aux armes. Or la puiffance

feule ne menace pas d'injure, il faut que la volonté y foit
jointe. Il eft malheureux pour le genre - humain, que l'on
puiffe prefque toujours fuppofer la volonté d'opprimer, là où
fe trouve le pouvoir d'opprimer impunément. Mais ces
deux chofes ne font pas néceffairement inféparables : & tout
le droit que donne leur union ordinaire, ou fréquente, c'eft
de prendre les premieres apparences pour un indice fuffifant.
Dès qu'un état a donné des marques d'injuftice, d'avidité,
d'orgueil, d'ambition, d'un defir impérieux de faire la loi,
c'eft un voifin fufpect, dont on doit fe garder : on peut le
prendre au moment où il eft fur le point de recevoir un accroiffement formidable de puiffance, lui demander des fûretés, & s'il héfite à les donner, prévenir fes deffeins par la
force des armes. Les intérêts des nations font d'une toute
autre importance que ceux des particuliers, le fouverain
ne peut y veiller mollement, ou facrifier fes défiances, par
grandeur d'ame & par générofité. Il y va de tout pour une
nation qui a un voifin également puiffant & ambitieux.
Puifque les hommes font réduits à fe gouverner le plus fouvent fur les probabilités, ces probabilités méritent leur attention, à proportion de l'importance du fujet, & pour me
fervir d'une expreffion de géométrie, on eft fondé à aller
au-devant d'un danger, en raifon compofée du degré d'apparence & de la grandeur du mal dont on eft menacé. S'il
eft queftion d'un mal fupportable, d'une perte légere, il ne
faut rien précipiter, il n'y a pas un grand péril à attendre,
pour s'en garder, la certitude qu'on en eft menacé. Mais
s'agit-il du falut de l'état? La prévoyance ne peut s'étendre trop loin. Attendra-t-on, pour détourner fa ruine,
qu'elle foit devenue inévitable? Si l'on en croit fi aifément
les apparences, c'eft la faute de ce voifin, qui a laiffé échapper divers indices de fon ambition. Que CHARLES II, roi
d'Efpagne, au lieu d'appeller à fa fucceffion le duc d'Anjou,
eût nommé pour fon héritier Louis XIV lui-même, fouf-

frir tranquillement l'union de la monarchie d'Efpagne à celle
de France, c'eût été, fuivant toutes les regles de la prévoyance humaine, livrer l'Europe entiere à la fervitude,
ou la mettre au moins dans l'état le plus critique. Mais quoi?
Si deux nations indépendantes jugent à propos de s'unir,
pour ne former déformais qu'un même empire, ne font-
elles pas en droit de le faire? Qui fera fondé à s'y oppofer?
Je réponds qu'elles font en droit de s'unir, pourvû que ce
ne foit point dans des vues préjudiciables aux autres. Or
fi chacune des deux nations eft en état de fe gouverner &
de fe foutenir par elle-même, de fe garantir d'infulte & d'oppreffion, on préfume avec raifon qu'elles ne s'uniffent en
un même état, que dans la vue de dominer fur leurs voifins. Et dans les occafions où il eft impoffible, ou trop dangereux d'attendre une entiere certitude, on peut juftement
agir fur une préfomption raifonnable. Si un inconnu me
couche en joue au milieu d'un bois, je ne fuis pas encore
certain qu'il veuille me tuer, lui laifferai-je le tems de tirer,
pour m'affurer de fon deffein? Eft-il un cafuifte raifonnable
qui me refufe le droit de le prévenir? Mais la préfomption
devient prefque équivalente à une certitude, fi le prince
qui va s'élever à une puiffance énorme, a déjà donné des
preuves de hauteur & d'une ambition fans bornes. Dans la
fuppofition que nous venons de faire, qui eût ofé confeiller
aux puiffances de l'Europe de laiffer prendre à LOUIS XIV
un accroiffement de forces fi redoutable? Trop certaines de
l'ufage qu'il en auroit fait, elles s'y feroient oppofées de concert, & leur fûreté les y autorifoit. Dire qu'elles devoient
lui laiffer le tems d'affermir fa domination fur l'Efpagne, de
confolider l'union des deux monarchies, & dans la crainte de
lui faire injure, attendre tranquillement qu'il les acca-
blât, ne feroit-ce pas interdire aux hommes le droit de fe
gouverner fuivant les regles de la prudence, de fuivre la
probabilité, & leur ôter la liberté de pourvoir à leur falut,

tant qu'elles n'auront pas une démonſtration mathématique
qu'il eſt en danger? On prêcheroit vainement une pareille
doctrine. Les principaux ſouverains de l'Europe, que le
miniſtere de Louvois avoit accoutumés à redouter les forces
& les vues de Louis XIV, porterent la défiance juſqu'à ne
pas vouloir ſouffrir qu'un prince de la maiſon de France s'aſ-
ſit ſur le trône d'Eſpagne, quoiqu'il y fût appellé par la
nation, qui approuvoit le teſtament de ſon dernier roi.
Il y monta malgré les efforts de ceux qui craignoient tant ſon
élévation, & les ſuites ont fait voir que leur politique étoit
trop ombrageuſe.

Il eſt plus aiſé encore de prouver, que ſi cette puiſſan- §. 45.
Autre cas
ce formidable laiſſe percer des diſpoſitions injuſtes & ambi- plus évi-
tieuſes, par la moindre injuſtice qu'elle fera à une autre, dent.
toutes les nations peuvent profiter de l'occaſion, & en ſe
joignant à l'offenſé, réunir leurs forces, pour réduire l'ambitieux & pour le mettre hors d'état d'opprimer ſi facilement
les voiſins, ou de les faire trembler continuellement devant
lui. Car l'injure donne le droit de pourvoir à ſa ſureté pour
l'avenir, en ôtant à l'injuſte les moyens de nuire, & il eſt
permis, il eſt même louable, d'aſſiſter ceux qui ſont oppri-
més, ou injuſtement attaqués. Voilà de quoi mettre les politiques à l'aiſe, & leur ôter tout ſujet de craindre, que ſe
piquer ici d'une exacte juſtice, ce ne fût courir à l'eſclavage. Il eſt peut-être ſans exemple, qu'un état reçoive quelque notable accroiſſement de puiſſance, ſans donner à d'autres de juſtes ſujets de plainte. Que toutes les nations ſoient
attentives à le réprimer, & elles n'auront rien à craindre de
ſa part. L'Empereur Charles-Quint ſaiſit le prétexte de
la religion, pour opprimer les princes de l'empire & les
ſoumettre à ſon autorité abſolue. Si, profitant de ſa victoire ſur l'Electeur de Saxe, il fût venu à bout de ce grand deſſein, la liberté de l'Europe étoit en danger. C'étoit donc avec
raiſon que la France aſſiſtoit les proteſtans d'Allemagne, & elle

y étoit appellée par le foin de fon propre falut. Lorfque le même
prince s'empara du duché de Milan, les fouverains de l'Europe
devoient aider la France à le lui difputer, & profiter de
l'occafion, pour réduire fa puiffance à de juftes bornes. S'ils
fe fuffent habilement prévalus des juftes fujets qu'il ne tar-
da pas à leur donner de fe liguer contre lui, ils n'auroient
pas tremblé dans la fuite pour leur liberté.

§. 46.
Autres
moyens
toujours
permis ,
pour fe
mettre en
garde con-
tre une
grande
puiffance.

Mais fuppofé que cet état puiffant, par une conduite
également jufte & circonfpecte, ne donne aucune prife fur
lui, verra-t-on fes progrès d'un œil indifférent, & tranquilles fpectateurs des rapides accroiffemens de fes forces, fe
livrera-t-on imprudemment aux deffeins qu'elles pourront
lui infpirer? Non fans doute. L'imprudente nonchalance
ne feroit pas pardonnable dans une matiere de fi grande
importance. L'exemple des Romains eft une bonne leçon à
tous les fouverains. Si les puiffans de ces tems - là fe
fuffent concertés pour veiller fur les entreprifes de Rome,
pour mettre des bornes à fes progrès, ils ne feroient pas
tombés fucceffivement dans la fervitude. Mais la force des
armes n'eft pas le feul moyen de fe mettre en garde contre
une puiffance formidable. Il en eft de plus doux, & qui
font toujours légitimes. Le plus efficace eft la confédération des autres fouverains moins puiffans, lefquels, par la
réunion de leurs forces, fe mettent en état de balancer
la puiffance qui leur fait ombrage. Qu'ils foient fideles
& fermes dans leur alliance, leur union fera la fûreté d'un
chacun.

Il leur eft permis encore de fe favorifer mutuellement,
à l'exclufion de celui qu'ils redoutent, & par les avantages
de toute efpece, mais fur-tout dans le commerce qu'ils feront réciproquement aux fujets des alliés, & qu'ils refufe-
ront à ceux de cette dangereufe puiffance; ils augmenteront
leur forces, en diminuant les fiennes, fans qu'elle ait fujet
de

de se plaindre, puisque chacun dispose librement de ses faveurs.

L'Europe fait un systême politique, un corps où tout est lié par les relations & les divers intéréts des nations qui habitent cette partie du monde. Ce n'est plus, comme autrefois, un amas confus de pieces isolées, dont chacune se croyoit peu intéressée au sort des autres & se mettoit rarement en peine de ce qui ne la touchoit pas immédiatement. L'attention continuelle des souverains à tout ce qui se passe, les ministres toujours résidens, les négociations perpétuelles, font de l'Europe moderne un espece de république, dont les membres indépendans, mais liés par l'intérêt commun, se réunissent pour y maintenir l'ordre & la liberté. C'est ce qui a donné naissance à cette fameuse idée de la balance politique, ou de l'équilibre du pouvoir. On entend par-là une disposition des choses, au moyen de laquelle aucune puissance ne se trouve en état de prédominer absolument, & de faire la loi aux autres. *§. 47. De l'équilibre politique.*

Le plus sûr moyen de conserver cet équilibre, seroit de faire qu'aucune puissance ne surpassât de beaucoup les autres; que toutes, ou au moins la meilleure partie, fussent à peu près égales en forces. On a atribué cette vue à Henri IV. Mais elle n'eût pu se réaliser sans injustice & sans violence. Et puis, cette égalité une fois établie, comment la maintenir toujours par des moyens légitimes? Le commerce, l'industrie, les vertus militaires la feront bientôt disparoître. Le droit d'héritage, même en faveur des femmes & de leurs descendans, établi avec tant d'absurdité pour les souverainetés, mais établi enfin, bouleversera votre systême. *§. 48. Moyens de le maintenir.*

Il est plus simple, plus aisé & plus juste de recourir au moyen dont nous venons de parler, de former des con-

fédérations, pour faire téte au plus puiſſant , & l'empêcher de
donner la loi. C'eſt ce que font aujourd'hui les ſouverains de
l'Europe. Ils conſiderent les deux principales puiſſances , qui,
par-là même , ſont naturellement rivales , comme deſtinées à
ſe contenir réciproquement , & ils ſe joignent à la plus foible,
comme autant de poids que l'on jette dans le baſſin le moins
chargé , pour le tenir en équilibre avec l'autre. La maiſon
d'Autriche a long-tems été la puiſſance prévalente : c'eſt
aujourd'hui le tour de la France. L'Angletterre , dont les
richeſſes & les flottes reſpectables ont une très-grande in-
fluence , ſans allarmer aucun état pour ſa liberté , parce que
cette puiſſance paraît guérie de l'eſprit de conquéte , l'Angleterre , dis-je , a la gloire de tenir en ſes mains la balance
politique. Elle eſt attentive à la conſerver en équilibre. Politique très-ſage & très-juſte en elle-même , & qui ſera
à jamais louable , tant qu'elle ne s'aidera que d'alliances, de
confédérations , ou d'autres moyens également légitimes.

§. 49.
Comment
on peut
contenir ,
ou même
affoiblir ce-
lui qui
rompt l'é-
quilibre.

    Les confédérations ſeroient un moyen ſûr de conſerver
l'équilibre , & de maintenir ainſi la liberté des nations , ſi
tous les ſouverains étoient conſtamment éclairés ſur leurs
véritables intérêts , & s'ils meſuroient toutes leurs démarches ſur le bien de l'état. Mais les grandes puiſſances ne
réuſſiſſent que trop à ſe faire des partiſans & des alliés aveu-
glément livrés à leurs vues. Eblouis par l'éclat d'un avantage préſent , ſéduits par leur avarice , trompés par des miniſtres infideles , combien de princes ſe font les inſtrumens
d'une puiſſance qui les engloutira quelque jour , eux ou
leurs ſucceſſeurs? Le plus ſûr eſt donc d'affoiblir celui qui
rompt l'équilibre, auſſi-tôt qu'on en trouve l'occaſion favorable , & qu'on peut le faire avec juſtice ; (§. 45.) ou
d'empêcher par toute ſorte de moyens honnétes , qu'il ne s'é-
leve à un degré de puiſſance trop formidable. Pour cet effet,
toutes les nations doivent être ſur-tout attentives à ne point
ſouffrir qu'il s'aggrandiſſe par la voie des armes : & elles

peuvent toujours le faire avec juſtice. Car ſi ce prince fait
une guerre injuſte , chacun eſt en droit de ſecourir l'opprimé.
Que s'il fait une guerre juſte , les nations neutres peuvent
s'entremettre de l'accommodement , engager le foible à offrir une juſte ſatisfaction , des conditions raiſonnables , &
ne point permettre qu'il ſoit ſubjugué. Dès que l'on offre
des conditions équitables à celui qui fait la guerre la plus
juſte , il a tout ce qu'il peut prétendre. La juſtice de ſa
cauſe , comme nous le verrons plus bas , ne lui donne jamais
le droit de ſubjuguer ſon ennemi , ſi ce n'eſt quand cette
extrêmité devient néceſſaire à ſa ſûreté , ou quand il n'a pas
d'autre moyen de s'indemniſer du tort qui lui a été fait. Or
ce n'eſt point ici le cas ; les nations intervenantes pouvant
lui faire trouver d'une autre maniere & ſa ſûreté , & un
juſte dédommagement.

Enfin, il n'eſt pas douteux que ſi cette puiſſance formidable médite certainement des deſſeins d'oppreſſion & de conquête , ſi elle trahit ſes vues par ſes préparatifs , ou par d'autres démarches , les autres ſont en droit de la prévenir , &
ſi le ſort des armes leur eſt favorable , de profiter d'une
heureuſe occaſion , pour affoiblir & réduire une puiſſance
trop contraire à l'équilibre , & redoutable à la liberté commune.

Ce droit des nations eſt plus évident encore contre un
ſouverain , qui toujours prêt à courir aux armes ſans raiſons & ſans prétextes plauſibles , trouble continuellement la
tranquillité publique.

Ceci nous conduit à une queſtion particuliere , qui a
beaucoup de rapport à la précédente. Quand un voiſin , au
milieu d'une paix profonde, conſtruit des fortereſſes ſur notre frontiere , équippe une flotte , augmente ſes troupes ,
aſſemble une armée puiſſante , remplit ſes magaſins , en un

E 2

§. 50.
Conduite
que l'on
peut tenir
avec un
voiſin , qui
fait des
préparatifs
de guerre.

mot , quand il fait des préparatifs de guerre, nous eſt - il permis de l'attaquer , pour prévenir le danger dont nous nous
croyons menacés ? La réponſe dépend beaucoup des mœurs ,
du caractere de ce voiſin. Il faut le faire expliquer, lui demander la raiſon de ces préparatifs. C'eſt ainſi qu'on en uſe
en Europe. Et ſi ſa foi eſt juſtement ſuſpecte , on peut lui
demander des ſûretés. Le refus ſeroit un indice ſuffiſant de
mauvais deſſeins , & une juſte raiſon de les prévenir. Mais
ſi ce ſouverain n'a jamais donné des marques d'une lâche
perfidie , & ſur - tout ſi nous n'avons actuellement aucun dé-
mêlé avec lui , pourquoi ne demeurerions-nous pas tranquilles ſur ſa parole, en prenant ſeulement les précautions que
la prudence rend indiſpenſables ? Nous ne devons point, ſans
ſujet , le préſumer capable de ſe couvrir d'infamie en ajoutant la perfidie à la violence. Tant qu'il n'a pas rendu ſa
foi ſuſpecte , nous ne ſommes point en droit d'exiger de lui
d'autre ſûreté.

Cependant il eſt vrai que ſi un ſouverain demeure puiſ-
ſamment armé en pleine paix , ſes voiſins ne peuvent s'endormir entiérement ſur ſa parole , la prudence les oblige à
ſe tenir ſur leurs gardes. Et quand ils ſeroient abſolument
certains de la bonne - foi de ce prince , il peut ſurvenir des
différens qu'on ne prévoit pas : lui laiſſeront- ils l'avantage d'avoir alors des troupes nombreuſes & bien diſciplinées ,
auxquelles ils n'auront à oppoſer que de nouvelles levées ?
Non ſans doute ; ce ſeroit ſe livrer preſque à ſa diſcrétion.
Les voilà donc contrains de l'imiter , d'entretenir comme
lui une grande armée. Et quelle charge pour un état ! Autrefois , & ſans remonter plus haut que le ſiecle dernier,
on ne manquoit gueres de ſtipuler dans les traités de paix ,
que l'on déſarmeroit de part & d'autre, qu'on licencieroit les
troupes. Si en pleine paix , un prince vouloit en entretenir
un grand nombre ſur pied , ſes voiſins prenoient leurs me-

fures, formoient des ligues contre lui, & l'obligeoient à défarmer. Pourquoi cette coutume falutaire ne s'eft-elle pas con-
fervée? Ces armées nombreufes, entretenues en tout tems,
privent la terre de fes cultivateurs, arrêtent la population,
& ne peuvent fervir qu'à opprimer la liberté du peuple qui
les nourrit. Heureufe l'Angleterre ! Sa fituation la difpenfe
d'entretenir à grands fraix les inftrumens du defpotifme.
Heureux les Suiffes ! Si continuant à exercer foigneufement
leurs milices, ils fe maintiennent en état de repouffer les
ennemis du dehors, fans nourrir dans l'oifiveté des foldats
qui pourroient un jour opprimer la liberté du peuple, &
menacer même l'autorité légitime du fouverain. Les légions,
Romaines en fourniffent un grand exemple. Cette heureufe
méthode d'une république libre, l'ufage de former tous les
citoyens au métier de la guerre, rend l'état refpectable au
dehors, fans le charger d'un vice intérieur. Elle eut été par-
tout imitée, fi par-tout on fe fut propofé pour unique vue
le bien public. En voilà affez fur les principes généraux,
par lefquels on peut juger de la juftice d'une guerre. Ceux
qui poféderont bien les principes, & qui auront de juftes
idées des divers droits des nations, appliqueront aifément
ces regles aux cas particuliers.

C H A P I T R E IV.

De la déclaration de guerre, & de la guerre en forme.

LE droit de faire la guerre n'appartient aux nations que
comme un remede contre l'injuftice : c'eft le fruit
d'une malheureufe néceffité. Ce remede eft fi terrible dans
fes effets, fi funefte à l'humanité, fi fâcheux même à celui
qui l'emploie, que la loi naturelle ne le permet fans doute

§. 51.
Déclara-
tion de
guerre, &
fa néceffité.

qu'à la derniere extrémité , c'eſt-à-dire , lorſque tout autre
eſt inefficace pour le ſoutien de la juſtice. Il eſt démontré
dans le chapitre précédent, que pour être autoriſé à prendre
les armes , il faut , 1°. que nous ayons un juſte ſujet de
plainte. 2°. Que l'on nous ait refuſé une ſatisfaction raiſonnable. 3°. Enfin , nous avons obſervé que le conducteur de
la nation doit mûrement conſidérer s'il eſt du bien de l'é-
tat de pourſuivre ſon droit par la force des armes. Ce n'eſt
point aſſez. Comme il eſt poſſible que la crainte préſente de
nos armes faſſe impreſſion ſur l'eſprit de notre adverſaire, &
l'oblige à nous rendre juſtice , nous devons encore ce ménagement à l'humanité , & ſur-tout au ſang & au repos des
ſujets , de déclarer à cette nation injuſte , ou à ſon conducteur , que nous allons enfin recourir au dernier remede &
employer la force ouverte , pour le mettre à la raiſon. C'eſt
ce qu'on appelle *déclarer la guerre.* Tout cela eſt compris
dans la maniere de procéder des Romains, réglée dans leur
droit fécial. Ils envoyoient premiérement le chef des *féciaux,*
ou hérauts-d'armes , appellé *pater-patratus ,* demander ſatiſ-
faction au peuple qui les avoit offenſés; & ſi , dans l'eſpace
de trente-trois jours , ce peuple ne faiſoit pas une réponſe
ſatisfaiſante , le héraut prenoit les Dieux à témoins de l'injuſtice , & s'en retournoit en diſant que les Romains verroient ce qu'ils auroient à faire. Le roi , & dans la ſuite le
conſul , demandoit l'avis du ſénat , & la guerre réſolue, on
renvoyoit le héraut la déclarer ſur la frontiere. (*) On eſt
étonné de trouver chez les Romains une conduite ſi juſte,
ſi modérée & ſi ſage, dans un tems où il ſemble qu'on ne
devoit attendre d'eux que de la valeur & de la férocité. Un
peuple qui traitoit la guerre ſi religieuſement , jettoit des
fondemens bien ſolides de ſa future grandeur.

§. 52.
Ce qu'elle
doit conte-
nir.

    La déclaration de guerre étant néceſſaire , pour tenter
encore de terminer le différent ſans effuſion de ſang , en

(*) TIT. LIV. Lib. J. Chap. XXXII.

employant la crainte, pour faire revêtir à l'ennemi des fentimens plus juftes, en même tems qu'elle dénonce la réfolution que l'on a prife de faire la guerre, elle doit expofer
le fujet pour lequel on prend les armes. C'eft ce qui fe pratique conftamment aujourd'hui entre les puiffances de l'Europe.

Lorfqu'on a demandé inutilement juftice, on peut en
venir à la déclaration de guerre, qui eft alors *pure & fimple*. Mais fi on le juge à propos, pour n'en pas faire à deux
fois, on peut joindre à la demande du droit, que les Romains appelloient *rerum repetitio*, une déclaration de guerre
conditionnelle, en déclarant que l'on va commencer la guerre,
fi l'on n'obtient pas inceffamment fatisfaction fur tel fujet.
Et alors, il n'eft pas néceffaire de déclarer encore la guerre
purement & fimplement; la déclaration conditionnelle fuffit,
fi l'ennemi ne donne pas fatisfaction fans délai.

§. 53.
Elle eft
fimple, ou
condition-
nelle.

Si l'ennemi, fur l'une ou l'autre déclaration de guerre,
offre des conditions de paix équitables, on doit s'abftenir de
la guerre. Car auffi-tôt que l'on vous rend juftice, vous
perdez tout droit d'employer la force; l'ufage ne vous en
étant permis que pour le foutien néceffaire de vos droits.
Bien entendu que les offres doivent être accompagnées de
fûreté; car on n'eft point obligé de fe laiffer amufer par de
vaines propofitions. La foi d'un fouverain eft une fûreté
fuffifante, tant qu'il ne s'eft pas fait connoître pour un perfide, & on doit s'en contenter. Pour ce qui eft des conditions en elles-mêmes, outre le fujet principal, on eft encore
fondé à demander le rembourfement des dépenfes que l'on
a faites en préparatifs.

§. 54.
Le droit de
faire la
guerre
tombe, par
l'offre de
conditions
équitables.

Il faut que la déclaration de guerre foit connue de celui à qui elle s'adreffe. C'eft tout ce qu'exige le droit des
gens naturel. Cependant, fi la coutume y a introduit quelques formalités, les nations, qui, en adoptant la coutume,

§. 55.
Formalités
de la decla-
ration de
guerre.

ont donné à ces formalités un confentement tacite, font obligées de les obferver, tant qu'elles n'y ont pas renoncé publiquement. (Prélim. §. 26.) Autrefois les puiffances de l'Europe envoyoient des hérauts, ou des ambaffadeurs, pour déclarer la guerre : aujourd'hui on fe contente de la faire publier dans la capitale, dans les principales villes, ou fur la frontiere; on répand des manifeftes, & la communication devenue fi prompte & fi facile depuis l'établiffement des poftes, en porte bientôt la nouvelle de tous côtés.

§. 56.
Autres raifons, qui en rendent la publication nécef- faire.

Outre les raifons que nous avons allégués, il eft nécef- faire de publier la déclaration de guerre, pour l'inftruction & la direction de fes propres fujets, pour fixer l'époque des droits qui leur appartiennent dès le moment de cette décla- ration, & relativement à certains effets que le droit des gens volontaire attribue à la guerre en forme. Sans cette déclaration publique de la guerre, il feroit trop difficile de convenir, dans le traité de paix, des actes qui doivent paf- ter pour des effets de la guerre, & de ceux que chaque na- tion peut mettre en griefs, pour en demander la réparation. Dans le dernier traité d'*Aix-la-Chappelle*, entre la France & l'Efpagne d'un côté, & l'Angleterre de l'autre, on convint que toutes les prifes faites de part & d'autre avant la déclara- tion de guerre feroient reftituées.

§. 57.
La guerre défenfive n'a pas be- foin de dé- claration.

Celui qui eft attaqué & qui ne fait qu'une guerre défen- five, n'a pas befoin de déclarer la guerre; la déclaration de l'ennemi, ou fes hoftilités ouvertes étant fuffifantes pour conftater l'état de guerre. Cependant le fouverain at- taqué ne manque gueres aujourd'hui de déclarer auffi la guerre, foit par dignité, foit pour la direction de fes fujets.

Si

Si la nation à qui on a réfolu de faire la guerre ne veut admettre ni miniftre, ni héraut pour la lui déclarer, on peut, quelle que foit d'ailleurs la coutume, fe contenter de la publier dans fes propres états, ou fur la frontiere, & fi la déclaration ne parvient pas à fa connoiffance avant le commencement des hoftilités, cette nation ne peut en accufer qu'elle-même. Les Turcs mettent en prifon & maltraitent les ambaffadeurs mêmes des puiffances, avec lefquelles ils ont réfolu de rompre : il feroit périlleux à un héraut d'aller chez eux leur déclarer la guerre. On eft difpenfé de le leur envoyer, par leur propre férocité.

§. 58.
En quel cas on peut l'omettre, dans une guerre offenfive.

Mais perfonne n'étant difpenfé de fon devoir, par cela feul qu'un autre n'a pas rempli le fien, nous ne pouvons nous difpenfer de déclarer la guerre à une nation avant que de commencer les hoftilités, par la raifon que, dans une autre occafion, elle nous a attaqués fans déclaration de guerre. Cette nation a péché alors contre la loi naturelle (§. 51.), & fa faute ne nous autorife pas à en commettre une pareille.

§. 59.
On ne peut point l'omettre par repréfailles.

Le droit des gens n'impofe point l'obligation de déclarer la guerre, pour laiffer à l'ennemi le tems de fe préparer à une injufte défenfive. Il eft donc permis de faire fa déclaration feulement lorfque l'on eft arrivé fur la frontiere avec une armée, & même après que l'on eft entré dans les terres de l'ennemi, & que l'on y a occupé un pofte avantageux, toutefois avant que de commettre aucune hoftilité. Car de cette maniere, on pourvoit à fa propre fûreté, & on atteint également le but de la déclaration de guerre, qui eft, de donner encore à un injufte adverfaire le moyen de rentrer férieufement en lui-même, & d'éviter les honneurs de la guerre, en faifant juftice. Le généreux Henri IV en ufa de cette maniere envers Charles-Emanuel, duc de Savoie,

§. 60.
Du tems de la déclaration.

(*) Voyez les mémoires de Sully.

qui avoit laffé fa patience ... ...ions vaines & frauduleufes (a).

§. 61.
Devoir des habitans, dans le cas où une armée étrangere entre dans le pays, avant que de déclarer la guerre.

Si celui qui entre ainfi dans le pays avec une armée, gardant une exacte difcipline, déclare aux habitans qu'il ne vient point en ennemi, qu'il ne commettra aucune violence, & qu'il fera connoître au fouverain la caufe de fa venue, les habitans ne doivent point l'attaquer, & s'ils ofent l'entreprendre, il eft en droit de les châtier. Bien entendu qu'on ne lui permettra point l'entrée dans les places fortes, & qu'il ne peut la demander. Les fujets ne doivent pas commencer les hoftilités fans ordre du fouverain. Mais s'ils font braves & fideles, ils occuperont en attendant les poftes avantageux, & fe défendront, en cas que l'on entreprenne de les y forcer.

§. 62.
Commencement des hoftilités.

Après que ce fouverain, ainfi venu dans le pays, a déclaré la guerre, fi on ne lui offre pas fans délai des conditions équitables, il peut commencer fes opérations. Car, encore un coup, rien ne l'oblige à fe laiffer amufer. Mais dans tout ce que nous venons de dire, il ne faut jamais perdre de vue les principes établis ci-deffus, (§§. 26. & 51.) touchant les feules caufes légitimes de la guerre. Se porter avec une armée dans un pays voifin, de la part duquel on n'eft point menacé, & fans avoir tenté d'obtenir, par la raifon & la juftice, une réparation équitable des griefs que l'on prétend avoir, ce feroit introduire une méthode funefte à l'humanité, & renverfer les fondemens de la fûreté, de la tranquillité des nations. Si cette maniere de procéder n'eft pas profcrite par l'indignation publique & le concert des peuples civilifés, il faudra demeurer armés & fe tenir fur fes gardes, auffi bien en pleine paix que dans une guerre déclarée.

§. 63.
Conduite que l'on doit tenir envers les fujets de l'ennemi,

Le fouverain qui déclare la guerre, ne peut retenir les fujets de l'ennemi qui fe trouvent dans fes états au moment de la déclaration, non plus que leur effets. Ils font venus chez lui fur la foi publique : en leur permettant d'entrer dans fes terres & d'y féjourner, il leur a promis tacitement toute liberté, & toute fûreté pour le retour. Il doit donc leur marquer un tems convenable pour fe retirer avec leurs effets, & s'ils reftent au-delà du terme prefcrit, il eft en droit de les traiter en ennemis, toutefois en ennemis défarmés. Mais s'ils font retenus par un empêchement infurmontable, par une maladie, il faut néceffairement, & par les mêmes raifons, leur accorder une jufte délai. Loin de manquer à ce devoir aujourd'hui, on donne plus encore à l'humanité, & très-fouveut on accorde aux étrangers, fujets de l'état auquel on déclare la guerre, tout le tems de mettre ordre à leurs affaires. Cela fe pratique fur-tout envers les négocians, & l'on a foin auffi d'y pourvoir dans les traités de commerce. Le roi d'Angleterre a fait plus que cela : dans fa derniere déclaration de guerre contre la France, il ordonne que tous les François qui fe trouvent dans fes états pourront y demeurer, avec une entiere fûreté pour leur perfonne & leurs effets, *pourvu qu'il s'y comportent comme ils le doivent.*

Nous avons dit (§. 56.), que le fouverain doit publier la guerre dans fes états, pour l'inftruction & la direction de fes fujets. Il doit auffi avifer de fa declaration de guerre les puiffances neutres, pour les informer des raifons juftificatives qui l'autorifent, du fujet qui l'oblige à prendre les armes, & pour leur notifier que tel ou tel peuple eft fon ennemi, afin qu'elles puiffent fe diriger en conféquence. Nous verrons même que cela eft néceffaire pour éviter toute difficulté, quand nous traiterons du droit de faifir certaines chofes, que des perfonnes neutres conduifent à l'ennemi, de ce qu'on appelle *contrebande*, en tems de guerre. On pourroit appeller *déclaration* cette publication de la guerre, & *dénonciation*, celle qui fe notifie directement à l'en-

nemi, comme en effet elle s'appelle en latin *denuncia-
tio belli*.

On publie aujourd'hui & l'on déclare la guerre par des
manifeftes. Ces pieces ne manquent point de contenir les
raifons juftificatives, bonnes ou mauvaifes, fur lefquelles
on fe fonde pour prendre les armes. Le moins fcrupu-
leux voudroit paffer pour jufte, équitable, amateur de la
paix ; il fent qu'une réputation contraire pourroit lui être
nuifible. Le manifefte qui porte déclaration de guerre, ou
fi l'on veut, la déclaration même, publiée, imprimée &
répandue dans tout l'état, contient auffi les ordres généraux
que le fouverain donne à fes fujets à l'égard de la guerre. (*)

§. 65.
Décence &
& modéra-
tion que
l'on doit
garder dans
les mani-
feftes.

Eft-il néceffaire, dans un fiecle fi poli, d'obferver que
l'on doit s'abftenir dans ces écrits, qui fe publient au fujet
de la guerre, de toute expreffion injurieufe, qui manifefte
des fentimens de haine, d'animofité, de fureur, & qui n'eft
propre qu'à en exciter de femblables dans le cœur de l'ennemi ? Un prince doit garder la plus noble décence dans fes
difcours & dans fes écrits : Il doit fe refpecter foi-même dans
la perfonne de fes pareils, & s'il a le malheur d'être en différent avec une nation, ira-t-il aigrir la querelle par des
expreffions offenfantes, & s'ôter jufqu'à l'efpérance d'une
réconciliation fincere ? Les héros d'HOMERE fe traitent
d'*yvrogne* & de *chien*, auffi fe faifoient-ils la guerre à toute
outrance. FREDERIC-BARBEROUSSE, d'autres empe-
reurs, & les papes leurs ennemis, ne fe ménageoient pas
davantage. Félicitons-nous de nos mœurs plus douces,
plus humaines, & ne traitons point de vaine politeffe,
des ménagemens qui ont des fuites bien réelles.

(*) On remarque comme une chofe fort finguliere, que Charles II, roi de la
grande-Bretagne, dans fa déclaration de guerre contre la France, du 9 février 1668,
promet füreté aux François *qui fe comporteront comme ils doivent*, & de plus fa protection & fa faveur à ceux d'entr'eux qui voudroient fe retirer dans fes royaumes.

Ces formalités, dont la néceffité fe déduit des principes, & de la nature même de la guerre, caractérifent la
guerre légitime & *dans les formes* (juftum bellum). Grotius (*) dit qu'il faut deux chofes pour qu'une guerre foit
folemnelle, ou dans les formes, felon le droit des gens : la
premiere, qu'elle fe faffe de part & d'autre par autorité du
fouverain : la feconde, qu'elle foit accompagnée de certaines formalités. Ces formalités confiftent dans la demande
d'une jufte fatisfaction (*rerum repetitio*), & dans la déclaration de guerre, au moins de la part de celui qui attaque,
car la guerre défenfive n'a pas befoin d'une déclaration
(§. 57.), ni même, dans les occafions preffantes, d'un ordre exprès du fouverain. En effet, ces deux conditions font
néceffaires à une guerre légitime felon le droit des gens ;
c'eft-à-dire, telle que les nations ont droit de la faire. Le
droit de faire la guerre n'appartient qu'au fouverain (§. 4.),
& il n'eft en droit de prendre les armes que quand on lui refufe fatisfaction (§. 37.), & même après avoir déclaré la
guerre. (§. 51.)

On appelle auffi la guerre en forme, une guerre *réglée*, parce qu'on y obferve certaines regles, ou prefcrites
par la loi naturelle, ou adoptées par la coutume.

Il faut foigneufement diftinguer la guerre légitime &
dans 'es formes de ces guerres informes & illégitimes, ou
plutôt de ces brigandages qui fe font ou fans autorité légitime, ou fans fujet apparent, comme fans formalités,
& feulement pour piller. Grotius, Livre 3, chapitre
III, rapporte beaucoup d'exemples de ces dernieres. Telles étoient les guerres des *grandes-compagnies*, qui s'étoient
formées en France, dans les guerres des Anglois : armées
de brigands, qui couroient l'Europe pour la ravager. Teles
étoient les courfes des *Flibuftiers*, fans commiffion & en tems

(*) Droit de la guerre & de la paix, Liv. I. Chap. III. §. IV.

de paix; & telles font en général les déprédations des pirates. On doit mettre au même rang prefque toutes les
expéditions des corfaires de *Barbarie*: quoiqu'autorifées par
un fouverain, elles fe font fans aucun fujet apparent, &
n'ont pour caufe que la foif du butin. Il faut, dis-je, bien
diftinguer ces deux fortes de guerres, légitimes & illégitimes, parce qu'elles ont des effets & produifent des droits bien
différens.

§. 68.
Fondement
de cette
diftinction.

Pour bien fentir le fondement de cette diftinction, il
eft néceffaire de fe rappeller la nature & le but de la guerre
légitime. La loi naturelle ne la permet que comme un remede contre l'injuftice obftinée. Delà les droits qu'elle donne, comme nous l'expliquerons plus bas : de là encore les
regles qu'il y faut obferver. Et comme il eft également poffible que l'une ou l'autre des parties ait le bon droit de fon
côté, & que perfonne ne peut en décider, vû l'indépendance des nations (§. 70.), la condition des deux ennemis
eft la même, tant que dure la guerre. Ainfi, lorfqu'une nation ou un fouverain a déclaré la guerre à un autre fouverain, au fujet d'un différent qui s'eft élevé entre eux,
leur guerre eft ce que l'on appelle entre les nations une
guerre légitime & dans les formes, & comme nous le fe-
rons voir plus en détail (*), les effets en font les mêmes
de part & d'autre, par le droit des gens volontaire, indépendamment de la juftice de la caufe. Rien de tout
cela, dans une guerre informe & illégitime, appellée avec plus de raifon un brigandage. Entreprife fans
aucun droit, fans fujet même apparent, elle ne peut produire aucun effet légitime, ni donner aucun droit à celui
qui en eft l'auteur. La nation attaquée par des ennemis de
cette forte, n'eft point obligée d'obferver envers eux les regles prefcrites dans les guerres en forme; elle peut les trai-

(*) Ci-deffous, chap. XII.

ter comme des brigands. La ville de Geneve échapée à la fameuse *escalade*, (*) fit pendre les prisonniers qu'elle avoit faits sur les Savoyards , comme des voleurs qui étoient venus l'attaquer sans sujet & sans déclaration de guerre. Elle ne fut point blâmée d'une action qui feroit détestée dans une guerre en forme.

CHAPITRE V.

De l'ennemi , & des choses appertenantes à l'ennemi.

§. 69.
Ce que c'est que l'ennemi.

L'Ennemi est celui avec qui on est en guerre ouverte. Les Latins avoient un terme particulier (*hostis*) pour désigner un ennemi public , & ils le distinguoient d'un ennemi particulier (*inimicus*). Notre langue n'a qu'un même terme pour ces deux ordres de personnes , qui cependant doivent être soigneusement distinguées. L'ennemi particulier est une personne qui cherche notre mal , qui y prend plaisir : l'ennemi public forme des prétentions contre nous , ou se refuse aux nôtres , & soutient ses droits , vrais ou prétendus , par la force des armes. Le premier n'est jamais innocent ; il nourrit dans son cœur l'animosité & la haine. Il est possible que l'ennemi public ne soit point animé de ces odieux sentimens , qu'il ne desire point notre mal , & qu'il cherche seulement à soutenir ses droits. Cette observation est nécessaire pour régler les dispositions de notre cœur, envers un ennemi public.

§. 70.
Tous les sujets de deux états qui se font la guerre, sont ennemis.

Quand le conducteur de l'état, le souverain, déclare la guerre à un autre souverain, on entend que la nation entiere

(*) En l'année 1602.

déclare la guerre à une autre nation. Car le fouverain repréfente la nation, & agit au nom de la fociété entiere,
(L. I. §§. 40. & 41.) & les nations n'ont affaire les unes
aux autres qu'en corps, dans leur qualité de nations. Ces
deux nations font donc ennemies, & tous les fujets de l'une
font ennemis de tous les fujets de l'autre. L'ufage eft ici
conforme aux principes.

§. 71.
Et demeu-
rent tels en
tous lieux.

Les ennemis demeurent tels, en quelque lieu qu'ils fe
trouvent. Le lieu du féjour ne fait rien ici ; les liens politiques établiffent la qualité. Tant qu'un homme demeure citoyen de fon pays, il eft ennemi de ceux avec qui fa nation eft en guerre. Mais il n'en faut pas conclure que ces
ennemis puiffent fe traiter comme tels, par-tout où ils fe
rencontrent. Chacun étant maître chez foi, un prince neutre
ne leur permet pas d'ufer de violence dans fes terres.

§. 72
Si les fem-
mes & les
enfans font
au nombre
des enne-
mis.

Puifque les femmes & les enfans font fujets de l'état &
membres de la nation, ils doivent être comptés au nombre
des ennemis. Mais cela ne veut pas dire qu'il foit permis
de les traiter comme les hommes, qui portent les armes, ou
qui font capables de les porter. Nous verrons que l'on n'a
pas les mêmes droits contre toute forte d'ennemis.

§. 73.
Des chofes
apparte-
nartes à
l'ennemi.

Dès que l'on a déterminé exactement qui font les ennemis, il eft aifé de connoître quelles font les chofes appartenantes à l'ennemi. (*res hoftiles.*) Nous avons fait voir que
non feulement le fouverain avec qui on a la guerre, eft
ennemi, mais auffi fa nation entiere, jufqu'aux femmes &
aux enfans ; tout ce qui appartient à cette nation, à l'état,
au fouverain, aux fujets de tout âge & de tout fexe, tout
cela, dis-je, eft donc au nombre des chofes appartenantes
à l'ennemi.

§. 74.
Elles de-
meurent
telles par-
tout.

Et il en eft encore ici comme des perfonnes : les chofes
appartenantes à l'ennemi demeurent telles, en quelque lieu
qu'elles

qu'elles se trouvent. D'où il ne faut pas conclure non plus
qu'à l'égard des personnes, (§. 71.) que l'on ait par-tout
le droit de les traiter en choses qui appartiennent à l'ennemi.

Puisque ce n'est point le lieu où une chose se trouve,
qui décide de la nature de cette chose-là, mais la qualité de
la personne à qui elle appartient, les choses appartenantes
à des personnes neutres, qui se trouvent en pays ennemi,
ou sur des vaisseaux ennemis, doivent être distinguées de
celles qui appartiennent à l'ennemi. Mais c'est au propriétaire de prouver clairement qu'elles sont à lui ; car, au défaut de cette preuve, on présume naturellement qu'une chose appartient à la nation chez qui elle se trouve.

§. 75. Des choses neutres, qui se trouvent chez l'ennemi.

Il s'agit des biens mobiliaires, dans le paragraphe précédent. La regle est différente à l'égard des immeubles, des
fonds de terre. Comme ils appartiennent tous en quelque
sorte à la nation, qu'ils sont de son domaine, de son territoire, & sous son empire, (Liv. I. §§. 204. 235. & Liv.
II. §. 114.) & comme le possesseur est toujours sujet du pays,
en sa qualité de possesseur d'un fonds, les biens de cette nature ne cessent pas d'être biens de l'ennemi, (*res hostiles*)
quoiqu'ils soient possédés par un étranger neutre. Cependant
aujourd'hui que l'on fait la guerre avec tant de modération
& d'égards, on donne des sauve-gardes aux maisons, aux
terres que des étrangers possedent en pays ennemi. Par la
même raison, celui qui déclare la guerre, ne confisque point
les biens immeubles possédés dans son pays par des sujets
de son ennemi. En leur permettant d'acquérir & de posséder
ces biens-là, il les a reçus, à cet égard, au nombre de ses
sujets. Mais on peut mettre les revenus en séquestre, afin
qu'ils ne soient pas transportés chez l'ennemi.

§. 76. Des fonds possédés par des étrangers en pays ennemi.

Au nombre des choses appartenantes à l'ennemi, sont les
choses incorporelles, tous ses droits, noms & actions; ex-

§. 77. Des chose dues par un tiers à l'ennemi.

cepté cependant ces efpeces de droits qu'un tiers a concédés & qui l'intéreffent, enforte qu'il ne lui eft pas indifférent par qui ils foient poffédés ; tels que des droits de commerce, par exemple. Mais comme les noms & actions, ou les dettes actives, ne font pas de ce nombre, la guerre nous donne fur les fommes d'argent que des nations neutres pourroient devoir à notre ennemi, les mêmes droits qu'elle peut nous donner fur fes autres biens. ALEXANDRE, vainqueur & maître abfolu de Thebes, fit préfent aux Theffaliens de cent talens. (*) Le fouverain a naturellement le même droit fur ce que fes fujets peuvent devoir aux ennemis. Il peut donc confifquer des dettes de cette nature, fi le terme du payement tombe au tems de la guerre ; ou au moins défendre à fes fujets de payer, tant que la guerre durera. Mais aujourd'hui, l'avantage & la fûreté du commerce ont engagé tous les fouverains de l'Europe à fe relâcher de cette rigueur. Et dès que cet ufage eft généralement reçu, celui qui y donneroit atteinte blefferoit la foi publique ; car les étrangers n'ont confié à fes fujets, que dans la ferme perfuafion que l'ufage général feroit obfervé. L'état ne touche pas même aux fommes qu'il doit aux ennemis ; par-tout, les fonds confiés au public font exempts de confifcation & de faifie, en cas de guerre.

CHAPITRE VI.

*Des affociés de l'ennemi ; des fociétés de guerre, des auxi-
liaires ; des fubfides.*

§ 78.
Des traités
relatifs à la
guerre.

Nous avons affez parlé des traités en général, & nous ne toucherons ici à cette matiere que dans ce qu'elle a de particuliérement relatif à la guerre. Les traités qui fe

(*) Voyez GROTIUS droit de la G. & de la P. Liv. III. Chap. VIII. §. IV.

rapportent à la guerre font de plufieurs efpeces , & varient dans leurs objets & dans leurs claufes , fuivant la volonté de ceux qui les font. On doit d'abord y appliquer tout ce que nous avons dit des traités en général , (Liv. II. Chap. XII. & fuivans) & ils peuvent fe divifer de même en traités réels & perfonnels, égaux & inégaux , &c. Mais ils ont aufli leurs différences fpécifiques , celles qui fe rapportent à leur objet particulier, à la guerre.

Sous cette relation , les alliances faites pour la guerre fe divifent en général en *alliances défenfives & alliances offenfives.* Dans les premieres , on s'engage feulement à défendre fon allié, au cas qu'il foit attaqué : dans les fecondes, on fe joint à lui pour attaquer , pour porter enfemble la guerre chez une autre nation. Il eft des alliances offenfives & défenfives tout enfemble ; & rarement une alliance eft-elle offenfive, fans étre défenfive aufli. Mais il eft fort ordinaire d'en voir de purement défenfives; & celles-ci font en général les plus naturelles & les plus légitimes. Il feroit trop long , & même inutile, de parcourir en détail toutes les variétés de ces alliances. Les unes fe font fans reftriction , envers & contre tous ; en d'autres on excepte certains états; de troifiemes font formées nommément contre telle , ou telle nation.

§. 79. Des alliances défenfives & des alliances offenfives.

Mais une différence qu'il eft important de bien remarquer , fur-tout dans les alliances défenfives , eft celle qui fe trouve entre une alliance intime & complette , dans laquelle on s'engage à faire caufe commune , & une autre, dans laquelle on fe promet feulement un fecours déterminé. L'alliance dans laquelle on fait caufe commune , eft une *fociété de guerre* : chacun y agit de toutes fes forces ; tous les alliés deviennent parties principales dans la guerre; ils ont les mêmes amis & les mêmes ennemis. Mais une alliance de cette nature s'appelle plus particuliérement *fociété de guerre*, quand elle eft offenfive.

§. 80. Différence des fociétés de guerre & des traités de fecours.

§. 81.
Des trou-
pes auxi-
liaires.

Lorſqu'un ſouverain , ſans prendre part directement à la guerre que fait un autre ſouverain , lui envoie ſeulement un ſecours de troupes , ou de vaiſſeaux de guerre , ces troupes, ou ces vaiſſeaux s'appellent *auxiliaires.*

Les troupes auxiliaires ſervent le prince à qui elles ſont envoyées , ſuivant les ordres de leur ſouverain. Si elles ſont données purement & ſimplement , ſans reſtriction , elles ſerviront également pour l'offenſive & pour la défenſive ; & elles doivent obéir , pour la direction & le détail des opérations , au prince qu'elles viennent ſecourir. Mais ce prince n'en a point cependant la libre & entiere diſpoſition , comme de ſes ſujets. Elles ne lui ſont accordées que pour ſes propres guerres , & il n'eſt pas en droit de les donner lui - même , comme auxiliaires , à une troiſieme puiſſance.

§. 82.
Des ſubſi-
des.

Quelquefois ce ſecours d'une puiſſance qui n'entre point directement dans la guerre , conſiſte en argent , & alors on l'appelle *ſubſide.* Ce terme ſe prend ſouvent aujourd'hui dans un autre ſens , & ſignifie une ſomme d'argent qu'un ſouverain paye chaque année à un autre ſouverain , en récompenſe d'un corps de troupes que celui-ci lui fournit dans ſes guerres , ou qu'il tient prêt pour ſon ſervice. Les traités par leſquels on s'aſſure une pareille reſſource , s'appellent *traités de ſubſides.* La France & l'Angleterre ont aujourd'hui des traités de cette nature avec divers princes du nord & de l'Allemagne , & les entretiennent même en tems de paix.

§. 83.
Comment
il eſt per-
mis à une
nation de
donner du
ſecours à
une autre.

Pour juger maintenant de la moralité de ces divers traités , ou alliances , de leur légitimité ſelon le droit des gens , & de la maniere dont ils doivent être exécutés , il faut d'abord poſer ce principe inconteſtable : *Il eſt permis & louable de ſecourir & d'aſſiſter de toute maniere une nation qui fait une guerre juſte , & même cette aſſiſtance eſt un devoir , pour toute nation qui peut la donner sans se manquer à elle-même. Mais on ne peut aider d'aucun secours celui qui fait une guerre injuste.* Il n'y a rien là qui ne soit démontré par tout ce que nous avons dit des devoirs communs des nations les unes envers les autres. (Liv. II. chap. I) Il est toujours louable de soutenir le bon droit, quand on le peut ; mais aider l'injuste, c'est participer à son crime, c'est être injuste comme lui.

Si au principe que nous venons d'établir, vous joignez la considération de ce qu'une nation doit à sa propre sûreté, des soins qu'il lui est si naturel & si convenable de prendre pour se mettre en état de résister à ses ennemis, vous sentirez d'autant plus aisément combien elle est en droit de faire des alliances pour la guerre, & sur-tout des alliances défensives, qui ne tendent qu'à maintenir un chacun dans la possession de ce qui lui appartient.

§. 84.
Et de faire des alliances pour la guerre.

Mais elle doit user d'une grande circonspection, quand il s'agit de contracter de pareilles alliances. Des engagemens qui peuvent l'entraîner dans la guerre, au moment qu'elle y pensera le moins, ne doivent se prendre que pour des raisons très-importantes, & en vue du bien de l'état. Nous parlons ici des alliances qui se font en pleine paix & par précaution pour l'avenir.

S'il est question de contracter alliance avec une nation déjà engagée dans la guerre, ou prête à s'y engager, deux choses sont à considérer : 1°. La justice des armes de cette nation. 2°. Le bien de l'état. Si la guerre que fait ou que va faire un prince est injuste, il n'est pas permis d'entrer dans son alliance, puisqu'on ne peut soutenir l'injustice. Est-il fondé à prendre les armes ? Il reste encore à considérer si le bien de l'état vous permet ou vous conseille d'entrer dans sa querelle. Car le souverain ne doit user de

§. 85.
Des alliances qui se font avec une nation actuellement en guerre.

fon autorité que pour le bien de l'état; c'eſt là que doivent tendre toutes ſes démarches, & ſur - tout les plus importantes. Quelle autre conſidération pourroit l'autoriſer à expoſer ſa nation aux calamités de la guerre?

§. 86.
Clauſe tacite en toute alliance de guerre.

Puiſqu'il n'eſt permis de donner du ſecours, ou de s'allier que pour une guerre juſte, toute alliance, toute ſociété de guerre, tout traité de ſecours, fait d'avance en tems de paix, & loſqu'on n'a en vue aucune guerre particuliere, porte néceſſairement & de ſoi-même cette clauſe tacite, que le traité n'aura lieu que pour une guerre juſte. L'alliance ne pourroit ſe contracter validement ſur un autre pied. (Liv. II. §§. 161. & 168.)

Mais il faut prendre garde de ne pas réduire par-là les traités d'alliances à des formalités vaines & illuſoires. La reſtriction tacite ne doit s'entendre que d'une guerre évidemment injuſte; autrement, on ne manqueroit jamais de prétexte pour éluder les traités. S'agit-il de vous allier à une puiſſance, qui fait actuellement la guerre? Vous devez peſer religieuſement la juſtice de ſa cauſe : le jugement dépend de vous uniquement, parce que vous ne lui devez rien, qu'autant que ſes armes feront juſtes, & qu'il vous conviendra de vous joindre à elle. Mais lorſque vous êtes déjà lié, l'injuſtice bien prouvée de ſa cauſe peut ſeule vous diſpenſer de l'aſſiſter : en cas douteux, vous devez préſumer que votre allié eſt fondé, puiſque c'eſt ſon affaire.

Mais ſi vous avez de grands doutes, il vous eſt permis, & il ſera très-louable, de vous entremettre de l'accommodement. Alors vous pourrez mettre le droit en évidence, en reconnoiſſant quel eſt celui des deux adverſaires qui ſe refuſe à des conditions équitables.

§. 87.
Refuſer du ſecours pour une guerre in-

Toute alliance portant la clauſe tacite dont nous venons de parler, celui qui refuſe du ſecours à ſon allié dans une guerre manifeſtement injuſte, ne rompt point l'alliance. juſte, ce n'eſt pas rompre l'alliance.

Lorſque des alliances ont été ainſi contractées d'avance, il s'agit, dans l'occaſion, de déterminer les cas dans leſquels on doit agir en conſéquence de l'alliance, ceux où la force des engagemens ſe déploie : c'eſt ce qu'on appelle le cas de l'alliance, *caſus fœderis*. Il ſe trouve dans le concours des circonſtances pour leſquelles le traité a été fait, ſoit que ces circonſtances y ſoient marquées expreſſément, ſoit qu'on les ait tacitement ſuppoſées. Tout ce qu'on a promis par le traité d'alliance, eſt dû dans le *caſus fœderis*, & non autrement. §. 88. Ce que c'eſt que le *caſus fœderis*.

Les traités les plus ſolemnels ne pouvant obliger perſonne à favoriſer d'injuſtes armes (§. 86.), le *caſus fœderis* ne ſe trouve jamais avec l'injuſtice manifeſte de la guerre. §. 89. Il n'exiſte jamais pour une guerre injuſte.

Dans une alliance défenſive, le *caſus fœderis* n'exiſte pas tout de ſuite dès que notre allié eſt attaqué. Il faut voir encore s'il n'a point donné à ſon ennemi un juſte ſujet de lui faire la guerre. Car on ne peut s'être engagé à le défendre, pour le mettre en état d'inſulter les autres, ou de leur refuſer juſtice. S'il eſt dans le tort, il faut l'engager à offrir une ſatisfaction raiſonnable, & ſi ſon ennemi ne veut pas s'en contenter, le cas de le défendre arrive ſeulement alors. §. 90. Comment il exiſte pour une guerre défenſive.

Que ſi l'alliance défenſive porte une garentie de toutes les terres que l'allié poſſède actuellement, le *caſus fœderis* ſe déploie dès que ces terres ſont envahies, ou menacées d'invaſion. Si quelqu'un les attaque pour une juſte cauſe, il faut obliger l'allié à donner ſatisfaction, mais on eſt fondé à ne pas ſouffrir que ſes poſſeſſions lui ſoient enlevées; car le plus ſouvent on en prend la garentie pour fai §. 91. Et dans un traité de garentie.

propre fûreté. Au refte, les regles d’interprétation, que
nous avons données dans un chapitre exprès (*), doivent
être confultées, pour déterminer, dans les occafions particulieres, l’exiftence du *cajus fœderis*.

§. 92.
On ne doit
pas le fe-
cours,
quand on
eft hors d’é
tat de le
fournir, ou
quand le
falut pu-
blic feroit
expofé.

Si l’état qui a promis un fecours ne fe trouve pas en
pouvoir de le fournir, il en eft difpenfé par fon impuiffance
même ; & s’il ne pouvoit le donner, fans fe mettre lui-
même dans un danger évident, il en feroit difpenfé encore.
Ce feroit le cas d’un traité pernicieux à l’état, lequel n’eft
point obligatoire. (Liv. II. §. 160.) Mais nous parlons ici
d’un danger imminent, & qui menace le falut même de l’é-
tat. Le cas d’un pareil danger eft tacitement & néceffairement réfervé en tout traité. Pour ce qui eft des dangers
éloignés, ou médiocres, comme ils font inféparables 'de
toute alliance dont la guerre eft l’objet, il feroit abfurde
de prétendre qu’ils duffent faire exception : & le fouverain
peut y expofer fa nation, en faveur des avantages qu’elle retire de l’alliance.

En vertu de ces principes, celui-là eft difpenfé d’envoyer du fecours à fon allié, qui fe trouve lui-même embarraffé dans une guerre, pour laquelle il a befoin de toutes
fes forces. S’il eft en état de faire face à fes ennemis,
& de fecourir en même tems fon allié, il n’a point de raifon de s’en difpenfer. Mais en pareil cas, c’eft à chacun de
juger de ce que fa fituation & fes forces lui permettent de
faire. Il en eft de même des autres chofes que l’on peut
avoir promifes, des vivres, par exemple. On n’eft point
obligé d’en fournir à un allié, lorfqu’on en a befoin pour
foi - même.

§. 93.
De quel-
ques autres
cas, & de
celui où
deux con-
federes de

Nous ne répétons point ici ce que nous avons dit de divers
autres cas, en parlant des traités en général, comme de la

(*) Liv. II. Chap. XVII.

pré-

la même al-
liance fe
font la
guerre.

préférence qui eſt due au plus ancien allié (Liv. II. §. 369.) & à un protecteur, (*ibid.* §. 204.) du ſens que l'on doit donner au terme d'alliés, dans un traité où ils ſont réſervés. (*ibid.* §. 309.) Ajoutons ſeulement ſur cette derniere queſtion, que dans une alliance pour la guerre, qui ſe fait *envers & contre tous, les alliés réſervés*, cette exception ne doit s'entendre que des alliés préſens. Autrement il ſeroit aiſé dans la ſuite d'éluder l'ancien traité par de nouvelles alliances, on ne ſauroit, ni ce qu'on fait, ni ce qu'on gagne, en concluant un pareil traité.

Voici un cas dont nous n'avons pas parlé. Un traité d'alliance défenſive s'eſt fait entre trois puiſſances : deux d'entre-elles ſe brouillent, & ſe font la guerre : que fera la troiſieme ? Elle ne doit ſecours ni à l'une, ni à l'autre, en vertu du traité. Car il ſeroit abſurde de dire qu'elle a promis à chacune ſon aſſiſtance contre l'autre, ou à l'une des deux, au préjudice de l'autre. L'alliance ne l'oblige donc à autre choſe qu'à interpoſer ſes bons offices, pour reconcilier ſes alliés : & ſi elle ne peut y réuſſir, elle demeure en liberté de ſecourir celui des deux qui lui paroîtra fondé en juſtice.

§. 94.
De celui
qui refuſe
les ſecours
dûs en ver-
tu d'une al-
liance.

Refuſer à un allié les ſecours qu'on lui doit, lorſqu'on n'a aucune bonne raiſon de s'en diſpenſer, c'eſt lui faire une injure, puiſque c'eſt violer le droit parfait qu'on lui a donné par un engagement formel. Je parle des cas évidens, c'eſt alors ſeulement que le droit eſt parfait; car dans les cas douteux, chacun eſt juge de ce qu'il eſt en état de faire (§. 92.) Mais il doit juger ſainement, & agir de bonne-foi. Et comme on eſt tenu naturellement à réparer le dommage, que l'on a cauſé par ſa faute, & ſur-tout par une injuſtice, on eſt obligé à indemniſer un allié de toutes les pertes, qu'un injuſte refus peut lui avoir cauſées. Combien de circonſpection faut-il donc apporter à des engagemens, aux-

quels on ne peut manquer , sans faire une breche notable , ou à ses affaires, ou à son honneur, & dont l'ac-
complissement peut avoir les suites les plus sérieuses.

§. 95.
Des asso-
ciés de
l'ennemi.

C'est un engagement bien important que celui qui peut
entraîner dans une guerre : il n'y va pas de moins que
du salut de l'état. Celui qui promet dans une alliance, un
subside , ou un corps d'auxiliaires , pense quelquefois
n'hazarder qu'une somme d'argent, ou un certain nombre de
soldats, il s'expose souvent à la guerre & à toute ses calamités. La nation contre laquelle il donne du secours le
regardera comme son ennemi, & si le sort des armes la fa-
vorise, elle portera la guerre chez lui. Mais il nous reste
à voir si elle peut le faire avec justice, & en quelles occasions. Quelques auteurs (a) décident en général que quiconque se joint à notre ennemi, ou l'assiste contre nous d'argent, de troupes, ou en quelque autre maniere que ce soit,
devient par-là notre ennemi, & nous met en droit de lui faire la guerre. Décision cruelle, & bien funeste au repos des
nations ! Elle ne peut se soutenir par les principes, & l'usage
de l'Europe s'y trouve heureusement contraire. Il est vrai
que tout associé de mon ennemi est lui-même mon ennemi.
Peu importe que quelqu'un me fasse la guerre directement
& en son propre nom, ou qu'il me la fasse sous les auspices
d'un autre. Tous les droits que la guerre me donne contre
mon ennemi principal, elle me les donne de même contre
tous ses associés. Car ces droits me viennent de celui de sûreté, du soin de ma propre défense, & je suis également attaqué par les uns & les autres. Mais la question est de
savoir qui sont ceux que je puis légitimement compter
comme associés de mon ennemi, unis pour me faire la
guerre.

(*) Voyez WOLFII jus gentium §§. 730. & 736.

Premiérement je mettrai de ce nombre tous ceux qui ont avec mon ennemi une véritable société de guerre, qui font cause commune avec lui, quoique la guerre ne se fasse qu'au nom de cet ennemi principal. Cela n'a pas besoin de preuves. Dans les sociétés de guerre ordinaires & ouvertes, la guerre se fait au nom de tous les alliés, lesquels font également ennemis. (§. 80)

§. 96.
Ceux qui font cause commune font associés de l'ennemi.

En second lieu, je regarde comme associés de mon ennemi ceux qui l'assistent dans sa guerre, sans y être obligés par aucun traité. Puisqu'ils se déclarent contre moi librement & volontairement, ils veulent bien être mes ennemis. S'ils se bornent à donner un secours déterminé, à accorder la levée de quelques troupes, à avancer de l'argent, gardant d'ailleurs avec moi toutes les relations de nations amies ou neutres, je puis dissimuler ce sujet de plainte; mais je suis en droit de leur en demander raison. Cette prudence, de ne pas rompre toujours ouvertement avec ceux qui assistent ainsi un ennemi, afin de ne les point obliger à se joindre à lui avec toutes leurs forces, ce ménagement, dis-je, a insensiblement introduit la coutume de ne pas regarder une pareille assistance, sur-tout quand elle ne consiste que dans la permission de lever des troupes volontaires, comme un acte d'hostilité. Combien de fois les Suisses ont-ils accordé des levées à la France, en même tems qu'ils les refusoient à la maison d'Autriche, quoique l'une & l'autre puissance fut leur alliée? Combien de fois en ont-ils accordé à un prince & refusé à son ennemi, n'ayant aucune alliance, ni avec l'un, ni avec l'autre? Ils les accordoient ou les refusoient, selon qu'ils le jugeoient expédient pour eux-mêmes. Jamais personne n'a osé les attaquer pour ce sujet. Mais la prudence qui empêche d'user de tout son droit, n'ôte pas le droit pour cela. On aime mieux dissimuler que grossir sans nécessité le nombre de ses ennemis.

§. 97.
Et ceux qui l'assistent sans y être obligés par des traités.

H 2

§. 98.
Ou qui ont avec lui une alliance offensive.

En troisieme lieu , ceux qui , liés à mon ennemi par une alliance offensive, l'assistent actuellement dans la guerre qu'il me déclare, ceux-là, dis - je, concourent au mal qu'on veut me faire : ils se montrent mes ennemis , & je suis en droit de les traiter comme tels. Aussi les Suisses , dont nous venons de parler , n'accordent - ils ordinairement des troupes que pour la simple défensive. Ceux qui servent en France ont toujours eu défense de leurs souverains de porter les armes contre l'empire, ou contre les états de la maison d'Autriche en Allemagne. En 1644 , les capitaines du régiment de Guy, Neufchatelois, apprenant qu'ils étoient destinés à servir sous le maréchal de Turenne en Allemagne , déclarerent qu'ils périroient plutôt que de désobéir à leur souverain & de violer les alliancesdu corps Helvétique. Depuis que la France est maîtresse de l'Alsace, les Suisses qui combattent dans ses armées ne passent point le Rhin pour attaquer l'empire. Le brave Daxelhoffer, capitaine Bernois, qui servoit la France à la tête de deux cents hommes, dont ses quatre fils formoient le premier rang, voyant que le général vouloit l'obliger à passer le Rhin , brisa son esponton, & ramena sa compagnie a Berne.

§. 99.
Comment l'alliance défensive associe à l'ennemi.

Une alliance même défensive , faite nommément contre moi , ou , ce qui revient à la même chose, conclue avec mon ennemi pendant la guerre , ou lorsqu'on la voit sur le point de se déclarer, est un acte d'association contre moi ; & si elle est suivie des effets, je suis en droit de regarder celui qui l'a contractée comme mon ennemi. C'est le cas de celui qui assiste mon ennemi, sans y être obligé, & qui veut bien être lui - même mon ennemi. (Voyez le §. 97.)

§. 100.
Autres cas.

L'alliance défensive , quoique générale & faite avant qu'il fut question de la guerre présente , produit encore le même effet, si elle porte une assistance de toutes les forces des alliés. Car alors c'est une vraie ligue ou société de guerre. Et puis, il seroit absurde que je ne puisse porter la guérre chez une nation, qui s'oppofe à moi de toutes fes forces, & tarir la fource des fecours qu'elle donne à mon ennemi. Qu'eft - ce qu'un auxiliaire, qui vient me faire la guerre, à la tête de toutes fes forces? Il fe joue, s'il prétend n'être pas mon ennemi. Que feroit - il de plus, s'il en prenoit hautement la qualité? Il ne me ménage donc point; il voudroit fe ménager lui - même. Souffrirai - je qu'il conferve fes provinces en paix, à couvert de tout danger, tandis qu'il me fera tout le mal qu'il eft capable de me faire? Non, la loi de la nature, le droit des gens, nous oblige à la juftice, & ne nous condamne point à être dupes.

Mais fi une alliance défenfive n'a point été faite particuliérement contre moi, ni conclue dans le tems que je me préparois ouvertement à la guerre, ou que je l'avois déjà commencée, & fi les alliés y ont fimplement ftipulé que chacun d'eux fournira un fecours déterminé à celui qui fera attaqué, je ne puis exiger qu'ils manquent à un traité folemnel, que l'on a fans doute pu conclure fans me faire injure : les fecours qu'ils fourniffent à mon ennemi font une dette qu'ils payent ; ils ne me font point injure en l'acquittant, & par conféquent ils ne me donnent aucun jufte fujet de leur faire la guerre. (§. 26.) Je ne puis pas dire non plus que ma fûreté m'oblige à les attaquer. Car je ne ferois par là qu'augmenter le nombre de mes ennemis, & m'attirer toutes les forces de ces nations fur les bras, au lieu d'un fecours modique qu'elles donnent contre moi. Les auxiliaires feuls qu'elles envoyent font donc mes ennemis. Ceux - là font véritablement joints à mes ennemis, & combattent contre moi.

§. 101.
En quel
cas elle ne
produit
point le
même effet

Les principes contraires iroient à multiplier les guerres, à les étendre fans mefure, à la ruine commune des nations. Il eft heureux pour l'Europe, que l'ufage fi trouve en ceci conforme aux vrais principes. Il eft rare qu'un prince ofe fe plaindre de ce qu’on fournit pour la défenfe d’un allié, des fecours promis par d’anciens traités , par des traités qui n’ont pas été faits contre lui. Les provinces - Unies ont long-tems fourni des fubfides & même des troupes à la reine de Hongrie , dans la derniere guerre : la France ne s’en eft plainte que quand ces troupes ont marché en Alface, pour attaquer fa frontiere. Les Suiffes donnent à la France de nombreux corps de troupes , en vertu de leur alliance avec cette couronne ; & ils vivent en paix avec toute l’Europe.

Un feul cas pourroit former ici une exception ; c’eft celui d’une défenfive manifeftement injufte. Car alors on n’eft plus obligé d’affifter un allié. (§§. 86. 87. & 89.) Si l’on s’y porte fans néceffité , & contre fon devoir, on fait injure à l’ennemi, & on fe déclare de gaieté de cœur contre lui. Mais ce cas eft très - rare entre les nations. Il eft peu de guerres défenfives dont la juftice ou la néceffité ne fe puiffe fonder au moins fur quelque raifon apparente : or en toute occafion douteufe , c’eft à chaque état de juger de la juftice de fes armes , & la préfomption eft en faveur de l’allié. (§. 86.') Ajoutez que c’eft à vous de juger de ce que vous avez à faire conformément à vos devoirs & à vos engage- mens , & que par conféquent l’évidence la plus palpable peut feule autorifer l’ennemi de votre allié à vous accufer de foutenir une caufe injufte , contre les lumieres de votre con- fcience. Enfin , le droit des gens volontaire ordonne qu’en toute caufe fufceptible de doute, les armes des deux partis foient regardées , quant aux effets extérieurs , comme éga- lement légitimes. (§. 40.)

Les vrais affociés de mon ennemi étant mes ennemis, j’ai contre eux les mêmes droits que contre l’ennemi prin- cipal. (§. 95.) Et puifqu’ils fe déclarent tels eux-mêmes, qu’ils prennent les premiers les armes contre moi , je puis

leur faire la guerre fans la leur déclarer; elle eft affez déclarée par leur propre fait.   C'eft le cas principalement de ceux
qui concourent en quelque maniere que ce foit à me faire
une guerre offenfive , & c'eft auffi celui de tous ceux dont
nous venons de parler, dans les paragraphes 96. 97. 98. 99.
& 100.

Mais il n'en eft pas ainfi des nations qui affiftent mon
ennemi dans fa guerre défenfive, fans que je puiffe les regarder comme fes affociés. (§. 101.)   Si j'ai à me plaindre
des fecours qu'elles lui donnent, c'eft un nouveau différent
de moi à elle. Je puis leur en demander raifon, & fi elles ne
me fatisfont pas, pourfuivre mon droit & leur faire la guerre ; mais alors il faut la déclarer. (§. 51.)   L'exemple de
MANLIUS , qui fit la guerre aux Galates , parce qu'ils avoient
fourni des troupes à ANTIOCHUS , ne convient point au cas.
GROTIUS (*) blâme le général Romain d'avoir commencé
cette guerre fans déclaration.   Les Galates , en fourniffant
des troupes pour une guerre offenfive contre les Romains,
s'étoient eux-mêmes déclarés ennemis de Rome.   Il eft vrai
que la paix étant faite avec Antiochus, il femble que Manlius devoit attendre les ordres de Rome, pour attaquer les
Galates.   Et alors, fi on envifageoit cette expédition comme une guerre nouvelle, il falloit, non feulement la déclarer, mais demander fatisfaction, avant que d'en venir aux
armes. (§. 51.)   Mais le traité avec le roi de Syrie n'étoit
pas encore confommé, & il ne regardoit que lui, fans faire
mention de fes adhérens.   Manlius entreprit donc l'expédition contre les Galates , comme une fuite ou un refte de
la guerre d'Antiochus.   C'eft ce qu'il explique fort bien lui-
même, dans fon difcours au fénat (**); & même il ajoute
qu'il débuta par tenter s'il pourroit engager les Galates à fe
mettre à la raifon.   GROTIUS allegue plus à propos l'exemple

(*) Droit de la G. & de la P. Liv. III. Chap. III. §. X.
[**] Tit. Liv. Lib. XXXVII.

d'ULISSE & de fes compagnons, les blâmant d'avoir attaqué fans déclaration de guerre les Ciconiens, qui, pendant le fiege de Troie, avoient envoyé du fecours à PRIAM (*).

CHAPITRE VII.

De la neutralité & des troupes en pays neutre.

§. 103.
Des peuples neutres.

LEs peuples neutres, dans une guerre, font ceux qui n'y prenent aucune part, demeurant amis communs des deux partis, & ne favorifant point les armes de l'un, au préjudice de l'autre. Nous avons à confidérer les obligations & les droits qui découlent de la neutralité.

§. 104.
Conduite que doit tenir un peuple neutre.

Pour bien faifir cette queftion, il faut éviter de confondre ce qui eft permis à une nation libre de tout engagement, avec ce qu'elle peut faire, fi elle prétend être traitée comme parfaitement neutre, dans une guerre. Tant qu'un peuple neutre veut jouir fûrement de cet état, il doit montrer en toutes chofes une exacte impartialité entre ceux qui fe font la guerre. Car s'il favorife l'un, au préjudice de l'autre, il ne pourra pas fe plaindre, quand celui-ci le traitera comme adhérent & affocié de fon ennemi. Sa neutralité feroit une neutralité frauduleufe, dont perfonne ne veut être la dupe. On la fouffre quelquefois, parce qu'on n'eft pas en état de s'en reffentir; on diffimule, pour ne pas s'attirer de nouvelles forces fur les bras. Mais nous cherchons ici ce qui eft de droit, & non ce que la prudence peut dicter, felon les conjonctures. Voyons donc en quoi confifte cette impartialité, qu'un peuple neutre doit garder.

[*] GROTIUS ubi fupra. not. 3.

Elle

Elle fe rapporte uniquement à la guerre, & comprend deux chofes. 1°. Ne point donner de fecours quand on n'y eft pas obligé; ne fournir librement ni troupes, ni armes, ni munitions, ni rien de ce qui fert directement à la guerre. Je dis ne point donner de fecours, & non pas en donner également; car il faroit abfurde qu'un état fecourut en même tems deux ennemis. Et puis il feroit impoffible de le faire avec égalité; les mêmes chofes, le même nombre de troupes, la même quantité d'armes, de munitions &c. fournies en des circonftances différentes, ne forment plus des fecours équivalens. 2°. Dans tout ce qui ne regarde pas la guerre, une nation neutre & impartiale ne refufera point à l'un des partis, à raifon de fa querelle préfente, ce qu'elle accorde à l'autre. Ceci ne lui ôte point la liberté dans fes négociations, dans fes liaifons d'amitié, & dans fon commerce, de fe diriger fur le plus grand bien de l'état. Quand cette raifon l'engage à des préférences, pour des chofes dont chacun difpofe librement, elle ne fait qu'ufer de fon droit. Il n'y a point là de partialité. Mais fi elle refufoit quelqu'une de ces chofes-là à l'un des partis, uniquement parce qu'il fait la guerre à l'autre, & pour favorifer celui-ci, elle ne garderoit plus une exacte neutralité.

J'ai dit qu'un état neutre ne doit donner du fecours ni à l'un ni à l'autre des deux partis, *quand il n'y eft pas obligé.* Cette reftriction eft néceffaire. Nous avons déja vû que quand un fouverain fournit le fecours modéré, qu'il doit en vertu d'une ancienne alliance défenfive, il ne s'affocie point à la guerre :(§. 101.) il peut donc s'acquitter de ce qu'il doit, & grader du refte une exacte neutralité. Les exemples en font fréquens en Europe.

§. 105. Un allié peut fournir le fecours qu'il doit, & refter neu-tre.

Quand il s'éleve une guerre entre deux nations, toutes les autres, qui ne font point liées par des traités, font libres de demeurer neutres; & fi quelqu'un vouloit les contraindre à

§. 106. Du droit de demeu-rer neutre.

ſe joindre à lui, il leur feroit injure, puiſqu’il entreprendroit
ſur leur indépendance, dans un point très-eſſentiel. C’eſt à
elles uniquement de voir ſi quelque raiſon les invite à prendre parti; & elles ont deux choſes à conſidérer: 1°. La juſtice de la cauſe. Si elle eſt évidente, on ne peut favoriſer
l’injuſtice; il eſt beau, au contraire, de ſecourir l’innocence
opprimée, lorſqu’on en a le pouvoir. Si la cauſe eſt douteuſe,
les nations peuvent ſuſpendre leur jugement, & ne point
entrer dans une querelle étrangere. 2°. Quand elles voyent
de quel côté eſt la juſtice, il reſte encore à examiner s’il eſt
du bien de l’état de ſe mêler de cette affaire & de s’embarquer
dans la guerre.

§. 107.
Des traités
de neutra-
lité.

Une nation qui fait la guerre, ou qui ſe prépare à la
faire, prend ſouvent le parti de propoſer un traité de neutralité à celle qui lui eſt ſuſpecte. Il eſt prudent de ſavoir de
bonne heure à quoi s’en tenir, & de ne point s’expoſer à
voir tout-à-coup un voiſin ſe joindre à l’ennemi, dans le
plus fort de la guerre. En toute occaſion où il eſt permis
de reſter neutre, il eſt permis auſſi de s’y engager par un
traité.

Quelquefois même cela devient permis par néceſſité.
Ainſi, quoiqu’il ſoit du devoir de toutes les nations de ſecourir l’innocence opprimée (L. II. §. 4.), ſi un conquérant
injuſte, prêt à envahir le bien d’autrui, me préſente la neutralité, lorſqu’il eſt en état de m’accabler, que puis-je faire
de mieux que l’accepter? J’obéis à la néceſſité; & mon impuiſſance me décharge d’une obligation naturelle. Cette
même impuiſſance me dégageroit même d’une obligation
parfaite, contractée par une alliance. L’ennemi de mon allié
me menace avec des forces très-ſupérieures; mon ſort eſt en
ſa main. Il exige que je renonce à la liberté de fournir aucun
ſecours contre lui. La néceſſité, le ſoin de mon ſalut, me
diſpenſent de mes engagemeos. C’eſt ainſi que Louis XIV

força VICTOR-AMEDE'E, duc de Savoye, à quitter le parti des
alliés. Mais il faut que la néceſſité ſoit très-preſſante. Les
lâches ſeuls, ou les perfides, s'autoriſent de la moindre
crainte, pour manquer à leurs promeſſes, ou pour trahir leur
devoir. Dans la derniere guerre, après la mort de l'empereur CHARLES VI, le roi de Pologne, électeur de Saxe, &
le roi de Sardaigne, ont tenu ferme contre le malheur des
événemens, & ils ont eu la gloire de ne point traiter ſans
leurs alliés.

Une autre raiſon rend des traités de neutralité utiles &
même néceſſaires. La nation qui veut aſſurer ſa tranquillité,
lorſque le feu de la guerre s'allume dans ſon voiſinage, n'y
peut mieux réuſſir qu'en concluant avec les deux partis des
traités, dans leſquels on convient expreſſément de ce que
chacun pourra faire ou exiger, en vertu de la neutralité.
C'eſt le moyen de ſe maintenir en paix, & de prévenir
toute difficulté, toute chicane.

§. 108.
Nouvelle
raiſon de
faire ces
traités

Si l'on n'a point de pareils traités, il eſt à craindre
qu'il ne s'éleve ſouvent des diſputes ſur ce que la neutralité permet ou ne permet pas. Cette matiere offre bien des
queſtions que les auteurs ont agitées avec chaleur, & qui
ont excité entre les nations des querelles plus dangereuſes.
Cependant le droit de nature & des gens a ſes principes invariables, & peut fournir des regles ſur cette matiere,
comme ſur les autres. Il eſt auſſi des choſes qui ont paſſé
en coutume entre les nations policées, & auxquelles il faut
ſe conformer, ſi l'on ne veut pas s'attirer le blâme de rompre injuſtement la paix. (*) Quant aux regles du droit des

§. 109.
Fondement
des regles
ſur la neu-
tralité.

(*) En voici un exemple : les Hollandois jugerent qu'un vaiſſeau entrant dans
un port neutre après avoir fait des priſonniers ſur les ennemis de ſa nation en pleine
mer, on devoit lui faire relâcher leſdits priſonniers, parce qu'ils étoient tombés enſuite au pouvoir d'une puiſſance neutre entre les parties militantes. La même
regle avoit été obſervée par l'Angleterre, pendant la guerre entre l'Eſpagne & les
Provinces-Unies.

gens naturel , elles réfultent d'une jufte combinaifon des droits de la guerre, avec la liberté, le falut, les avantages, le commerce & les autres droits de nations neutres. C'eft fur ce principe que nous formerons les regles fuivantes.

Premiérement, tout ce qu'une nation fait en ufant de fes droits , & uniquement en vue de fon propre bien, fans partialité , fans deffein de favorifer une puiffance , au préjudice d'une autre, tout cela, dis - je , ne peut en gé-néral être regardé comme contraire à la neutralité, & ne devient tel que dans ces occafions particulieres , où il ne peut avoir lieu fans faire tort à l'un des partis, qui a alors un droit particulier de s'y oppofer. C'eft ainfi que l'affié-geant a droit d'interdire l'entrée de la place affiégée. (Voyez ci - deffous. §. 117.) Hors ces fortes de cas , les querel-les d'autrui m'ôteront-elles la libre difpofition de mes droits, dans la pourfuite des mefures que je croirai falutaires à ma nation? Lors donc qu'un peuple eft dans l'ufage, pour occu-per & pour exercer fes fujets, de permettre des levées de troupes en faveur de la puiffance à qui il veut bien les con-fier, l'ennemi de cette puiffance ne peut traiter ces permif-fions d'hoftilités , à moins qu'elles ne foient données pour envahir fes états, ou pour la défenfe d'une caufe odieufe & manifeftement injufte. Il ne peut même prétendre de droit, qu'on lui en accorde autant; parce que ce peuple peut avoir des raifons de le refufer, qui n'ont pas lieu à l'égard du parti contraire ; & c'eft à lui de voir ce qui lui convient. Les Suiffes , comme nous l'avons déjà dit, accordent des levées de troupes à qui il leur plait, & perfonne jufqu'ici ne s'eft avifé de leur faire la guerre à ce fujet. Il faut avouer cependant, que fi ces levées étoient confidérables , fi elles faifoient la principale force de mon ennemi, tandis que, fans alléguer de raifons folides, on m'en refuferoit ab-folument , j'aurois tout lieu de regarder ce peuple comme ligué avec mon ennemi ; & en ce cas , le foin de ma propre fûreté m'autoriferoit à le traiter comme tel.

Il en eſt de même de l'argent qu'une nation auroit coutume de prêter à uſure. Que le ſouverain, ou ſes ſujets prêtent ainſi leur argent à mon ennemi, & qu'ils me le refuſent, parce qu'ils n'auront pas la même confiance en moi, ce n'eſt pas enfreindre la neutralité. Ils placent leurs fonds là où ils croyent trouver leur ſûreté. Si cette préférence n'eſt pas fondée en raiſons, je puis bien l'attribuer à mauvaiſe volonté envers moi, ou à prédilection pour mon ennemi. Mais ſi j'en prenois occaſion de déclarer la guerre, je ne ſerois pas moins condamné par les vrais principes du droit des gens, que par l'uſage, heureuſement établi en Europe. Tant qu'il paroît que cette nation prête ſon argent uniquement pour s'en procurer l'intérêt, elle peut en diſpoſer librement & ſelon ſa prudence, ſans que je ſois en droit de me plaindre.

Mais ſi le prêt ſe faiſoit manifeſtement pour mettre un ennemi en état de m'attaquer, ce ſeroit concourir à me faire la guerre.

Que ſi ces troupes étoient fournies à mon ennemi par l'état lui-même, & à ſes fraix, ou l'argent prêté de même par l'état, ſans intérêt, ce ne ſeroit plus une queſtion de ſavoir ſi un pareil ſecours ſe trouveroit incompatible avec la neutralité.

Diſons encore, ſur les mêmes principes, que ſi une nation commerce en armes, en bois de conſtruction, en vaiſſeaux, en munitions de guerre, je ne puis trouver mauvais qu'elle vende de tout cela à mon ennemi, pourvû qu'elle ne refuſe pas de m'en vendre auſſi à un prix raiſonnable : elle exerce ſon trafic, ſans deſſein de me nuire ; & en le continuant, comme ſi je n'avois point de guerre, elle ne me donne aucun juſte ſujet de plainte.

§. 111.
Du commerce des nations neutres avec celles qui font en guerre.

Je fuppofe, dans ce que je viens de dire, que mon ennemi va acheter lui-même dans un pays neutre. Parlons maintenant d'un autre cas, du commerce que les nations neutres vont exercer chez mon ennemi. Il eft certain que ne prenant aucune part à ma querelle, elles ne font point tenues de renoncer à leur trafic, pour éviter de fournir à mon ennemi les moyens de me faire la guerre. Si elles affectoient de ne me vendre aucun article, en prenant des mefures pour les porter en abondance à mon ennemi, dans la vue manifefte de le favorifer, cette partialité les tireroit de la neutralité. Mais fi elles ne font que fuivre tout uniment leur commerce, elles ne fe déclarent point par là contre mes intérêts : elles exercent un droit que rien ne les oblige de me facrifier.

D'un autre côté, dès que je fuis en guerre avec une nation, mon falut & ma fûreté demandent que je la prive, autant qu'il eft en mon pouvoir, de tout ce qui peut la mettre en état de me réfifter & de me nuire. Ici le droit de néceffité déploie fa force. Si ce droit m'autorife bien, dans l'occafion, à me faifir de ce qui appartient à autrui, ne pourra-t-il m'autorifer à arrêter toutes les chofes appartenantes à la guerre, que des peuples neutres conduifent à mon ennemi ? Quand je devrois par là me faire autant d'ennemis de ces peuples neutres, il me conviendroit de le rifquer, plutôt que de laiffer fortifier librement celui qui me fait actuellement la guerre. Il eft donc très-à-propos, & très-convenable au droit des gens, qui défend de multiplier les fujets de guerre, de ne point mettre au rang des hoftilités ces fortes de faifies, faites fur des nations neutres. Quand je leur ai notifié ma déclaration de guerre à tel ou tel peuple ; fi elles veulent s'expofer à lui porter des chofes qui fervent à la guerre, elles n'auront pas fujet de fe plaindre, au cas que leurs marchandifes tombent dans mes mains, de même que je ne leur déclare pas la guerre, pour avoir tenté de les porter. Elles fouffrent, il eft vrai, d'un guerre, à laquelle elles n'ont point de part, mais c'eft par accident. Je ne m'oppofe point à leur droit, j'ufe feulement du mien, & fi nos droits fe croifent & fe nuifent réciproquement, c'eft par l'effet d'une néceffité inévitable. Ce conflict arrive tous les jours dans la guerre. Lorfqu'ufant de mes droits j'épuife un pays d'où vous tirez votre fubfiftance, lorfque j'affiege une ville avec laquelle vour faifiez un riche commerce, je vous nuis fans-doute, je vous caufe des pertes, des incommodités, mais c'eft fans deffein de vous nuire, je ne vous fais point injure, puifque j'ufe de mes droits.

Mais afin de mettre des bornes à ces inconvéniens, de laiffer fubfifter la liberté du commerce, pour les nations neutres, autant que les droits de la guerre peuvent le permettre, il eft des regles à fuivre, & defquelles il femble que l'on foit affez généralement convenu en Europe.

§. 112.
Des marchandifes de contrebande.

La premiere eft de diftinguer foigneufement les marchandifes communes, qui n'ont point de rapport à la guerre, de celles qui y fervent particuliérement. Le commerce des premieres doit être entiérement libre aux nations neutres, les puiffances en guerre n'ont aucune raifon de le leur refufer, d'empêcher le tranfport de pareilles marchandifes chez l'ennemi : le foin de leur fûreté, la néceffité de fe défendre, ne les y autorife point, puifque ces chofes ne rendront pas l'ennemi plus formidable. Entreprendre d'en interrompre, d'en interdire le commerce, ce feroit violer les droits des nations neutres & leur faire injure; la néceffité, comme nous venons de le dire, étant la feule raifon qui autorife à gêner leur commerce & leur navigation dans les ports de l'ennemi. L'Angleterre & les provinces-Unies étant convenues le 22 août 1689, par le traité de *Vitte-*

bal, de notifier à tous les états qui n'étoient pas en guerre avec la France, qu'elles attaqueroient, & qu'elles déclaroient d'avance de bonne prife, tout vaiffeau deftiné pour un des ports de ce royaume, ou qui en fortiroit, la Suede & le Dannemarck, fur qui on avoit fait quelques prifes, fe liguerent le 17 mars 1663, pour foutenir leurs droits & fe procurer une jufte fatisfaction. Les deux puiffances maritimes, reconnoiffant que les plaintes des deux couronnes étoient bien fondées, leur firent juftice (*a*).

Les chofes qui font d'un ufage particulier pour la guerre, & dont on empêche le tranfport chez l'ennemi, s'appellent *marchandifes de contrebande*. Telles font les armes, les munitions de guerre, les bois & tout ce qui fert à la conftruction & à l'armement des vaiffeaux de guerre, les chevaux, & les vivres mêmes, en certaines occafions où l'on efpere de réduire l'ennemi par la faim.

§. 113.
Si l'on peut confifquer ces marchandifes.

Mais pour empêcher le tranfport des marchandifes de

(*) Voyez d'autres exemples dans GROTIUS, L. III. Ch. I. §. V. not. 6.

(**) Le penfionnaire de Witt, dans fa lettre du 14 janvier 1654, convient qu'il feroit contraire au droit des gens de vouloir empêcher des nations neutres de porter du bled dans les pays ennemis; mais il dit qu'on peut les empêcher d'y porter des agrêts & tout ce qui fert à l'équippement des vaiffeaux de guerre.

En 1597. la reine Elifabeth ne voulut point permettre aux Polonois & aux Danois de porter en Efpagne des vivres, beaucoup moins des armes, difant, " que felon „ l'ordre de la guerre, il eft permis de dompter fon ennemi par la faim, même pour „ l'obliger à la recherche de la paix. „ Les provinces-Unies, obligées à plus de ménagemens, n'empêchoient point les autres nations d'exercer toutes fortes de commerce avec l'Efpagne. Il eft vrai que leurs propres fujets vendant aux Efpagnols & des armes & des vivres, elles auroient eu mauvaife grace de vouloir interdire ce commerce aux peuples neutres. GROTIUS. *hift. des troubles des Pays-bas.* Liv. VI. Cependant en 1646, les Provinees-Unies publierent un édit portant défenfe à tous leurs fujets, même aux nations neutres, de porter en Efpagne ni vivres, ni autres marchandifes, fe fondant fur ce que les Efpagnols, *après avoir fous une apparence de commerce, attiré chez eux les vaiffeaux étrangers, les retenoient & s'en fervoient eux-mêmes à la guerre.* Et pour cette caufe le même édit déclaroit, *que les confédérés allant affiéger les ports de leurs ennemis, feroient leur proie de tous les vaiffeaux qu'ils verroient aller en ces pays-là.* Ibid. Liv. XV. p. 572.

contre-

contrebande chez l'ennemi, doit-on fe borner à les arrêter, à les faifir, en payant le prix au propriétaire, ou bien eft-on en droit de les confifquer? Se contenter d'arrêter ces marchandifes, feroit le plus fouvent un moyen inefficace, principalement fur mer, où il n'eft pas poffible de couper tout accès aux ports de l'ennemi. On prend donc le parti de confifquer toutes les marchandifes de contrebande dont on peut fe faifir, afin que la crainte de perdre fervant de frein à l'avidité du gain, les marchands des pays neutres s'abftiennent d'en porter à l'ennemi. Et certes il eft d'une fi grande importance pour une nation qui fait la guerre, d'empêcher, autant qu'il eft en fon pouvoir, que l'on ne porte à fon ennemi des chofes qui le fortifient & le rendent plus dangereux, que la néceffité, le foin de fon falut & de fa fûreté l'autorifent à y employer des moyens efficaces, à déclarer qu'elle regardera comme de bonne prife toutes les chofes de cette nature que l'on conduira à fon ennemi. C'eft pourquoi elle notifie aux états neutres fa déclaration de guerre: (§. 63.) fur quoi ceux-ci avertiffent ordinairement leurs fujets de s'abftenir de tout commerce de contrebande avec les peuples qui font en guerre, leur déclarant que s'ils y font pris, le fouverain ne les protégera point. C'eft à quoi les coutumes de l'Europe paroiffent aujourd'hui s'être générament fixées, après bien des variations, comme on peut le voir dans la note de GROTIUS, que nous venons de citer, & particuliérement par les ordonnances des Rois de France, des années 1543, & 1584, lefquelles permettent feulement aux François de fe faifir des marchandifes de contrebande & de les garder en payant la valeur. L'ufage moderne eft certainement ce qu'il y a de plus convenable aux devoirs mutuels des nations, & de plus propre à concilier leurs · droits refpectifs. Celle qui fait la guerre a le plus grand intérêt à priver fon ennemi de toute affiftance étrangere, & par là elle eft en droit de regarder, finon abfolument comme ennemis ; au moins comme gens qui fe foucient fort peu de lui nuire, ceux qui portent à fon ennemi les chofes dont il a befoin pour la guerre : elle les punit par la confifcation de leurs marchandifes. Si le fouverain de ceux-ci entreprenoit de les protéger, ce feroit comme s'il vouloit fournir lui-même cette efpece de fecours : démarche contraire fans doute à la neutralité. Une nation, qui fans autre motif que l'appas du gain, travaille à fortifier mon ennemi, & ne craint point de me caufer un mal irréparable, cette nation n'eft certainement pas mon amie, (a) & elle me met en droit de la confidérer & de la traiter comme affociée de mon ennemi. Pour éviter donc des fujets perpétuels de plainte & de rupture, on eft convenu, d'une maniere tout-à-fait conforme aux vrais principes, que les puiffances en guerre pourront faifir & confifquer toutes les marchandifes de contrebande que des perfonnes neutres tranfporteront chez leur ennemi, fans que le fouverain de ces perfonnes-là s'en plaigne, comme, d'un autre côté, la puiffance en guerre n'impute point aux fouverains neutres ces entreprifes de leurs fujets. On a foin même de régler en détail toutes ces chofes dans des traités de commerce & de navigation.

§. 114.
De la vifite des vaif-feaux neutres.

On ne peut empêcher le tranfport des effets de contrebande, fi l'on ne vifite pas les vaiffeaux neutres que l'on rencontre en mer. On eft donc en droit de les vifiter. Quelques nations puiffantes ont refufé en différens tems, de fe foumettre à cette vifite. ,, Après la paix de *Vervins*, la ,, reine ELISABETH continuant la guerre avec l'Efpagne, ,, pria le roi de France de permettre qu'elle fit vifiter les ,, vaiffeaux François qui alloient en Efpagne, pour favoir ,, s'ils n'y portoient point de munitions de guerre cachées :

(*) De nos jours le roi d'Efpagne a interdit l'entrée de fes ports aux vaiffeaux de Hambourg, parce que cette ville s'étoit engagée à fournir des munitions de guerre aux Algériens, & l'a ainfi obligée à rompre fon traité avec les Barbarefques.

„ mais on le refufa, par raifon que ce feroit une occafion „ de favorifer le pillage, & de troubler le commerce (*). „ Aujourd'hui un vaiffeau neutre qui refuferoit de fouffrir la vifite, fe feroit condamner par cela feul, comme étant de bonne prife. Mais pour éviter les inconvéniens, les vexations & tout abus, on regle, dans les traités de navigation & de commerce, la maniere dont la vifite fe doit faire. Il eft reçu aujourd'hui que l'on doit ajouter foi aux certificats, lettres de mer, &c. que préfente le maître du navire, à moins qu'il n'y paroiffe de la fraude, ou qu'on n'ait de bonnes raifons d'en foupçonner.

§. 115. Effets de l'ennemi fur un vaiffeau neutre.

Si l'on trouve fur un vaiffeau neutre des effets appartenans aux ennemis, on s'en faifit par le droit de la guerre; mais naturellement on doit payer le frêt au maître du vaiffeau, qui ne peut fouffrir de cette faifie. (**)

§. 116. Effets neutres fur un vaiffeau ennemi.

Les effets des peuples neutres, trouvés fur un vaiffeau ennemi doivent être rendus aux propriétaires, fur qui on n'a aucun droit de les confifquer, mais fans indemnité pour retard, dépériffement, &c. La perte que les propriétaires neutres fouffrent en cette occafion eft un accident auquel ils fe font expofés en chargeant fur un vaiffeau ennemi, & celui qui prend ce vaiffeau, en ufant du droit de la guerre, n'eft point refponfable des accidens qui peuvent en réfulter, non plus que fi fon canon tue fur un bord ennemi, un paffager neutre, qui s'y rencontre pour fon malheur.

[*] Grotius, ubi fuprà.

(**) *J'ai obtenu*, écrivoit l'ambaffadeur Boreel au grand penfionnaire de Wit, *in caffation de la prétendue loi Françoife*, que robe d'ennemi confifque celle d'ami, *enforte que s'il fe trouve à l'avenir dans un vaiffeau franc Hollandois, des effets appartenans aux ennemis des François, eux feuls effets feront confifcables, & l'on relâchera le vaiffeau & les autres effets. Car il eft impoffible d'obtenir le contenu de l'article XXIV. de mes inftructions, où il eft dit :* que la franchife du bâtiment en affranchit la cargaifon, même appartenant à l'ennemi. *Lettres & négot. de* Jean de Wit. T. I. p. 80. Cette derniere loi feroit plus naturelle que la premiere.

§. 117.
Commerce
avec une
place affié-
gée.

Jufques ici nous avons parlé du commerce des peuples neutres avec les états de l'ennemi en général. Il eft un cas particulier, où les droits de la guerre s'étendent plus loin. Tout commerce abfolument eft défendu avec une ville af-fiégée. Quand je tiens une place affiégée, ou feulement bloquée, je fuis en droit d'empêcher que perfonne n'y entre, & de traiter en ennemi quiconque entreprend d'y entrer fans ma permiffion, ou d'y porter quoi que ce foit; car il s'op-pofe à mon entreprife, il peut contribuer a la faire échouer, & par là, me faire tomber dans tous les maux d'une guerre malheureufe. Le roi DEMETRIUS fit pendre le maître & le pilote d'un vaiffeau qui portoit des vivres à Athenes, lorf-qu'il étoit fur le point de prendre cette ville par famine (*). Dans la longue & fanglante guerre que les provinces-Unies ont foutenue contre l'Efpagne, pour recouvrer leur liberté, elles ne voulurent point fouffrir que les Anglois portaffent des marchandifes à Dunkerque, devant laquelle elles avoient une flotte (**).

§. 118.
Offices im-
partiaux
des peu-
ples neu-
tres.

Un peuple neutre conferve avec les deux partis qui fe font la guerre, les relations que la nature a mifes entres les na-tions : il doit être prêt à leur rendre tous les offices d'huma-nité que les nations fe doivent mutuellement, il doit leur donner, dans tout ce qui ne regarde pas directement la guerre, toute l'affiftance qui eft en fon pouvoir, & dont ils ont befoin. Mais il doit la donner avec impartialité, c'eft-à-dire, ne rien refufer à l'un des partis, par la raifon qu'il fait la guerre à l'autre : (§. 104.) ce qui n'empêche point que, fi cet état neutre a des relations particulieres d'amitié & de bon voifinage avec l'un de ceux fe font la guerre, il ne puiffe lui accorder, dans tout ce qui n'appartient pas à la guerre, ces préférences qui font dues aux amis. A plus forte raifon pourra-t-il fans conféquence, lui continuer

(*) PLUTARQUE, *in Demetrio.*
(**) GROTIUS, dans la note déjà citée.

dans le commerce, par exemple, des faveurs ſtipulées dans leurs traités. Il permettra donc également aux ſujets des deux partis, autant que le bien public pourra le ſouffrir, de venir dans ſon territoire pour leurs affaires, d'y acheter des vivres, des chevaux, & généralement toutes les choſes dont ils auront beſoin, à moins que par un traité de neutralité, il n'ait promis de refuſer à l'un & à l'autre les choſes qui ſervent à la guerre. Dans toutes les guerres qui agitent l'Europe, les Suiſſes maintiennent leur territoire dans la neutralité; ils permettent à tout le monde indiſtinctement d'y venir acheter des vivres, ſi le pays en a de reſte, des chevaux, des munitions, des armes.

Le paſſage innocent eſt dû à toutes les nations avec leſquelles on vit en paix, (L. II. §. 123.) & ce devoir s'étend aux troupes comme aux particuliers. Mais c'eſt au maître du territoire de juger ſi le paſſage eſt innocent, (ibid. §. 128.) & il eſt très-difficile que celui d'une armée le ſoit entiérement. Les terres de la république de Veniſe, celles du pape, dans les dernieres guerres d'Italie, ont ſouffert de très-grands dommages, par le paſſage des armées, & ſont devenues ſouvent le théatre de la guerre.

§. 119.
Du paſſage des troupes en pays neutre.

Le paſſage des troupes, & ſur-tout d'une armée entiere n'étant donc point une choſe indifférente, celui qui veut paſſer dans un pays neutre avec des troupes, doit en demander la permiſſion au ſouverain. Entrer dans ſon territoire ſans ſon aveu, c'eſt violer les droits de ſouveraincté & de haut domaine, en vertu deſquels nul ne peut diſpoſer de ce territoire, pour quelque uſage que ce ſoit, ſans ſa permiſſion expreſſe, ou tacite. Or on ne peut préſumer une permiſſion tacite, pour l'entrée d'un corps de troupes, entrée qui peut avoir des ſuites ſi ſérieuſes.

§. 120.
On doit demander le paſſage.

Si le ſouverain neutre a de bonnes raiſons de refuſer le paſſage, il n'eſt point obligé de l'accorder, puiſ-

§. 121.
Il peut être refuſé pour de bonnes raiſons.

qu’en ce cas, le paſſage n’eſt plus innocent. (Liv. II.
. 127.)

§. 122.
En quel
cas on peut
e forçer.

Dans tous les cas douteux, il faut s’en rapporter au jugement du maître, ſur l’innocence de l’uſage qu’on demande
à faire des choſes appartenantes à autrui, (L. II. §§. 128.
& 130.) & ſouffrir ſon refus, bien qu’on le croye injuſte.
Si l’injuſtice du refus étoit manifeſte, ſi l’uſage & dans le
cas dont nous parlons, le paſſage étoit indubitablement innocent, une nation pourroit ſe faire juſtice à elle-même, &
prendre de force ce qu’on lui refuferoit injuſtement. Mais
nous l’avons déjà dit, il eſt très-difficile que le paſſage d’une
armée ſoit entiérement innocent, & qu’il le ſoit bien évidemment. Les maux qu’il peut cauſer, les dangers qu’il
peut attirer ſont ſi variés, ils tiennent à tant de choſes, ils
ſont ſi compliqués, qu’il eſt preſque toujours impoſſibile de
tout prévoir, de pourvoir à tout. D’ailleurs, l’intérêt propre influe ſi vivement dans les jugemens des hommes! Si
celui qui demande le paſſage peut juger de ſon innocence,
il n’admettra aucune des raiſons qu’on lui oppoſera; & vous
ouvrez la porte à des querelles, à des hoſtilités continuelles.
La tranquillité & la ſûreté commune des nations exigent donc
que chacune ſoit maîtreſſe de ſon territoire, & libre d’en refuſer l’entrée à toute armée étrangere, quand elle n’a point
dérogé là-deſſus à ſa liberté naturelle par des traités. Ex-
ceptons-en ſeulement ces cas très-rares, où l’on peut faire
voir de la maniere la plus évidente que le paſſage demandé
eſt abſolument ſans inconvénient & ſans danger. Si le paſſage eſt forcé en pareille occaſion, on blâmera moins celui
qui le force que la nation qui s’eſt attiré mal-à-propos cette
violence. Un autre cas s’excepte de lui-même & ſans difficulté, c’eſt celui d’une extrême néceſſité. La néceſſité ur-
gente & abſolue ſuſpend tous les droits de propriété; (Liv. II.
§§. 119. & 123.) & ſi le maître n’eſt pas dans le même cas
de néceſſité que vous, il vous eſt permis de faire uſage

malgré lui, de ce qui lui appartient. Lors donc qu’une armée fe voit expofée à périr, ou ne peut retourner dans fon
pays, à moins qu’elle ne palfe fur des terres neutres, elle eft
en droit de palfer malgré le fouverain de ces terres, & de
s’ouvrir un palfage l’épée à la main. Mais elle doit demander d’abord le palfage, offrir des fûretés, & payer les dommages qu’elle aura caufés. C’eft ainfi qu’en uferent les Grecs,
en revenant d’Afie, fous la conduite d’Agesilas (*).

L’extrême néceffité peut même autorifer à fe faifir pour
un tems d’une place neutre, à y mettre garnifon, pour fe
couvrir contre l’ennemi, ou pour le prévenir dans les deffeins
qu’il a fur cette même place, quand le maître n’eft pas en
état de la garder. Mais il faut la rendre, auffi-tôt que le
danger eft paffé, en payant tous les fraix, les incommodités
& les dommages que l’on aura caufés.

Quand la néceffité n’exige pas le palfage, le feul danger qu’il y a à recevoir chez foi une armée puiffante peut
autorifer à lui refufer l’entrée du pays. On peut craindre
qu’il ne lui prenne envie de s’en emparer, ou au moins d’y
agir en maître, d’y vivre à difcrétion. Et qu’on ne nous dife
point avec Grotius (**), que notre crainte injufte ne prive
pas de fon droit celui qui demande la palfage. La crainte
probable, fondée fur de bonnes raifons, nous donne le
droit d’éviter ce qui peut la réalifer; & la conduite des nations ne donne que trop de fondement à celle dont nous
parlons ici. D’ailleurs, le droit de palfage n’eft point un
droit parfait, fi ce n’eft dans le cas d’une néceffité preffante, ou lorfque l’innocence du palfage eft de la plus parfaite
évidence.

§. 123.
La crainte
du dan-
ger peut
autorifer
à le refufer.

Mais je fuppofe dans le paragraphe précédent, qu’il ne
foit pas praticable de prendre des fûretés capables d’ôter

§ 124.
Ou à exi-
ger toute
fûreté rai-
fonnable.

[*] Plutarque, vie d’Agéfilas.
[**] Liv. II. Chap. II. §. XIII. n. 5.

tout fujet de craindre les entreprifes & les violences de celui qui demande à paffer. Si l'on peut prendre ces fûretés, dont la meilleure eft de ne laiffer paffer que par petites bandes, & en confignant les armes, comme cela s'eft partiqué (*), la raifon prife de la crainte ne fubfifte plus. Mais celui qui veut paffer doit fe prêter à toutes les fûretés raifonnables qu'on exige de lui, & par conféquent, paffer par divifions & configner les armes, fi on ne veut pas le laiffer paffer autrement. Ce n'eft point à lui de choifir les fûretés qu'il doit donner. Des otages, une caution feroient fouvent bien peu capables de raffurer. De quoi me fervira-t-il de tenir des otages de quelqu'un qui fe rendra maître de moi? Et la caution eft bien peu fûre contre un prince trop puiffant.

§. 125.
Si l'on eft toujours obligé de fe prêter à toute forte de fûreté.

Mais eft-on toujours obligé de fe prêter à tout ce qu'exige une nation pour fa fûreté, quand on veut paffer fur fes terres? Il faut d'abord diftinguer entre les caufes du paffage, & enfuite on doit faire attention aux mœurs de la nation à qui on le demande. Si on n'a pas un befoin effentiel du paffage, & qu'on ne puiffe l'obtenir qu'à des conditions fufpectes ou défagréables, il faut s'en abftenir, comme dans le cas d'un refus. (§. 122.) Mais fi la néceffité m'autorife à paffer, les conditions auxquelles on veut me le permettre peuvent fe trouver acceptables ou fufpectes, & dignes d'être rejettées, felon les mœurs du peuple à qui j'ai affaire. Suppofé que j'aie à traverfer les terres d'une nation barbare, féroce & perfide; me remettrai-je à fa difcrétion, en livrant mes armes, en faifant paffer mes troupes par divifions? Je ne penfe pas que perfonne me condamne à une démarche fi périlleufe. Comme la néceffité m'autorife à paffer, c'eft encore une efpece de néceffité pour moi de ne paffer que dans une pofture à me garentir de toute embû-

(*) Chez les Eléens & chez les anciens habitans de Cologne. Voyez GRO-TIUS *ibid.*

che;

che, de toute violence. J'offrirai toutes les sûretés que je puis donner sans m'expofer moi-même follement; & fi on ne veut pas s'en contenter, je n'ai plus de confeil à prendre que de la néceffité & de la prudence: j'ajoute, & de la modération la plus fcrupuleufe; afin de ne point aller au-delà du droit que me donne la néceffité.

Si l'état neutre accorde ou refufe le paffage à l'un de ceux qui font en guerre, il doit l'accorder ou le refufer de même à l'autre, à moins que le changement des circonftances ne lui fourniffe de folides raifons d'en ufer autrement. Sans des raifons de cette nature, accorder à l'un ce que l'on refufe à l'autre, ce feroit montrer de la partialité & fortir de l'exacte neutralité.

§. 126. De l'égalité qu'il faut garder, quant au paffage, entre les deux partis.

Quand je n'ai aucune raifon de refufer le paffage, celui contre qui il eft accordé ne peut s'en plaindre, encore moins en prendre fujet de me faire la guerre; puifque je n'ai fait que me conformer à ce que le droit des gens ordonne. (§. 119.). Il n'eft point en droit non plus d'exiger que je refufe le paffage, puifqu'il ne peut m'empêcher de faire ce que je crois conforme à mes devoirs. Et dans les occafions même où je pourrois avec juftice refufer le paffage, il m'eft permis de ne pas ufer de mon droit. Mais fur-tout, lorfque je ferois obligé de foutenir mon refus les armes à la main, qui ofera fe plaindre de ce que j'ai mieux aimé lui laiffer aller la guerre, que de la détourner fur moi? Nul ne peut exiger que je prenne les armes en fa faveur, fi je n'y fuis pas obligé par un traité. Mais les nations, plus attentives à leurs intérêts qu'à l'obfervation d'une exacte juftice, ne laiffent pas fouvent de faire fonner bien haut ce prétendu fujet de plainte. A la guerre principalement, elles s'aident de tous moyens; & fi par leurs menaces elles peuvent engager un voifin à refufer paffage à leurs ennemis, la plupart de

§. 127. On ne peut fe plaindre de l'état neutre qui accorde le paffage.

leurs conducteurs ne voyent dans cette conduite qu'une sage politique.

§. 128.
Cet état peut le refuser par la crainte des maux qu'il lui attireroit de la part du parti contraire.

Un état puissant bravera ces menaces injustes, & ferme dans ce qu'il croit être de la justice & de la gloire, il ne se laissera point détourner par la crainte d'un ressentiment mal fondé: il ne souffrira pas même la menace. Mais une nation foible, peu en état de se soutenir avec avantage, sera forcée de penser à son salut; & ce soin important l'autorisera à refuser un passage qui l'exposeroit à de trop grands dangers.

§. 129.
Et pour éviter de rendre son pays le théatre de la guerre.

Une autre crainte peut l'y autoriser encore; c'est celle d'attirer dans son pays les maux & les désordres de la guerre. Car si même celui contre qui le passage est demandé garde assez de modération pour ne pas employer la menace à le faire refuser, il prendra le-parti de le demander aussi de son côté, il ira au devant de son ennemi; & de cette maniere, le pays neutre deviendra le théatre de la guerre. Les maux infinis qui en résulteroient sont une très-bonne raison de refuser le passage. Dans tous ces cas, celui qui entreprend de la forcer, fait injure à la nation neutre, & lui donne le plus juste sujet de joindre ses armes à celles du parti contraire. Les Suisses ont promis à la France, dans leurs alliances, de ne point donner passage à ses ennemis. Ils le refusent constamment à tous les souverains qui sont en guerre, pour éloigner ce fléau de leurs frontieres: & ils savent faire respecter leur territoire. Mais ils accordent le passage aux recrues, qui passent par petites bandes, & sans armes.

§. 130:
De ce qui est compris dans la concession du passage.

La concession du passage comprend celle de tout ce qui est naturellement lié avec le passage des troupes, & des choses sans lesquelles il ne pourroit avoir lieu. Telles sont la liberté de conduire avec soi tout ce qui est nécessaire à une armée, celle d'exercer la discipline militaire sur des soldats

& officiers, & la permiſſion d'acheter à juſte prix les choſes dont l'armée aura beſoin ; à moins que, dans la crainte de la diſette, on n'ait réſervé qu'elle portera tous ſes vivres avec elle.

Celui qui accorde le paſſage doit le rendre ſûr, autant qu'il eſt en lui. La bonne-foi le veut ainſi : en uſer autrement, ce ſeroit attirer celui qui paſſe dans un piege.

§. 131.
Sûreté du paſſage.

Par cette raiſon & parce que des étrangers ne peuvent rien faire dans un territoire, contre la volonté du ſouverain, il n'eſt pas permis d'attaquer ſon ennemi dans un pays neutre, ni d'y exercer aucun autre acte d'hoſtilité. La flotte Hollandoiſe des Indes Orientales s'étant retirée dans le port de Bergue en Norvege, l'an 1666, pour échapper aux Anglois, l'amiral ennemi oſa l'y attaquer. Mais le gouverneur de Bergue fit tirer le canon ſur les aſſaillans, & la cour de Dannemarck ſe plaignit, trop mollement peut-être, d'une entrepriſe ſi injurieuſe à ſa dignité & à ſes droits. (a) Conduire des priſonniers, mener ſon butin en lieu de ſûreté, ſont des actes de guerre ; on ne peut donc les faire en pays neutre, & celui qui le permettroit, ſortiroit de la neutralité, en favoriſant l'un des partis. Mais je parle ici de priſonniers & de butin qui ne ſont pas encore parfaitement en la puiſſance de l'ennemi, dont la capture n'eſt pas encore pour ainſi dire pleinement conſommée. Par exemple, un parti faiſant la petite guerre ne pourra ſe ſervir d'un pays voiſin & neutre, comme d'un entrepôt, pour y mettre ſes priſonniers & ſon butin en ſûreté. Le ſouffrir, ce ſeroit favoriſer & ſoutenir ſes hoſtilités. Quand la priſe eſt conſommée, le butin abſolument en la puiſſance de l'ennemi, on ne s'in-

§. 132.
On ne peut exercer aucune hoſtilité en pays neutre.

(*) L'auteur Anglois de l'*état préſent du Dannemarck* prétend que les Danois avoient donné parole de livrer la flotte Hollandoiſe ; mais qu'elle fut ſauvée par quelques preſens faits à propos à la cour de Coppenhague. Etat préſent du Dannemarck, Chap. X.

forme point d'où lui viennent ces effets, ils font à lui, il en difpofe en pays neutre. Un armateur conduit fa prife dans le premier port neutre, & l'y vend librement. Mais il ne pourroit y mettre à terre fes prifonniers, pour les tenir captifs, parce que garder & retenir des prifonniers de guerre, c'eft une continuation d'hoftilités.

§. 133.
Ce pays ne doit pas donner retraite à des troupes, pour attaquer de nouveau leurs ennemis.

D'un autre côté, il eft certain que fi mon voifin donnoit retraite à mes ennemis lorfqu'ils auroient du pire & fe trouveroient trop foibles pour m'échapper, leur laiffant le tems de fe refaire, & d'épier l'occafion de tenter une nouvelle irruption fur mes terres, cette conduite, fi préjudiciable à ma fûreté & à mes intérêts, feroit incompatible avec la neutralité. Lors donc que mes ennemis battus fe retirent chez lui, fi la charité ne lui permet pas de leur refufer paffage & fûreté, il doit les faire paffer outre le plutôt poffible, & ne point fouffrir qu'ils fe tiennent aux aguets pour m'attaquer de nouveau autrement; il me met en droit de les aller chercher dans fes terres. C'eft ce qui arrive aux nations qui ne font pas en état de faire refpecter leur territoire : le théâtre de la guerre s'y établit bientôt : on y marche, on y campe, on s'y bat, comme dans un pays ouvert à tous venans.

§. 134.
Conduite que doivent tenir ceux qui paffent dans un pays neutre.

Les troupes à qui l'on accorde paffage doivent éviter de caufer le moindre dommage dans le pays, fuivre les routes publiques, ne point entrer dans les poffeffions des particuliers, obferver la plus exacte difcipline, payer fidellement tout ce qu'on leur fournit. Et fi la licence du foldat, ou la néceffité de certaines opérations, comme de camper, de fe retrancher, ont caufé du dommage, celui qui les commande, ou leur fouverain, doit le reparer. Tout cela n'a pas befoin de preuve. De quel droit cauferoit-on des pertes à un pays où l'on n'a pû demander qu'un paffage *innocent.*

Rien n'empêche qu'on ne puiffe convenir d'une fomme pour certains dommages dent l'eftimation eft difficile, & pour les incommodités que caufe le paffage d'une armée. Mais il feroit honteux de vendre la permiffion même de paf-fer, & de plus, injufte, quand le paffage eft fans aucun dom-mage, puifqu'il eft dû en ce cas. Au refte le fouverain du pays doit veiller à ce que le dommage foit payé aux fujets qui l'ont fouffert, & nul droit ne l'autorife à s'approprier ce qui eft donné pour leur indemnité. Il arrive trop fouvent que les foibles fouffrent la perte, & que les puiflans en re-çoivent le dédommagement.

Enfin, le paffage même *innocent* ne pouvant être dû que pour de juftes caufes, on peut le refufer à celui qui le de-mande pour une guerre manifeftement injufte, comme, par exemple, pour envahir un pays, fans raifon, ni prétexte. Ainfi J u l e s - C e s a r refufa le paffage aux Helvétiens, qui quittoient leur pays pour en conquérir un meilleur. Je penfe bien que la politique eut plus de part à fon refus que l'amour de la juftice ; mais enfin, il put en cette occafion fuivre avec juftice les maximes de fa prudence. Un fouverain qui fe voit en état de refufer fans crainte, doit fans doute le faire dans le cas dont nous parlons. Mais s'il y a du péril à refufer, il n'eft point obligé d'attirer un danger fur fa téte, pour en garentir celle d'un autre, & même il ne doit pas témérairement expofer fon peuple.

§. 135.
On peut
refufer le
paffage,
pour une
guerre ma.
nifeftement
injufte.

CHAPITRE VIII.

*Du droit des nations dans la guerre , & 1°. De ce qu'on est
en droit de faire & de ce qui est permis dans une
guerre juste , contre la personne de l'ennemi.*

§. 136.
Principe
général des
droits con-
tre l'enne-
mi, dans
une guerre
juste.

TOut ce que nous avons dit jusques-ici se rapporte au
droit de faire la guerre; passons maintenant au droit
qui doit régner dans la guerre même , aux regles
que les nations sont obligées d'observer entre elles, lors même qu'elles ont pris les armes pour vuider leurs différens.
Commençons par exposer les droits de celle qui fait une
guerre juste; voyons ce qui lui est permis contre son ennemi. Tout cela doit se déduire d'un seul principe, du but
de la guerre juste. Car dès qu'une fin est légitime , celui
qui a droit de tendre à cette fin, est en droit par cela même
d'employer tous les moyens qui sont nécessaires pour y
arriver. Le but d'une guerre juste est *de venger, ou de prévenir l'injure* (§. 28.), c'est-à-dire de se procurer par la force, une justice que l'on ne peut obtenir autrement, de
contraindre un injuste à réparer l'injure déjà faite, ou à donner des sûretés contre celle dont on est menacé de sa part.
Dès que la guerre est déclarée, on est donc en droit de faire
contre l'ennemi tout ce qui est nécessaire pour atteindre
à cette fin, pour le mettre à la raison, pour obtenir de lui
justice & sûreté.

§. 137.
Différence
de ce qu'on
est en droit
de faire, &
de ce qui
est seule-
ment

La fin légitime ne donne un véritable droit qu'aux seuls
moyens nécessaires pour obtenir cette fin : tout ce qu'on
fait au delà est réprouvé par la loi naturelle, vicieux & condamnable au tribunal de la conscience. De là vient que le
droit à tels ou tels actes d'hostilité, varie suivant les cir-

conftances. Ce qui eft jufte & parfaitement innocent dans une guerre , dans une fituation particuliere , ne l'eft pas toujours en d'autres occafions ; le droit fuit pas-à-pas le befoin, l'exigence du cas ; il n'en paffe point les bornes. ^{permis, ou impuni entre ennemis.}

Mais comme il eft très-difficile de juger toujours avec précifion de ce qu'exige le cas préfent , & que d'ailleurs il appartient à chaque nation de juger de ce que lui permet fa fituation particuliere , (Prélim. §. 16.) il faut néceffaire- ment que les nations s'en tiennent entre elles , fur cette matiere , à des regles générales. Ainfi , dès qu'il eft certain & bien reconnu que tel moyen, tel acte d'hoftilité eft né- ceffaire dans fa généralité , pour furmonter la réfiftance de l'ennemi & atteindre le but d'une guerre légitime , ce moyen, pris ainfi en général, paffe pour légitime & honnête dans la guerre , fuivant le droit des gens, quoique celui qui l'em- ploye fans néceffité , lorfque des moyens plus doux pou- voient lui fuffire , ne foit point innocent devant Dieu & dans fa confcience. Voilà ce qui établit la différence de ce qui eft jufte , équitable, irrépréhenfible dans la guerre , & de ce qui eft feulement permis ou impuni entre les nations. Le fouverain qui voudra conferver fa confcience pure, rem- plir exactement les devoirs de l'humanité , ne doit jamais perdre de vue ce que nous avons déjà dit plus d'une fois , que la nature ne lui accorde le droit de faire la guerre à fes femblables que par néceffité , & comme un remede tou- jours fâcheux , mais fouvent néceffaire, contre l'injuftice opi- niâtre, ou contre la violence. S'il eft pénétré de cette grande vérité , il ne portera point le remede au-delà de fes juftes bornes, & fe gardera bien de le rendre plus dur & plus fu- nefte à l'humanité, que le foin de fa propre fûreté & la dé- fenfe de fes droits ne l'exigent.

Puifqu'il s'agit, dans une jufte guerre, de dompter l'in- juftice & la violence , de contraindre par la force, celui qui ^{§. 138. Du droit d'affoiblir}

l'ennemi
par tous
moyens li-
cites en
eux-mê-
mes.

eſt ſourd à la voix de la juſtice ; on eſt en droit de faire contre l'ennemi tout ce qui eſt néceſſaire pour l'affoiblir & pour
le mettre hors d'état de réſiſter, de ſoutenir ſon injuſtice; &
l'on peut choiſir les moyens les plus efficaces, les plus propres à cette fin, pourvu qu'ils n'ayent rien d'odieux, qu'ils
ne ſoient pas illicites en eux-mêmes & proſcrits par la loi
de la nature.

§. 139.
Du droit
ſur la per-
ſonne de
l'ennemi.

L'ennemi qui m'attaque injuſtement, me met ſans doute
en droit de repouſſer ſa violence ; & celui qui m'oppoſe ſes
armes, quand je ne demande que ce qui m'eſt dû, devient
le véritable aggreſſeur, par ſon injuſte réſiſtance : il eſt le
premier auteur de la violence, & il m'oblige à uſer de force,
pour me garentir du tort qu'il veut me faire, dans ma perſonne ou dans mes biens. Si les effets de cette force vont
juſqu'à lui ôter la vie, lui ſeul eſt coupable de ce malheur.
Car ſi, pour l'épargner, j'étois obligé de ſouffrir l'injure,
les bons ſeroient bien-tôt la proie des méchans. Telle eſt la
ſource du droit de tuer les ennemis, dans une guerre juſte.
Lorſqu'on ne peut vaincre leur réſiſtance & les réduire par
des moyens plus doux, on eſt en droit de leur ôter la vie.
Sous le nom d'ennemis, il faut comprendre, comme nous
l'avons expliqué, non ſeulement le premier auteur de la
guerre, mais auſſi tous ceux qui ſe joignent à lui & qui
combattent pour ſa cauſe.

§. 140.
Bornes de
ce droit.
On ne peut
tuer un en-
nemi qui
ceſſe de ré-
ſiſter.

Mais la maniere même dont ſe démontre le droit de
tuer les ennemis, marque les bornes de ce droit. Dès qu'un
ennemi ſe ſoumet & rend les armes, on ne peut lui ôter
la vie. On doit donc donner quartier à ceux qui poſent les
armes dans un combat ; & quand on aſſiege une place, il
ne faut jamais refuſer la vie ſauve à la garniſon qui offre
de capituler. On ne peut trop louer l'humanité avec laquelle
la plupart des nations de l'Europe font la guerre aujourd'hui.
Si quelquefois, dans la chaleur de l'action, le ſoldat refuſe
quartier,

quartier, c'eſt toujours malgré les officiers, qui s'empreſſent à ſauver la vie aux ennemis déſarmés. (*)

Il eſt un cas cependant, où l'on peut refuſer la vie à un ennemi qui ſe rend, & toute capitulation à une place aux abois ; c'eſt lorſque cet ennemi s'eſt rendu coupable de quelque attentat énorme contre le droit des gens, & en particulier lorſqu'il à violé les loix de la guerre. Le refus qu'on lui fait de la vie n'eſt point une ſuite naturelle de la guerre, c'eſt une punition de ſon crime ; punition que l'offenſé eſt en droit d'infliger. Mais pour que la peine ſoit juſte, il faut qu'elle tombe ſur le coupable. Quand on eſt en guerre avec une nation féroce, qui n'obſerve aucunes regles, qui ne fait point donner de quartier, on peut la châtier dans la perſonne de ceux que l'on ſaiſit, (ils ſont du nombre des coupables,) & eſſayer par cette rigueur, de la ramener aux loix de l'humanité. Mais par-tout où la ſévérité n'eſt pas abſolument néceſſaire, en doit uſer de clémence. Corinthe fut détruite, pour avoir violé le droit des gens en la perſonne des ambaſſadeurs Romains. Ciceron & d'autres grands - hommes n'ont pas laiſſé de blâmer cette rigueur. Celui qui a même le plus juſte ſujet de punir un ſouverain ſon ennemi, ſera toujours accuſé de cruauté, s'il fait tomber la peine ſur le peuple innocent. Il a d'autres moyens de punir le ſouverain ; il peut lui ôter quelques droits, lui enlever des villes & des provinces. Le mal qu'en ſouffre toute la nation eſt alors une participation inévitable pour ceux qni s'uniſſent en ſociété politique.

§. 141.
D'un cas particulier, où l'on peut lui refuſer la vie.

(*) On voit en pluſieurs endroits de l'hiſtoire ſes troubles des Pays-bas, par Grotius, que la guerre ſe faiſoit ſur mer ſans ménagement, entre les Hollandois & les Eſpagnols, quoiqu'ils fuſſent convenus de faire bonne guerre ſur terre. Les états confédérés ayant appris que par le conſeil de Spinola, les Eſpagnols avoient embarqué des troupes à Lisbonne pour les amener en Flandre, envoyerent une eſcadre pour les attendre au pas de Calais, avec ordre de noyer ſans rémiſſion tous les ſoldats que l'on prendroit, ce qui fut exécuté. Liv. XIV. pag. 550.

Ceci nous conduit à parler d'une espece de rétorsion qui se pratique quelquefois à la guerre, & que l'on nomme *repréfailles*. Le général ennemi aura fait pendre, fans juste fujet, quelques prifonniers ; on en fait pendre le même nombre des siens, & de la même qualité, en lui notifiant que l'on continuera à lui rendre ainsi la pareille, pour l'obliger à obferver les loix de la guerre. C'est une terrible extrêmité que de faire périr ainsi miférablement un prifonnier, pour la faute de fon général ; & fi on a déjà promis la vie à ce prifonnier, on ne peut fans injustice exercer la repréfaille fur lui (*a*). Cependant, comme un prince, ou fon général, est en droit de facrifier la vie de fes ennemis à fa fûreté & à celle de fes gens, il femble que, s'il a affaire à un ennemi inhumain, qui s'abandonne fouvent à de pareils excès, il peut refuser la vie à quelques-uns des prifonniers qu'il fera, & les traiter comme on aura traité les fiens (*b*). Mais il vaut mieux imiter la générofité de SCIPION. Ce grand homme ayant

(*a*) Voici ce qu'écrivoit à ce fujet le grand penfionnaire de Witt. « Rien n'est
„ plus abfurde que cette conceflion de repréfailles ; car, fans s'arréter à ce qu'elle
„ vient d'une amirauté qui n'en a pas le droit fans attenter à l'autorité fouveraine
„ de fon prince, il est évident qu'il n'y a pas de fouverain qui puiffe accorder ou
„ faire exécuter des repréfailles que pour la défenfe ou le dedommagement de fes
„ fujets, qu'il est obligé devant Dieu de protéger ; mais jamais il ne peut les ac-
„ corder en faveur d'aucun étranger qui n'est pas fous fa protection, & avec le fou-
„ verain duquel il n'a aucun engagement à cet égard, *ex pacto vel fœdere* ; outre
„ cela, il est conftant qu'on ne doit accorder de repréfailles qu'en cas d'un déni
„ manifefte de juftice. Enfin il est encore évident qu'on ne peut même, dans le cas
„ de déni de juftice, accorder des repréfailles à fes fujets, qu'aprés avoir demandé
„ plufieurs fois qu'on leur rende juftice, en ajoutant que faute, de cela, on fera obligé
„ de leur accorder des lettres de repréfailles. „ On voit, par les réponfes de M.
BOREEL, que cette conduite de l'amirauté d'Angleterre fut fort blâmée à la cour de
France ; le roi d'Angleterre la défapprouva, & fit lever la faifie des vaiffeaux Hollandois,
accordée par repréfailles.

(*b*) Lyfandre ayant pris la flotte des Athéniens, fit mourir les prifonniers, à caufe de diverfes cruautés que les Athéniens avoient exercées pendant le cours de la guerre, & principalement parce que l'on fut la réfolution barbare qu'ils avoient prife de couper la main droite à tous les prifonniers, s'ils demeuroient vainqueurs. Il n'épargna que le feul Adimante, qui s'étoit oppofé à cette infame réfolution. Xenoph. *Hift. Crœc. Lib.* II.

foumis des princes Efpagnols qui s'étoient révoltés contre les Romains, leur déclara qu'il ne s'en prendroit point à d'innocens otages, mais à eux-mêmes, s'ils lui manquoient; & qu'il ne fe vengeroit pas fur un ennemi défarmé, mais fur ceux qui auroient les armes à la main (a). ALEXANDRE le Grand ayant à fe plaindre des mauvaifes pratiques de DARIUS, lui fit dire que s'il faifoit la guerre de cette maniere, il le pourfuivroit à toute outrance, & ne lui feroit point de quartier (b). Voilà comment il faut arrêter un ennemi qui viole les loix de la guerre, & non en faifant tomber la peine de fon crime fur d'innocentes victimes.

Comment a-t-on pu 's'imaginer, dans un fiecle éclairé, qu'il eft permis de punir de mort un commandant qui a défendu fa place jufqu'à la derniere extrêmité, ou celui qui, dans une mauvaife place, aura ofé tenir contre une armée royale? Cette idée régnoit encore dans le dernier fiecle; on en faifoit une prétendue loi de la guerre, & on n'en eft pas entiérement revenu aujourd'hui. Quelle idée, de punir un brave homme, parce qu'il aura fait fon devoir! ALEXANDRE le Grand étoit dans d'autres principes, quand il commanda d'épargner quelques Miléfiens, *à caufe de leur bravoure & de leur fidélité* (c). " PHYTON fe voyant mener au fupplice,
„ par ordre de DENIS le tyran, parce qu'il avoit défendu
„ opinâtrement la ville de Rhegium, dont il étoit gouver-
„ neur, s'écria qu'on le faifoit mourir injuftement, pour
„ n'avoir pas voulu trahir la ville, & que le ciel vengeroit
„ bientôt fa mort. DIODORE DE SICILE appelle cela une
„ injufte punition (d)." En vain objecteroit-on qu'une défenfe opiniâtre, & fur-tout dans une mauvaife place, contre

§. 143.
Si l'ennemi peut punir de mort un commandant de place, à caufe de fa défenfe opiniâtre.

(a) *Neque fe in obfides innoxios, fed in ipfos, fi defecerint, fæviturum: nec ab inermi, fed ab armato hofte, pœnas expetiturum.* TIT. LIV. Lib. XXVIII.
(b) QUINT. CURT. Lib. IV, cap. I, & cap. XI.
[c] ARRIAN. de Exped. Alex. *Lib.* I, *cap.* XX.
(d) Lib. XIV, cap. 113, cité par GROTIUS, Lib. III, chap. XI, §. XVI. n. 5.

une armée royale, ne fert qu'à faire verfer du fang. Cette défenfe peut fauver l'état, en arrêtant l'ennemi quelques jours de plus; & puis, la valeur fupplée aux défauts des fortifications. (*) Le chevalier BAYARD s'étant jetté dans Mézieres, la défendit avec fon intrépidité ordinaire (**), & fit bien voir qu'un vaillant homme eft capable quelquefois de fauver une place qu'un autre ne trouveroit pas tenable. L'hiftoire du fameux fiege de Malte nous apprend encore jufqu'où des gens de cœur peuvent foutenir leur défenfe, quand ils y font bien réfolus. Combien de places fe font rendues, qui auroient pu arrêter encore long-tems l'ennemi, lui faire confumer fes forces & le refte de la campagne, lui échapper même, par une défenfe mieux foutenue & plus vigoureufe? Dans la derniere guerre, tandis que les plus fortes places des Pays-bas tomboient en peu de jours, nous avons vû le brave général de LEUTRUM défendre Coni contre les efforts de deux armées puiffantes, tenir, dans un pofte fi médiocre, quarante jours de tranchée ouverte, fauver fa place, & avec elle tout le Piémont. Si vous infiftez, en difant qu'en menaçant un commandant de la mort, vous pouvez abréger un fiege meurtrier, épargner vos troupes, & gagner un tems précieux; je réponds qu'un brave homme fe

---

(*) La fauffe maxime que l'on tenoit autrefois à cet égard fe trouve rapportée dans la relation de la bataille de Mufcleboroug, (de THOU T. I. p. 287.) " On ad-
,, mira alors la modération du général, (le duc de Sommerfet,) protecteur ou régent
,, d'Angleterre, qui lui fit épargner la vie des afliégés (d'un château en Ecoffe) mal-
,, gré cette ancienne maxime de la guerre, qui porte qu'une garnifon foible perd
,, tout droit à la clémence du vainqueur, lorfqu'avec plus de courage que de juge-
,, ment, elle s'opiniâtre à défendre une place mal fortifiée contre une armée royale,
,, & que fans vouloir accepter des conditions raifonnables qui lui font offertes, elle
,, entreprend d'arréter les defleins d'une puiffance à qui elle n'eft point capable de
,, réfifter. C'eft ainfi que Céfar répondit aux Aduaticiens, (B. G. L. II.) qu'il épar-
,, gneroit leur ville, s'ils fe rendoient avant que le bélier eut touché leurs murailles,
,, & que le duc d'Albe blâma beaucoup Profper Colonnes, d'avoir reçu à compofition
,, un château qui n'avoit parlé de fe rendre qu'après avoir effuyé le feu du canon. ,,
HAYWARD, vie DEDOUARD VI.

(**) Voyez fa vie.

moquera de votre menace, ou que, piqué d'un traitement
li honteux, il s'enfevelira fous les ruines de fa place, vous
vendra cher fa vie, & vous fera payer votre injuſtice. Mais
quand il devroit vous revenir un grand avantage d'une conduite illégitime, elle ne vous eſt pas permiſe pour cela. La
menace d'une peine injuſte eſt injuſte elle-même; c'eſt une
inſulte & une injure. Mais fur-tout il feroit horrible & barbare de l'exécuter : & fi l'on convient qu'elle ne peut être
fuivie de l'effet, elle eſt vaine & ridicule. Vous pouvez
employer des moyens juſtes & honnétes, pour engager un
gouverneur à ne pas attendre inutilement la derniere extrêmité; & c'eſt aujourd'hui l'uſage des généraux fages & humains. On fomme un gouverneur de fe rendre, quand il en
eſt tems, on lui offre une capitulation honorable & avantageuſe, en le menaçant, que s'il attend trop tard, il ne fera plus
reçû que comme priſonnier de guerre, ou à difcrétion. S'il
s'opiniâtre, & qu'enfin il foit forcé de fe rendre à difcrétion,
on peut uſer contre lui & fes gens de toute la rigueur du
droit de la guerre. Mais ce droit ne s'étend jamais juſqu'à
ôter la vie à un ennemi qui pofe les armes (§. 140.), à
moins qu'il ne fe foit rendu coupable de quelque crime envers le vainqueur. (§. 141.)

La réfiftance pouffée à l'extrêmité, ne devient puniffa-
ble dans un fubalterne, que dans les feules occafions où elle
eſt manifeſtement inutile : c'eſt alors opiniâtreté, & non
fermeté ou valeur. La véritable valeur a toujours un but
raifonnable. Suppofons, par exemple, qu'un état foit entiérement foumis aux armes du vainqueur, à l'exception
d'une feule forterefle, & qu'il n'y ait aucun fecours à attendre du dehors, aucun allié, aucun voifin, qui s'intéreffe à
fauver le refte de cet état conquis : on doit alors faire favoir
au gouverneur l'état des chofes, le fommer de rendre fa
place, & on peut le menacer de la mort, s'il s'obſtine à
une défenfe abfolument inutile, & qui ne peut tendre qu'à

l'effufion du fang humain. (a) Demeure-t-il inébranlable? il mérite de fouffrir la peine dont il a été menacé avec juftice. Je fuppofe que la juftice de la guerre foit problématique, & qu'il ne s'agiffe pas de repouffer une oppreffion infupportable. Car fi ce gouverneur foutient évidemment la bonne caufe, s'il combat pour fauver fa partie de l'efclavage, on plaindra fon malheur; les gens de cœur le loueront, de ce qu'il tient ferme jufqu'au bout, & veut mourir libre.

§. 144.
Des tranffuges & déferteurs.

Les transfuges & les déferteurs que le vainqueur trouve parmi fes ennemis, fe font rendus coupables envers lui: il eft fans doute en droit de les punir de mort. Mais on ne les confidere pas proprement comme des ennemis : ce font plutôt des citoyens perfides, traîtres à leur patrie; & leur engagement avec l'ennemi ne peut leur faire perdre cette qualité, ni les fouftraire à la peine qu'ils ont méritée. Cependant aujourd'hui, que la défertion eft malheureufement fi commune, le nombre des coupables oblige en quelque forte à ufer de clémence; & dans les capitulations, il eft fort ordinaire d'accorder à la garnifon qui fort d'une place, un certain nombre de charriots couverts, dans lefquels elle fauve les déferteurs.

§. 145.
Des femmes, enfans, vieillards & infirmes.

Les femmes, les enfans, les vieillards infirmes, les malades, font au nombre des ennemis (§§. 70 & 72), & l'on a des droits fur eux, puifqu'ils appartiennent à la nation avec laquelle on eft en guerre, & que de nation à na-

(a) Mais toutes fortes de menaces ne font pas permifes pour obliger le gouverneur ou le commandant d'une place de guerre à fe rendre. Il y en a qui révoltent la nature & font horreur. Louis XI affiégeant S. Omer en 1477 , irrité de la longue réfiftance qu'on lui oppofoit, fit dire au gouverneur Philippe, fils d'Antoine, bâtard de Bourgogne, que fi l'on ne rendoit la place, il feroit mourir à fes yeux, fon pere qu'il tenoit prifonnier. Philippe répondit qu'il auroit une douleur mortelle de perdre fon pere; mais que fon devoir lui étoit plus cher encore, & qu'il connoiffoit trop le roi pour craindre qu'il voulût fe déshonorer par une action fi barbare. *Hift.* de LOUIS XI, *Liv.* VIII.

tion, les droits & les prétentions affectent le corps de la
société avec tous ses membres (Liv. II, §§. 81, 82 & 344).
Mais ce sont des ennemis qui n'opposent aucune résistance;
& par conséquent on n'a aucun droit de les maltraiter en
leur personne, d'user contre eux de violence, beaucoup
moins de leur ôter la vie (§. 140). Il n'est point aujourd'hui
de nation un peu civilisée, qui ne reconnoisse cette maxime
de justice & d'humanité. Si quelquefois le soldat furieux
& effréné se porte à violer les filles & les femmes, ou à les
tuer, à massacrer les enfans & les viellards, les officiers gé-
missent de ces excès, ils s'empressent à les réprimer, &
même un général sage & humain les punit quand il le peut.
Mais si les femmes veulent être absolument épargnées, elles
doivent se tenir dans les fonctions de leur sexe, & ne point
se méler du métier des hommes, en prenant les armes.
Aussi la loi militaire des Suisses, qui défend de maltraiter
les femmes, excepte-t-elle formellement celles qui auront
commis des actes d'hostilité (a).

J'en dis autant des ministres publics de la religion, des
gens de lettres & autres personnes, dont le genre de vie
est fort éloigné du métier des armes. Non que ces gens-là,
ni même les ministres des autels, aient nécessairement &
par leur emploi aucun caractere d'inviolabilité; ou que la
loi civile puisse le leur donner par rapport à l'ennemi; mais
comme ils n'opposent point la force ou la violence à l'ennemi, ils ne lui donnent aucun droit d'en user contre eux.
Chez les anciens Romains, les prêtres portoient les armes;
Jules-Cesar lui-même étoit grand-pontife, & parmi les chrétiens, on a vu souvent des prélats, des evêques & des cardinaux, endosser la cuirasse & commander les armées. Dès-
lors ils s'assujettissoient au sort commun des gens de guerre.
Lorsqu'ils combattoient, ils ne prétendoient pas sans doute
être inviolables.

§. 146.
Des minis-
tres de la
religion,
des gens
de lettres,
&c.

(a) Voyez Simler, de Repull. Helvet.

§. 147.
Des labou-
reurs & en
général de
tout le peu-
ple défar-
mé.

Autrefois tout homme capable de porter les armes devenoit soldat, quand sa nation faisoit la guerre, & sur-tout quand elle étoit attaquée. Cependant GROTIUS (*) allegue l'exemple de divers peuples & de plusieurs grands-hommes de guerre (**), qui ont épargné les laboureurs, en considération de leur travail, si utile au genre-humain. (***) Aujourd'hui la guerre se fait par les troupes réglées; le peuple, les paysans, les bourgeois ne s'en mêlent point, & pour l'ordinaire, ils n'ont rien à craindre du fer de l'ennemi. Pourvû que les habitans se soumettent à celui qui est maître du pays, qu'ils payent les contributions imposées, & qu'ils s'abstiennent, de toute hostilité ils vivent en sûreté, comme s'ils étoient amis; ils conservent même ce qui leur appartient; les paysans viennent librement vendre leurs denrées dans le camp, & on les garentit autant qu'il se peut des calamités de la guerre. Louable coutume, bien digne des nations qui se piquent d'humanité, & avantageuse à l'ennemi même qui use de cette modération! Celui qui protege les habitans défarmés, qui retient ses soldats sous une sévere discipline, & qui conserve le pays, y trouve lui-même une subsistance aisée, & s'épargne bien des maux & des dangers. S'il a quelque raison de se défier des paysans & des bourgeois, il est en droit de les défarmer, d'exiger d'eux des otages; & ceux qui veulent s'épargner les calamités de la guerre doivent se soumettre aux loix que l'ennemi leur impose.

§. 148.
Du droit
de faire
des prison-
niers de
guerre.

Mais tous ces ennemis vaincus, ou défarmés, que l'humanité oblige d'épargner, toutes ces personnes qui appartiennent à la nation ennemie, même les femmes & les en-

(*) Liv. III.ᵉ Chap. XI. §. XI.
(**) CYRUS, BELISAIRE.
(***) Cyrus fit proposer au roi d'Assyrie d'épargner réciproquement les laboureurs, & de ne faire la guerre qu'aux gens armés, & sa proposition fut acceptée. CYROP. Liv. V. p. 109.

fans,

fans, on eſt en droit de les arrêter & de les faire priſonniers, ſoit pour les empêcher de reprendre les armes, ſoit dans la vue d'affoiblir l'ennemi (§. 138.), ſoit enfin qu'en ſe ſaiſiſſant de quelque femme ou de quelque enfant cher au ſouverain, on ſe propoſe de l'amener à des conditions de paix équitables, pour délivrer ces gages précieux. Il eſt vrai qu'aujourd'hui, entre les nations polies de l'Europe, ce dernier moyen n'eſt guere mis en uſage. On accorde aux enfans & aux femmes une entiere ſûreté, & toute liberté de ſe retirer où elles veulent. Mais cette modération, cette politeſſe, louable ſans doute, n'eſt pas en elle-même abſolument obligatoire ; & ſi un général veut s'en diſpenſer, on ne l'accuſera point de manquer aux loix de la guerre : il eſt le maître d'agir à cet égard, comme il le trouve à propos pour le bien de ſes affaires. S'il refuſe cette liberté aux femmes, ſans raiſon & par humeur, il paſſera pour un homme dur & brutal ; on le blâmera de ne point ſuivre un uſage établi par l'humanité. Mais il peut avoir de bonnes raiſons de ne point écouter ici la politeſſe, ni même les impreſſions de la pitié. Si l'on eſpere de réduire par la famine une place forte, dont il eſt très-important de s'emparer, on refuſe d'en laiſſer ſortir les bouches inutiles. Il n'y a rien là qui ne ſoit autoriſé par le droit de la guerre. Cependant on a vu de grands hommes, touchés de compaſſion en des occaſions de cette nature, céder aux mouvemens de l'humanité, contre leurs intérêts. Nous avons parlé ailleurs de ce que fit Hᴇɴʀɪ le Grand, pendant le ſiege de Paris. Joignons à ce bel exemple, celui de Tɪᴛᴜs au ſiege de Jéruſalem. Il voulut d'abord repouſſer dans la ville les affamés qui en ſortoient : mais il ne put tenir contre la pitié que lui inſpiroient ces miſérables ; les ſentimens d'un cœur ſenſible & généreux prévalurent ſur les maximes du général.

§. 149.
On ne peut faire mourir un priſonnier de guerre.

Dès que votre ennemi eſt déſarmé & rendu, vous n'avez plus aucun droit ſur ſa vie (§. 140), à moins qu'il

ne vous le donne par quelque attentat nouveau, ou qu'il ne
fe fût auparavant rendu coupable envers vous d'un crime
digne de mort (§. 141). C'étoit donc autrefois une erreur
affreufe, une prétention injufte & féroce, des s'attribuer le
droit de faire mourir les prifonniers de guerre, même par la
main d'un bourreau. Depuis long-tems on eft revenu à des
principes plus juftes & plus humains. CHARLES I, roi de
Naples, ayant vaincu & fait prifonnier CONRADIN fon compétiteur, le fit décapiter publiquement à Naples, avec FRI-
DERIC d'Autriche, prifonnier comme lui. Cette barbarie fit
horreur, & PIERRE III, roi d'Arragon, la reprocha au cruel
Charles, comme un crime déteftable & jufqu'alors inouï
entre princes chrétiens (a). Cependant il s'agiffoit d'un rival
dangereux, qui lui difputoit la couronne. Mais, en fuppofant même que les prétentions de ce rival fuffent injuftes, Charles pouvoit le retenir en prifon, jufqu'à ce qu'il
y eût renoncé, & qu'il lui eût donné des fûretés pour
l'avenir.

§. 150.
Comment
on doit
traiter des
prifonniers
de guerre.

On eft en droit de s'affurer de fes prifonniers, & pour
cet effet, de les enfermer, de les lier même, s'il y a lieu
de craindre qu'ils ne fe révoltent, ou qu'ils ne s'enfuient :
mais rien n'autorife à les traiter durement, à moins qu'ils ne
fe fuffent rendus perfonnellement coupables envers celui qui
les tient en fa puiffance. En ce cas, il eft le maître de les
punir. Hors de là, il doit fe fouvenir qu'ils font hommes
& malheureux (b). Un grand cœur ne fent plus que de la
compaffion pour un ennemi vaincu & foumis. Donnons aux

(a) Epift. Petr. Arrag. *apud* Petr. de Vincis.

(b) Le comte de Fuentes, en 1593, fit réfoudre dans le confeil des Pays-Bas,
de ne plus obferver avec les Provinces-Unies ces ménagemens que l'humanité rend
fi néceffaires à la guerre. On ordonna le dernier fupplice contre ceux qui feroient
faits prifonniers, & l'on défendit fous les mêmes peines de payer des contributions
à l'ennemi. Mais les plaintes de la nobleffe & du clergé, dont les terres étoient rava-
gées, & plus encore les murmures des gens de guerre, qui fe voyoient expofés à

peuples de l'Europe la louange qu'ils méritent : il eſt rare
que les priſonniers de guerre ſoient maltraités parmi eux.
Nous louons, nous aimons les Anglois & les François, quand
nous entendons le récit du traitement que les priſonniers
de guerre ont éprouvé de part & d'autre, chez ces généreu-
ſes nations. On va plus loin encore, & par un uſage qui
releve également l'honneur & l'humanité des Européens ,
un officier priſonnier de guerre , eſt renvoyé ſur ſa parole ; il a la conſolation de paſſer le tems de ſa priſon
dans ſa patrie, au ſein de ſa famille ; & celui qui l'a relâché, ſe tient auſſi ſûr de lui, que s'il le retenoit dans
les fers.

On eût pu former autrefois une queſtion embarraſſante.
Lorſqu'on a une ſi grande multitude de priſonniers, qu'il
eſt impoſſible de les nourrir, ou de les garder avec ſûreté,
ſera-t-on en droit de les faire périr, ou les renverra-t-on fortifier l'ennemi, au riſque d'en être accablé dans une autre
occaſion ? Aujourd'hui la choſe eſt ſans difficulté : on renvoie
ces priſonniers ſur leur parole, en leur impoſant la loi de ne
point reprendre les armes juſqu'à un certain tems, ou juſqu'à la fin de la guerre. Et comme il faut néceſſairement
que tout commandant ſoit en pouvoir de convenir des conditions auxquelles l'ennemi le reçoit à compoſition, les engagemens qu'il a pris, pour ſauver ſa vie, ou ſa liberté, &
celle de ſa troupe, ſont valides, comme faits dans les termes de ſes pouvoirs (§. 19 & ſuiv.), & ſon ſouverain ne
peut les annuller. Nous en avons vu divers exemples dans
le cours de la derniere guerre : pluſieurs garniſons Hollan-
doiſes ont ſubi la loi de ne point ſervir contre la France &

§ 151.
S'il eſt per-
mis de tuer
des priſon-
niers que
l'on ne
peut gar-
der , ou
nourrir.

une mort infâme s'ils tomboient entre les mains des ennemis , forcerent les Eſpagnols à rétablir ces uſages indiſpenſables que l'on appelle , d'après Virgile , *belli com-*
mercia , la rançon ou l'echange des priſonniers & les contributions pour ſe racheter
du pillage ; & alors la rançon de chaque priſonnier fut fixée à un mois de ſa ſolde.
Grotius , *Hiſt. des Pays - Bas ,* Liv. III , *au commencement.*

N 2

fes alliés, pendant une ou deux années : un corps de troupes Françoifes invefti dans Lintz , fut renvoyé en deçà du
Rhin, à condition de ne point porter les armes contre la
reine de Hongrie, jufqu'à un tems marqué. Les fouverains de ces troupes ont refpecté leurs engagemens. Mais
ces fortes de conventions ont des bornes, & ces bornes confiftent à ne point donner atteinte aux droits du fouverain fur
fes fujets. Ainfi l'ennemi peut bien impofer aux prifonniers
qu'il relâche, la condition de ne point porter les armes
contre lui jufqu'à la fin de la guerre, puifqu'il feroit en
droit de les retenir en prifon jufqu'alors : mais il n'a point le
droit d'exiger qu'ils renoncent pour toujours à la liberté de
combattre pour leur patrie , parce que, la guerre finie, il
n'a plus de raifon de les retenir : & eux, de leur côté, ne
peuvent prendre un engagement abfolument contraire à
leur qualité de citoyens ou de fujets. Si la patrie les
abandonne, ils font libres, & en droit de renoncer aufli
à elle.

Mais fi nous avons affaire à une nation également féroce, perfide & formidable, lui renverrons-nous des foldats
qui peut-être la mettront en état de nous détruire ? Quand
notre fûreté fe trouve incompatible avec celle d'un ennemi,
même foumis, il n'y a pas à balancer. Mais pour faire périr de fang-froid un grand nombre de prifonniers, il faut,
1°. qu'on ne leur ait pas promis la vie ; & 2°. nous devons
bien nous affûrer que notre falut exige un pareil facrifice.
Pour peu que la prudence permette, ou de fe fier à leur parole, ou de méprifer leur mauvaife foi, un ennemi généreux écoutera plutôt la voix de l'humanité, que celle d'une
timide circonfpection. CHARLES XII, embarraffé de fes prifonniers, après la bataille de *Narva*, fe contenta de les défarmer, & les renvoya libres. Son ennemi, pénétré encore
de la crainte que lui avoient donnée des guerriers redou-

tables , fit conduire en Sibérie les prifonniers de *Pultava.*
Le héros Suédois fut trop plein de confiance dans fa générofité : l'habile Monarque du Ruffie fut peut - être un peu
dur dans fa prudence ; mais la néceffité excufe la dureté,
ou plutôt elle la fait difparoître. Quand l'amiral ANSON eut
pris , auprès de Manille , le riche galion d'Acapulco, il vit
que fes prifonniers furpaffoient en nombre tout fon équipa-
ge : il fut contraint de les enfermer à fond - de - cale, où ils
fouffrirent des maux cruels (*a*). Mais s'il fe fût expofé à fe
voir enlevé lui - même avec fa prife & fon propre vaiffeau ,
l'humanité de fa conduite en eût-elle juftifié l'imprudence ?
A la bataille d'*Azincour* , HENRI V , roi d'Angleterre, fe
trouva, après fa victoire, ou crut fe trouver dans la cruelle
néceffité de facrifier les prifonniers à fa propre fûreté. "Dans
,, cette déroute univerfelle , dit le P. DANIEL, il arriva un
,, nouveau malheur, qui coûta la vie à un grand nombre
,, de François. Un refte de l'avant-garde Françoife fe reti-
,, roit avec quelque ordre, & plufieurs s'y rallioient.   Le
,, roi d'Angleterre les voyant de deffus une hauteur , crut
,, qu'ils vouloient revenir à la charge. On lui vint dire
,, en même temps qu'on attaquoit fon camp, où il avoit laiffé
,, fes bagages. C'étoit en effet quelques gentilshommes
,, Picards, qui ayant armé environ fix cents payfans, étoient
,, venus fondre fur le camp Anglois. Ce prince craignant
,, quelque fâcheux retour, envoya des aides de camp dans
,, tous les quartiers de l'armée, porter ordre de faire main
,, baffe fur tous les prifonniers; de peur que fi le combat re-
,, commençoit, le foin de les garder n'embarraffât fes fol-
,, dats, & que ces prifonniers ne fe rejoigniffent à leurs gens.
,, L'ordre fut exécuté fur le champ, & on les paffa tous au
,, fil de l'épée (*b*). ,, La plus grande néceffité peut feule
juftifier une exécution fi terrible, & on doit plaindre le
général qui trouve dans le cas de l'ordonner.

[*a*] Voyez la relation de fon voyage.
[*b*] Hiftoire de France, regne de CHARLES VI.

§. 152.
Si l'on peut rendre esclaves les prisonniers de guerre.

Peut-on réduire en esclavage les prisonniers de guerre? Oui, dans les cas où l'on est en droit de les tuer, lorsqu'ils se sont rendus personnellement coupables de quelque attentat digne de mort. Les anciens vendoient pour esclavage leurs prisonniers de guerre; ils se croyoient en droit de les faire périr. En toute occasion, où je ne puis comment ôter la vie à mon prisonnier, je ne suis pas en droit d'en faire un esclave. Que si j'épargne les jours, pour le condamner à un sort si contraire à la nature de l'homme, je ne fais que continuer avec lui l'état de guerre : il ne me doit rien. Qu'est-ce que la vie, sans la liberté? Si quelqu'un regarde encore la vie comme une faveur, quand on la lui donne avec des chaînes, à la bonne-heure : qu'il accepte le bienfait, qu'il se soumette à sa condition, & qu'il en remplisse les devoirs. Mais qu'il les étudie ailleurs : assez d'auteurs en ont traité fort au long. Je n'en dirai pas davantage : aussi bien cet opprobre de l'humanité est-il heureusement banni de l'Europe.

§. 153.
De l'échange & du rachat des prisonniers.

On retient donc les prisonniers de guerre, ou pour empêcher qu'ils n'aillent se rejoinde aux ennemis, ou pour obtenir de leur souverain une juste satisfaction, comme le prix de leur liberté. Ceux que l'on retient dans cette derniere vue, on n'est obligé de les relâcher, qu'après avoir obtenu satisfaction. Par rapport à la premiere vue, quiconque fait une guerre juste, est en droit de retenir ses prisonniers, s'il le juge à propos, jusqu'à la fin de la guerre; & lorsqu'il les relâche, il peut avec justice exiger une rançon, soit à titre de dédommagement à la paix, soit, si la guerre continue, pour affoiblir au moins les finances de son ennemi, en même tems qu'il lui renvoie des soldats. Les nations de l'Europe, toujours louables dans le soin qu'elles prennent d'adoucir les maux de la guerre, ont introduit, à l'égard des prisonniers, des usages humains & salutaires. On les échange, ou on les rachete, même pendant la guerre, & on a soin ordinairement de régler cela d'avance, par un

cartel. Cependant, fi une nation trouve un avantage confidérable à laiffer fes foldats prifonniers entre les mains de
l'ennemi pendant la guerre, plutôt que de lui rendre les
fiens, rien n'empêche qu'elle ne prenne le parti le plus
convenable à fes intérêts, fi elle ne s'eft point liée par un
cartel. Ce feroit le cas d'un état abondant en hommes,
& qui auroit la guerre avec une nation beaucoup plus
redoutable par la valeur que par le nombre de fes foldats.
Il eût peu convenu au czar PIERRE le Grand de rendre aux Suédois leurs prifonniers, pour un nombre égal
de Ruffes.

Mais l'état eft obligé de délivrer, à fes dépens, fes
citoyens & foldats prifonniers de guerre, dès qu'il peut le
faire fans danger, & qu'il en a les moyens. Ils ne font tombés dans l'infortune, que pour fon fervice & pour fa caufe.
Il doit, par la même raifon, fournir aux frais de leur entretien pendant leur prifon. Autrefois les prifonniers de
guerre étoient obligés de fe racheter eux-mêmes ; mais auffi
la rançon de ceux que les foldats ou les officiers pouvoient
prendre, leur appartenoit. L'ufage moderne eft plus conforme à la raifon & à la juftice. Si l'on ne peut délivrer les
prifonniers pendant la guerre, au moins faut-il, s'il eft poffible, ftipuler leur liberté dans le traité de paix. C'eft un
foin que l'état doit à ceux qui fe font expofés pour lui. Cependant il faut convenir que toute nation peut, à l'exemple des Romains, & pour exciter les foldats à la plus vigoureufe réfiftance, faire une loi qui défende de racheter jamais les prifonniers de guerre. Dès que la fociété entiere
en eft ainfi convenue, perfonne ne peut fe plaindre. Mais la
loi eft bien dure, & elle ne pouvoit guere convenir qu'à
ces héros ambitieux, réfolus de tout facrifier pour devenir
les maîtres du monde.

§. 154.
L'état eft
obligé de
les déli-
vrer.

Puiſque nous traitons, dans ce chapitre, les droits que donne la guerre contre la perſonne de l'ennemi, c'eſt ici le lieu d'examiner une queſtion célebre, ſur laquelle les auteurs ſe ſont partagés. Il s'agit de ſavoir ſi on peut légitimement employer toutes ſortes de moyens pour ôter la vie à un ennemi; s'il eſt permis de le faire aſſaſſiner, ou empoiſonner. Quelques-uns ont dit que, ſi l'on a le droit d'ôter la vie, la maniere eſt indifférente. Etrange maxime, heureuſement réprouvée par les ſeules idées confuſes de l'honneur. J'ai droit, dans la ſociété civile, de réprimer un calomniateur, de me faire rendre mon bien par celui qui le détient injuſtement : la maniere ſera-t-elle indifférente? Les nations peuvent ſe faire juſtice les armes à la main, quand on la leur refuſe : ſera-t-il indifférent à la ſociété humaine, qu'elles y emploient des moyens odieux, capables de porter la déſolation dans toute la terre, & deſquels le plus juſte, le plus équitable des ſouverains, ſoutenu même de la plupart des autres, ne ſauroit ſe garder ?

Mais, pour traiter ſolidement cette queſtion, il faut d'abord ne point confondre l'aſſaſſinat avec les ſurpriſes, très-permiſes, ſans doute, dans la guerre. Qu'un ſoldat déterminé ſe gliſſe pendant la nuit dans un camp ennemi; qu'il pénetre juſqu'à la tente du général, & le poignarde, il n'y a rien là de contraire aux loix naturelles de la guerre, rien même que de louable, dans une guerre juſte & néceſſaire. MUTIUS SCEVOLA a été loué de tous les grands hommes de l'antiquité; & PORSENNA lui-même, qu'il avoit voulu tuer, rendit juſtice à ſon courage (a). PEPIN, pere de CHARLEMAGNE, ayant paſſé le Rhin avec un ſeul garde, alla tuer ſon ennemi dans ſa chambre (b). Si quelqu'un a condamné

(a) Voyez TIT. LIV. *lib.* II, *cap.* XII. CICER. *pro P. Sextio.* VALER. MAXIM. lib. III, c. III. PLUTARQUE, vie de *Publicola.*
(b) Voyez GROTIUS, Liv. III, chap. IV, §. XVIII, n. 1.

abſolument

abfolument ces coups hardis , ce n'eſt que pour flatter
ceux d'entre les grands , qui voudroient laiſſer aux ſoldats
& aux ſubalternes tout le danger de la guerre. Il eſt vrai
qu'on en punit ordinairement les auteurs par. de rigoureux
ſupplices. Mais c'eſt que le prince, ou le général, attaqué de cette maniere , uſe à ſon tour de ſes droits ; il ſonge
à ſa ſûreté , & il eſſaie , par la terreur des ſupplices, d'ôter
à ſes ennemis l'envie de l'attaquer autrement qu'à force ouverte : il peut proportionner ſa rigueur envers un ennemi, à
ce qu'exige ſa propre ſûreté. Il eſt vrai encore qu'il ſera
beaucoup plus louable de renoncer de part & d'autre à toute
eſpece d'hoſtilité qui met l'ennemi dans la néceſſité d'employer les ſupplices pour s'en défendre : on peut en faire un
uſage, une loi conventionnelle de la guerre. Aujourd'hui
les entrepriſes de cette nature ne ſont point du goût de nos
généreux guerriers, & ils ne les tenteroient que dans ces
occaſions rares, où elles deviendroient néceſſaires au ſalut
de la patrie. Pour ce qui eſt de ces ſix cents Lacédémoniens
qui , ſous la conduite de Léonidas, pénétrerent dans le
camp de l'ennemi , & allerent droit à la tente du roi de
Perſe (a), leur expédition étoit dans les regles ordinaires
de la guerre, & n'autoriſoit point ce roi à les traiter plus
rigoureuſement que d'autres ennemis. Il ſuffit de faire bonne
garde pour ſe garantir d'un pareil coup de main, & il ſeroit injuſte d'y employer la terreur des ſupplices : auſſi la ré-
ſerve-t-on pour ceux qui s'introduiſent ſubtilement, ſeuls,
ou en très-petit nombre, & ſur-tout à la faveur d'un dégui-
ſement.

J'appelle donc *aſſaſſinat* , un meurtre commis par trahiſon , ſoit qu'on y emploie des traîtres, ſujets de celui

(a) Justin. Lib. II, cap. XI, §. 15.

qu'on fait affaffiner, ou de fon fouverain ; foit qu'il s'exécute par la main de tout autre émiffaire, qui fe fera introduit comme fuppliant, ou refugié, ou comme transfuge, ou
enfin comme étranger ; & je dis qu'un pareil attentat eft une
action infame & exécrable, dans celui qui l'exécute, & dans
celui qui la commande. Pourquoi jugeons-nous qu'un acte eft
criminel, contraire à la loi de la nature, fi ce n'eft parce que cet
acte eft pernicieux à la fociété humaine, & que l'ufage en feroit
funefte aux hommes ? Et quel fléau plus terrible à l'humanité,
que la coutume de faire affaffiner fon ennemi par un traître ?
Encore un coup, introduifez cette licence ; la vertu la plus
pure, l'amitié de la plus grande partie des fouverains, ne
feront plus fuffifantes pour mettre un prince en fûreté. Que
TITUS eût régné du tems du *vieux de la montagne* ; qu'il eût
fait le bonheur des hommes ; que, fidele obfervateur de la
paix & de l'équité, il eût été refpecté & adoré de tous les
potentats ; à la premiere querelle que le prince des *affaffins*
eût voulu lui fufciter, cette bienveillance univerfelle ne pouvoit le fauver, & le genre humain étoit privé de fes *délices*.
Qu'on ne me dife point que ces coups extraordinaires ne
font permis qu'en faveur du bon droit. Tous prétendent,
dans leurs guerres, avoir la juftice de leur côté. Quiconque,
par fon exemple, contribue à l'introduction d'un ufage fi funefte, fe déclare donc l'ennemi du genre humain, & mérite
l'exécration de tous les fiecles (*a*). L'affaffinat de GUILLAU-
ME, prince d'Orange, fut généralement détefté, quoique les
Efpagnols traitaffent ce prince de rebelle. Et ces mêmes Efpagnols fe défendirent, comme d'une calomnie atroce, d'a-
voir eu la moindre part à celui de HENRI le Grand, qui fe
préparoit à leur faire une guerre capable d'ébranler leur
monarchie.

(*a*) Voyez le dialogue entre *J. Cefar & Ciceron*, Mélanges de littérature &
de poéfies.

Farrudge, fultan d'Egypte, envoya à Timur-bec un ambaffadeur accom-

Le poifon donné en trahifon a quelque chofe de plus odieux encore que l'affaffinat ; l'effet en feroit plus inévitable, & l'ufage plus terrible : auffi a-t-il été plus généralement détefté. On peut voir les témoignages recueillis par Grotius (*a*). Les confuls C. Fabricius & Q. Æmilius rejetterent avec horreur la propofition du médecin de Pyrrhus, qui offroit d'empoifonner fon maître ; & même ils avertirent ce prince d'être en garde contre le traître, ajoutant fiérement : *ce n'eſt point pour vous faire la cour que nous vous donnons cet avis, mais pour ne pas nous couvrir nous-mêmes d'infamie* (*b*). Et ils difent fort bien, dans la même lettre, qu'il eſt de l'intérêt commun des nations, qu'on ne donne point de pareils exemples (*c*). Le fénat Romain tenoit pour maxime, que *la guerre devoit fe faire avec les armes, & non par le poifon* (*d*). Sous Tibere même on rejetta l'offre que faifoit le prince des Cattes, d'empoifonner

pagné de deux fcélérats qui devoient affaffiner ce conquérant pendant l'audience. Ce deffein infame ayant été découvert, Timur dit : *Ce n'eſt point la maxime des rois de tuer les ambaffadeurs ; mais celui - ci qui, revêtu d'un habit de religieux, eſt un monſtre de corruption & de perfidie, ce feroit un crime de le laiffer vivre lui & fes camarades.* Il ordonna donc que, fuivant le paffage de l'alcoran, qui dit que la trahifon retombe fur le traître, il fut expédié avec le même poignard dont il vouloit faire fon abominable action. L'on brûla enfuite fon infame cadavre, pour donner exemple aux autres. L'on fe contenta de couper le nez & les oreilles aux deux affaffins, & l'on ne les fit pas mourir, parce qu'on voulut les renvoyer avec une lettre au fultan d'Egypte. *Hiſt. de* Timur‑bec, *Liv.* V, *chap.* XXIV.

(*a*) Liv. III, chap. IV, §. XV.

(*b*) Ὀυδὲ γάρ ταυτα ση χάριτι μηνύομεν, αλλ'ὅπως μη τὸ σου πάθος ημῖν διαβολὴν ενέγκη, &c. Plutar. *in vit. Pyrrh.*

(*c*) *Sed communis exempli & fidei ergo viſum eſt, uti te falvum velimus ; ut effet, quem armis vincere poffemus.* Apud Aul. Gell. Noƈt. Attic. Lib. III, cap. VIII.

(*d*) *Armis bellá, non venenis, geri debere.* Valer. Max. L. VI, cap. V, *num.* I.

ARMINIUS, fi on vouloit lui envoyer du poifon; & on lui répondit : *que le peuple Romain fe vengeoit de fes ennemis à force ouverte, & non pas par de mauvaifes pratiques & de fecretes machinations* (a); TIBERE fe glorifiant d'imiter ainfi la vertu des anciens capitaines Romains. Cet exemple eft d'autant plus remarquable, qu'ARMINIUS avoit fait périr par trahifon VARUS avec trois légions Romaines. Le fénat, & TIBERE lui-même, ne penferent pas qu'il fût permis d'employer le poifon, même contre un perfide, & par une forte de rétorfion, ou de repréfailles.

L'affaffinat & l'empoifonnement font donc contraires aux loix de la guerre, également profcrits par la loi naturelle & par le confentement des peuples civilifés. Le fouverain qui met en ufage ces moyens exécrables, doit être regardé comme l'ennemi du genre humain; & toutes les nations font appellées, pour le falut commun des hommes, à fe réunir contre lui, à joindre leurs forces, pour le châtier. Sa conduite autorife en particulier l'ennemi attaqué par des voies fi odieufes, à ne lui faire aucun quartier. ALEXANDRE le Grand déclara, " qu'il étoit refolu de pour-
„ fuivre DARIUS à outrance, non plus comme un ennemi
„ de bonne guerre, mais comme un empoifonneur & un
„ affaffin (b). „

L'intérêt & la fûreté de ceux qui commandent, exigent qu'ils apportent tous leurs foins à empêcher l'introduction de femblables pratiques, bien loin de l'autorifer. EUMENES difoit fagement, " qu'il ne croyoit pas qu'aucun

---

(a) *Non fraude, neque occultis, fed palàm & armatum populum Romanum hoftes fuos ulcifci* TACIT. Annal. L. II, c. 88.

[b] QUINT. CURT. Lib. IV, cap. XI, num. 18.

„ général d’armée voulût se procurer la victoire en donnant un „ exemple pernicieux , qui pourroit retomber sur lui-mê- „ me (*a*). „ Et c’est sur le même principe, qu’Alexandre jugea de l’action de Bessus , qui avoit assassiné Darius (*b*).

Il y a un peu plus de couleur à excuser, ou à défendre l’usage des armes empoisonnées. Au moins n’y a-t-il point là de trahison, de voie secrete. Mais cet usage n’en est pas moins interdit par la loi naturelle, qui ne permet point d’é- tendre à l’infini les maux de la guerre. Il faut bien que vous frappiez votre ennemi, pour surmonter ses efforts: mais s’il est une fois mis hors de combat , est-il besoin qu’il meure inévitablement de ses blessures ? D’ailleurs, si vous empoi- sonnez vos armes , l’ennemi vous imitera *;* & sans gagner aucun avantage pour la décision de la querelle , vous aurez seulement rendu la guerre plus cruelle & plus affreuse. La guerre n’est permise aux nations que par nécessité : toutes doi- vent s’abstenir de ce qui ne tend qu’à la rendre plus funeste; & même elles sont obligées de s’y opposer. C’est donc avec raison , & conformément à leur devoir, que les peuples civi- lisés ont mis au nombre des loix de la guerre, la maxime qui défend d’empoisonner les armes (*c*); & tous sont au- torisés , par l’intérêt de leur salut commun , à réprimer & à punir les premiers qui voudroient enfreindre celle loi.

§. 156. Si l’on peut se servir d’armes empoison- nées.

On s’accorde plus généralement encore à condamner l’empoisonnement des eaux , des fontaines & des puits ,

§. 157. Et empoi- sonner les fontaines.

[*a*] *Nec* Antigonum, *nec quemquam ducum, sic velle vincere , ut ipse in se exemplum pessimum statuat.* Justin. L. XIV , c. I , num. 12.

[*b*] *Quem quidem* [Bessum] *cruci adfixum videre festino , omnibus regibus gentibusque fidei , quam violavit , meritas pœnas solventem.* Quint. Curt. Lib. VI , c. III , num. 14.

[*c*] Voyez Grotius , Liv. III , chap. IV , §. XVI.

parce, difent quelques auteurs, que par là on peut donner la mort à des innocens, à d'autres qu'aux ennemis. C'eſt une raiſon de plus; mais ce n'eſt ni la feule, ni même la véritable: car on ne laiſſe pas de tirer ſur un vaiſſeau ennemi, quoiqu'il ait à bord des paſſagers neutres. Mais ſi l'on doit s'abſtenir d'employer le poiſon, il eſt très-permis de détourner l'eau, de couper les ſources, ou de les rendre inutiles de quelque autre maniere, pour forcer l'ennemi à ſe rendre (a). C'eſt une voie plus douce que celle des armes.

§. 158.
Diſpoſi-
tions qu'il
faut con-
ſerver en-
vers l'enne-
mi.

Ne quittons point cette matiere de ce qu'on eſt en droit de faire contre la perſonne de l'ennemi, ſans dire un mot des diſpoſitions que l'on doit conſerver envers lui. On peut déjà les déduire de ce que nous avons dit juſques ici, & ſurtout au chapitre I du livre II. N'oublions jamais que nos ennemis ſont hommes. Réduits à la fâcheuſe néceſſité de pourſuivre notre droit par la force des armes, ne dépouillons point la charité qui nous lie à tout le genre humain. De cette maniere, nous défendrons courageuſement les droits de la patrie, ſans bleſſer ceux de l'humanité (b). Que notre valeur ſe préſerve d'une tache de cruauté, & l'éclat de la victoire ne ſera point terni par des actions inhumaines & bru-

[a] GROTIUS, ibid. §. XVII.

[b] Les loix de la juſtice & de l'équité ne doivent pas moins être reſpectées, même en tems de guerre. J'en citerai cet exemple remarquable. Alcibiade, général des Athéniens, aſſiégeoit Byſance qui étoit occupée par les Lacédémoniens, & voyant qu'il ne pouvoit emporter la ville de force, il pratiqua des intelligences qui la lui livrerent. Anaxilaüs, citoyen de Byſance, étoit un de ceux qui y avoient eu part. Il fut dans la ſuite accuſé pour ce fait à Lacédémone; mais il repréſenta que, s'il avoit livré la ville aux Athéniens, ce n'étoit ni par haine pour les Lacédemoniens, ni qu'il eût été corrompu par argent, mais pour ſauver les femmes & les enfans, qu'il voyoit mourir de faim. En effet, le commandant avoit donné aux ſoldats tout le bled qui étoit dans la place. Les Lacédémoniens, par un trait d'équité admirable & bien rare en pareilles occaſions, le déclarerent abſous, diſant qu'il n'avoit pas trahi la ville, mais qu'il l'avoit ſauvée, & ſur-tout faiſant attention que cet homme étoit de Byſance, & non pas de Lacédémone. XENOPHON, Hiſt. Græc. Lib. I, pag. 340.

tales.   On détefte aujourd'hui Marius, Attila ; on ne peut s'empêcher d'admirer & d'aimer Cesar : peu s'en faut qu'il ne rachete par fa générofité, par fa clémence, l'injuftice de fon entreprife.   La modération, la générofité du vainqueur lui eft plus glorieufe que fon courage ; elle annonce plus fûrement une grande ame.   Outre la gloire qui fuit infailliblement cette vertu, on a vu fouvent des fruits préfens & réels de l'humanité envers un ennemi.   Leopold, duc d'Autriche, affiégeant Soleure en l'année 1318, jetta un pont fur l'Aar, & y plaça un gros corps de troupes : la riviere, enflée extraordinairement, emporta le pont & ceux qui étoient deffus.   Les affiégés vinrent au fecours de ces malheureux, & en fauverent la plus grande partie.   Leopold, vaincu par ce trait de générofité, leva le fiege, & fit la paix avec la ville (a).   Le duc de Cumberland, après la victoire de *Dettingue* (b), me paroît plus grand encore que dans la mêlée.   Comme il étoit à fe faire panfer d'une bleffure, on apporta un officier François, bleffé beaucoup plus dangereufement que lui.   Le prince ordonna auffi-tôt à fon chirurgien de le quitter, pour fecourir cet officier ennemi.   Si les grands favoient combien de pareilles actions les font refpecter & chérir, ils chercheroient à les imiter, lors même que l'élévation de leurs fentimens ne les y porteroit pas.   Aujourd'hui les nations de l'Europe font prefque toujours la guerre avec beaucoup de modération & de générofité.   De ces difpofitions naiffent plufieurs ufages louables, & qui vont même fouvent jufqu'à une extrême politeffe (c). On enverra quelquefois des rafraîchiffemens à un gouverneur affiégé. On s'abftient pour

[a] De Wattewille, Hift. de la confédérat. Helvétique, T. I, pp. 126, 127.
[b] En 1743.
[c] Timur-bec fit la guerre à Jofeph Sofy, roi de Carezem, & conquit fon royaume. Dans cette guerre ce grand homme fit voir qu'il poffedoit, même au milieu des combats, cette moderation, cette politeffe que l'on croit particulieres à nos guerriers modernes. Comme il affiegeoit Jofeph dans la ville d'Eckiskus, on lui apporta des melons ; il réfolut d'en envoyer à fon ennemi, fuppofant *que ce feroit manquer*

l’ordinaire, de tirer fur le quartier du roi, ou du général. Il n’y a qu’à gagner dans cette modération, quand on a à faire à un ennemi généreux. Mais elle n’eft obligatoire qu’autant qu’elle ne peut nuire à la caufe que l’on défend; & l’on voit affez qu’un général fage fe réglera à cet égard fur les conjonctures, fur ce qu’exige la fûreté de l’armée & de l’etat, fur la grandeur du péril, fur le caractere & la conduite de l’ennemi. Si une nation foible, une ville, fe voit attaquee par un conquérant furieux, qui menace de la détuire, s’abftiendra-t-elle de tirer fur fon quartier? C’eft là, au contraire, s’il étoit poffible, qu’il faudroit adreffer tous les coups.

§. 159.
Des ménagemens pour la perfonne d’un roi ennemi.

Autrefois, celui qui pouvoit tuer le roi ou le général ennemi, étoit loué & récompenfé. On fait quel honneur étoit attaché aux *dépouilles opimes*. Rien n’étoit plus naturel : les anciens combattoient prefque toujours pour leur falut, & fouvent la mort du chef met fin à la guerre. Aujourd’hui, au moins pour l’ordinaire, un foldat n’oferoit fe vanter d’avoir ôté la vie au roi ennemi. Les fouverains s’accordent ainfi tacitement à mettre leur perfonne en fûreté. Il faut avouer que, dans une guerre peu échauffée, & où il ne s’agit pas du falut de l’état, il n’y a rien que de louable dans ce refpect pour la majefté royale, rien même que de conforme aux devoirs mutuels des nations. Dans une pareille guerre, ôter la vie au fouverain de la nation ennemie, quand on pourroit l’épargner, c’eft faire peut-être à cette nation plus de mal qu’il n’eft néceffaire pour finir heureufement la querelle. Mais ce n’eft point une loi de la guerre, d’épargner

à la civilité, de ne pas partager avec ce prince ces fruits nouveaux, étant fi proche de lui, & il ordonna qu’on les mit dans un baffin d’or & qu’on les lui portât. Le roi de Carezem reçut brutalement cette galanterie, il fit jetter les melons dans le foffé, & donna le baffin au portier de la ville. La Croix, *Hift. de Timur-bec*, Liv. V, chap. XXVII.

en

en toute rencontre la perſonne du roi ennemi ; & on n'y
eſt obligé que quand on a la facilité de le faire priſonnier (a).

CHAPITRE IX.

Du droit de la guerre à l'égard des choſes qui appartiennent
à l'ennemi.

L'Etat qui prend les armes pour un juſte ſujet, a un
double droit contre ſon ennemi. 1°. Le droit de ſe
mettre en poſſeſſion de ce qui lui appartient & que l'ennemi
lui refuſe ; à quoi il faut ajouter les dépenſes faites à cette
fin, les frais de la guerre & la réparation des dommages ;
car s'il étoit obligé de ſupporter ces frais & ces pertes, il
n'obtiendroit point en entier ce qui eſt à lui, ou ce qui lui
eſt dû. 2°. Il a le droit d'affoiblir l'ennemi, pour le mettre hors d'état de ſoutenir une injuſte violence (§. 138);
le droit de lui ôter les moyens de réſiſter. De là naiſſent,
comme de leur principe, tous les droits de la guerre ſur les
choſes qui appartiennent à l'ennemi. Je parle des cas ordinaires, & de ce qui ſe rapporte particuliérement aux biens
de l'ennemi. En certaines occaſions, le droit de le punir

§. 160.
Principes
du droit
ſur les cho-
ſes qui ap-
partien-
nent à l'en-
nemi.

(a) Rapportons à ce ſujet un trait de Charles XII, roi de Suede, également
plein de raiſon & du plus noble courage. " Ce prince aſſiégeoit la ville de Thorn
„ en Pologne. Comme il ſe promenoit ſans ceſſe autour de la place, il fut facile-
„ ment diſtingué par les canonniers, qui, dès qu'ils le voyoient paroître, tiroient ſur
„ lui. Les principaux officiers de ſon armée, à qui ce danger donnoit une grande in-
„ quiétude, vouloient faire déclarer au gouverneur, que ſi cela continuoit il n'y
„ auroit point de quartier pour lui ni pour la garniſon. Mais le roi de Suede ne
„ voulut jamais le permettre, diſant à ſes officiers, que le commandant & les canon-
„ niers Saxons avoient raiſon ; que c'étoit lui qui leur faiſoit la guerre ; qu'elle ſeroit
„ finie s'ils pouvoient le tuer, au lieu qu'ils ne retireroient qu'un foible avantage,
„ même en tuant les principaux officiers de ſon armée. „ *Hiſt. du Nord*, p. 26.

produit de nouveaux droits fur les chofes qui lui appartiennent, comme il en donne fur fa perfonne. Nous en parlerons tout-à-l'heure.

§. 161.
Du droit
de s'en
emparer.

On eft en droit de priver l'ennemi de fes biens, de tout ce qui peut augmenter fes forces & le mettre en état de faire la guerre. Chacun travaille à cette fin de la maniere qui lui convient le mieux. On s'empare, quand on le peut, des biens de l'ennemi; on fe les approprie; & par là, outre qu'on diminue les forces de fon adverfaire, on augmente les fiennes propres, & l'on fe procure, au moins en partie, un dédommagement, un équivalent, foit du fujet même de la guerre, foit des dépenfes & dés pertes qu'elle caufe; on fe fait juftice foi-même.

§. 162.
De ce
qu'on ôte
à l'ennemi
par forme
de peine.

Le droit de fûreté autorife fouvent à punir l'injuftice, ou la violence. C'eft un nouveau titre pour dépouiller un ennemi de quelque partie de fes biens. Il eft plus humain de châtier une nation de cette maniere, que de faire tomber la peine fur la perfonne des citoyens. On peut lui enlever, dans cette vue, des chofes précieufes, des droits, des villes, ou des provinces. Mais toutes les guerres ne donnent pas un jufte fujet de punir. La nation qui a foutenu de bonne foi & avec modération une mauvaife caufe, mérite plus de compaffion que de colere, de la part d'un vainqueur généreux. Et dans une caufe douteufe, on doit préfumer que l'ennemi eft dans la bonne foi (Prélim. §. 21, & liv. III, §. 40). Ce n'eft donc que l'injuftice manifefte, dénuée même de prétextes plaufibles ou d'odieux excès dans les proeédés, qui donnent à un ennemi le droit de punir. Et dans toute occafion, il doit borner la peine à ce qu'exigent fa fûreté & celle des nations. Tant que la prudence le permet, il eft beau d'écouter la clémence. Cette aimable vertu eft prefque toujours plus utile à celui qui l'exerce, que l'inflexible rigueur. La clémence du grand HENRI feconda merveilleufement fa valeur, quand ce bon prince fe vit forcé à faire la conquête de fon royaume. Il n'eût foumis que des ennemis par fes armes ; fa bonté lui gagna des fujets affectionnés.

§. 163.
De ce qu'on lui retient pour l'obliger à donner une jufte fatisfaction.

Enfin on s'empare de ce qui appartient à l'ennemi, de fes villes, de fes provinces, pour l'amener à des conditions raifonnables, pour le contraindre à accepter une paix équitable & folide. On lui prend ainfi beaucoup plus qu'il ne doit, plus que l'on ne prétend de lui : mais c'eft dans le deffein de reftituer le furplus par le traité de paix. Nous avons vu le roi de France déclarer, dans la derniere guerre, qu'il ne prétendoit rien pour lui-même, & rendre en effet toutes fes conquétes, au traité d'*Aix-la-Chapelle*.

§. 164.
Du butin.

Comme on appelle *conquêtes* les villes & les terres prifes fur l'ennemi, toutes les chofes mobiles qu'on lui enleve forment le *butin*. Naturellement ce butin n'appartient pas moins que les conquêtes, au fouverain qui fait la guerre ; car lui feul a des prétentions à la charge de l'ennemi, qui l'autorifent à s'emparer de fes biens & à fe les approprier. Ses foldats, & méme les auxiliaires, ne font que des inftrumens dans fa main pour faire valoir fon droit. Il les entretient & les foudoie ; tout ce qu'ils font, ils le font en fon nom & pour lui. Il n'y a donc aucune difficulté, même par rapport aux auxiliaires. S'ils ne font pas affociés dans la guerre, elle ne fe fait point pour eux ; ils n'ont pas plus de droit au butin qu'aux conquêtes. Mais le fouverain peut faire aux troupes telle part qu'il lui plaît du butin. Aujourd'hui on leur abandonne, chez la plupart des nations, tout celui qu'elles peuvent faire en certaines occafions, où le général permet le pillage ; la dépouille des ennemis reftés fur le champ de bataille, le pillage d'un camp forcé, quelquefois celui d'une ville qui fe laiffe prendre d'affaut. Le foldat acquiert encore dans plufieurs fervices, tout ce qu'il peut enlever aux troupes ennemies quand il va en parti, ou en détachement, à l'exception de l'artillerie, des munitions de guerre, des magasins & convois de provisions de bouche & de fourrages, que l'on applique aux besoins & à l'usage de l'armée. Et dès que la coutume est reçue dans une armée, ce seroit une injure que d'exclure les auxiliaires du droit qu'elle donne aux troupes. Chez les Romains, le soldat étoit obligé de rapporter à la masse tout le butin qu'il avoit fait. Le général faisoit vendre ce butin; il en distribuoit quelque partie aux soldats, à chacun selon son rang, & portoit le reste au trésor public.

§. 165.
Des contributions.

Au pillage de la campagne & des lieux sans défense, on a substitué un usage en même tems plus humain & plus avantageux au souverain qui fait la guerre; c'est celui des *contributions*. Quiconque fait une guerre juste, est en droit de faire contribuer le pays ennemi à l'entretien de son armée, à tous les frais de la guerre. Il obtient ainsi une partie de ce qui lui est dû; & les sujets de l'ennemi se soumettant à cette imposition, leurs biens sont garantis du pillage, le pays est conservé. Mais si un général veut jouir d'une réputation sans tache, il doit modérer les contributions, & les proportionner aux facultés de ceux à qui il les impose. L'excès en cette matiere, n'échappe point au reproche de dureté & d'inhumanité. S'il montre moins de férocité que le ravage & la destruction, il annonce plus d'avarice ou de cupidité. Les exemples d'humanité & de sagesse ne peuvent être trop souvent allégués. On en vit un bien louable dans ces longues guerres que la France a soutenues sous le regne de Louis XIV. Les souverains, obligés & respectivement intéressés à conserver le pays, faisoient, à l'entrée de la guerre, des traités pour régler les contributions sur un pied supportable: on convenoit, & de l'étendue de pays ennemi dans laquelle chacun pourroit en exiger, & de la force de ces impositions, & de la maniere dont les partis envoyés pour les lever auroient à fe comporter. Il étoit porté dans ces traités, qu'aucune troupe au-deffous d'un certain nombre, ne pourroit pénétrer dans le pays ennemi au-delà des bornes convenues, à peine d'être traitée en *parti bleu.* C'étoit prévenir une multitude d'excès & de défordres qui défolent les peuples, & prefque toujours à pure perte pour les fouverains qui font la guerre. Pourquoi un fi bel exemple n'eft-il pas généralement fuivi?

S'il eft permis d'enlever les biens d'un injufte ennemi pour l'affoiblir (§. 161), ou pour le punir (§. 162), les mêmes raifons autorifent à détruire ce qu'on ne peut commodément emporter. C'eft ainfi que l'on fait le dégât dans un pays, qu'on y détruit les vivres & les fourrages, afin que l'ennemi n'y puiffe fubfifter : on coule à fond fes vaiffeaux, quand on ne peut les prendre ou les emmener. Tout cela va au but de la guerre; mais on ne doit ufer de ces moyens qu'avec modération, & fuivant le befoin. Ceux qui arrachent les vignes & coupent les arbres fruitiers, fi ce n'eft pour punir l'ennemi de quelque attentat contre le droit des gens, font regardés comme des barbares : ils défolent un pays pour bien des années, & au-delà de ce qu'exige leur propre fûreté. Une pareille conduite eft moins diftée par la prudence, que par la haine & la fureur.

§. 166. Du dégât.

Cependant on va plus loin encore en certaines occafions : on ravage entiérement un pays, on faccage les villes & les villages, on y porte le fer & le feu. Terribles extrêmités, quand on y eft forcé! excès barbares & monftrueux, quand on s'y abandonne fans néceffité! Deux raifons cependant peuvent les autorifer : 1°. la néceffité de châtier une nation injufte & féroce, de réprimer fa brutalité & de fe garantir de fes brigandages. Qui doutera que le roi d'Efpagne & les puiffances d'Italie ne fuffent très-fondés à détruire jufques aux fondemens ces villes maritimes de l'Afrique, ces repaires

§. 167. Des ravages & des incendies.

de pirates, qui troublent fans ceffe leur commerce & défolent leurs fujets? Mais qui fe portera à ces extrêmités, en vue de punir feulement le fouverain? Celui-ci ne fentira la peine qu’indirectement. Qu’il eft cruel de la faire parvenir jufqu’à lui par la défolation d’un peuple innocent! Le même prince, dont on loua la fermeté & le jufte reffentiment dans le bombardement d’Alger, fut accufé d’orgueil & d’inhumanité après celui de Genes. 2°. On ravage un pays, on le rend inhabitable, pour s’en faire une barriere, pour couvrir fa frontiere contre un ennemi que l’on ne fe fent pas capable d’arrêter autrement. Le moyen eft dur, il eft vrai; mais pourquoi n’en pourroit-on pas ufer aux dépens de l’ennemi, puifqu’on fe détermine bien, dans les mêmes vues, à ruiner fes propres provinces? Le czar Pierre le Grand, fuyant devant le terrible Charles XII, ravagea plus de quatre-vingts lieues de pays dans fon propre empire, pour arréter l’impétuofité d’un torrent devant lequel il ne pouvoit tenir. La difette & les fatigues affoiblirent enfin les Suédois, & le monarque Ruffe recueillit à Pultawa les fruits de fa circonfpection & de fes facrifices. Mais les remedes violens ne doivent pas être prodigués; il faut, pour en juftifier l’ufage, des raifons d’une importance proportionnée. Un prince qui, fans néceffité, imiteroit la conduite du czar, feroit coupable envers fon peuple: celui qui en fait autant en pays ennemi quand rien ne l’y oblige, ou fur de foibles raifons, fe rend le fléau de l’humanité. Les François ravagerent & brûlerent le Palatinat dans le fiecle paffé (a). Il s’éleva un cri univerfel contre cette maniere de faire la guerre. En vain la cour s’autorifa du deffein de mettre à couvert fes frontieres. Le Palatinat faccagé faifoit peu à cette fin: on n’y vit que la vengeance & la cruauté d’un miniftre dur & hautain.

§. 168.
Quelles chofes on doit épargner.

Pour quelque fujet que l’on ravage un pays, on doit épargner les édifices qui font honneur à l’humanité, & qui ne

(a) En 1674, & une feconde fois, d’une maniere beaucoup plus terrible, en 1689.

contribuent point à rendre l'ennemi plus puiſſant, les temples, les tombaeux, les bâtimens publics, tous les ouvrages reſpectables par leur beauté. Que gagne-t-on à les détruire ? C'eſt ſe déclarer l'ennemi du genre humain, que de le priver, de gaieté de cœur, de ces monumens des arts, de ces modeles du goût, comme Belisaire le repréſentoit à Totila roi des Goths (*a*). Nous déteſtons encore aujourd'hui ces barbares qui détruiſirent tant de merveilles quand ils inonderent l'empire Romain. De quelque juſte reſſentiment que le grand Gustave fût animé contre Maximilien, duc de Baviere, il rejetta avec indignation le conſeil de ceux qui vouloient détruire le magnifique palais de Munich, & il prit ſoin de conſerver cet édifice.

Cependant, s'il eſt néceſſaire de détruire des édifices de cette nature pour les opérations de la guerre, pour pouſſer les travaux d'un ſiege, on en a le droit, ſans doute. Le ſouverain du pays, ou ſon général, les détruit bien lui-même, quand les beſoins, ou les maximes de la guerre l'y invitent. Le gouverneur d'une ville aſſiégée en brûle les fauxbourgs, pour empécher que les aſſiégeans ne s'y logent. Perſonne ne s'aviſe de blâmer celui qui dévaſte des jardins, des vignes, des vergers, pour y aſſeoir ſon camp & s'y retrancher. Si par là il détruit quelque beau monument, c'eſt un accident, une ſuite malheureuſe de la guerre : il ne ſera condamné que dans le ſeul cas où il eût pu camper ailleurs ſans le moindre inconvénient.

Il eſt difficile d'épargner les plus beaux édifices, quand on bombarbe une ville. Communément on ſe borne aujourd'hui à foudroyer les remparts & tout ce qui appartient à la défenſe de la place : détruire une ville par les bombes & les boulets rouges, eſt une extrêmité à laquelle on ne ſe porte pas ſans

§. 169.
Du bombardement
des villes.

(*a*) Voyez ſa lettre dans Procope. Elle eſt rapportée par Grotius, Liv. III, chap. XII, §. II, not. 11.

de grandes raifons. Mais elle eft autorifée cependant par les loix de la guerre, lorfqu'on n'eft pas en état de réduire autrement une place importante, de laquelle peut dépendre le fuccès de la guerre, ou qui fert à nous porter des coups dangereux. Enfin on en vient là quelquefois, quand on n'a pas d'autre moyen de forcer un ennemi à faire la guerre avec humanité, ou de le punir de quelque autre excès. Mais les bons princes n'ufent qu'à l'extrêmité, & avec répugnance, d'un droit fi rigoureux. En l'année 1694, les Anglois bombarderent plufieurs places maritimes de France, dont les armateurs portoient des coups fenfibles au commerce de la Grande-Bretagne. La vertueufe & digne époufe de GUILLAUME III, n'apprit point ces exploits de la flotte avec une vraie fatisfaction : elle témoigna de la douleur de ce que la guerre rendoit de telles hoftilités néceffaires, ajoutant qu'elle efpéroit que ces fortes d'opérations deviendroient fi odieufes, qu'à l'avenir on y renonceroit de part & d'autre (a).

§. 170.
Démoli-
tion des
fortereffes.

Les fortereffes, les remparts, toute efpece de fortifications, appartiennent uniquement à la guerre. Rien de plus naturel, ni de plus légitime, dans une guerre jufte, que de rafer celles qu'on ne fe propofe pas de garder. On affoiblit d'autant fon ennemi, & on n'enveloppe point des innocens dans les pertes qu'on lui caufe. C'eft le grand parti que la France a tiré de fes victoires, dans une guerre où elle ne prétendoit pas faire des conquêtes.

§. 171.
Des fauve-
gardes.

On donne des fauve-gardes aux terres & aux maifons que l'on veut épargner, foit par pure faveur, foit à la charge d'une contribution. Ce font des foldats qui les protegent contre les partis, en fignifiant les ordres du général. Ces foldats font facrés pour l'ennemi; il ne peut les traiter hoftilement, puifqu'ils font là comme bienfaiteurs, & pour le

(a) Hiftoire de Guillaume III, Liv. VI, Tom II, p. 66.

falut

falut de fes fujets. On doit les refpecter, de même que l'on refpecte l'efcorte donnée à une garnifon, ou à des prifonniers de geurre, pour les conduire chez eux.

En voilà affez pour donner une idée de la modération avec laquelle on doit ufer, dans la guerre la plus jufte, du droit de piller & de ravager le pays ennemi. Otez le cas où il s'agit de punir un ennemi, tout revient à cette regle géné-rale : tout le mal que l'on fait à l'ennemi fans néceffité, toute hoftilité qui ne tend point à amener la victoire & la fin de la guerre, eft une licence que la loi naturelle con-damne.

§ 172.
Regle gé-
nérale de
modération
fur le mal
que l'on
p.ut faire
à l'ennemi.

Mais cette licence eft néceffairement impunie & tolérée jufqu'à un certain point, entre les nations. Comment déter-miner avec précifion, dans les cas particuliers, jufqu'où il étoit néceffaire de porter les hoftilités pour parvenir à une heureufe fin de la guerre? Et quand on pourroit le marquer exactement, les nations ne reconnoiffent point de juge com-mun ; chacune juge de ce qu'elle a à faire pour remplir fes devoirs. Donnez lieu à de continuelles accufations d'excès dans les hoftilités, vous ne ferez que multiplier les plaintes, aigrir de plus en plus les efprits : de nouvelles injures re-naîtront continuellement, & l'on ne pofera point les armes, jufqu'à ce que l'un des partis foit détruit. Il faut donc s'en tenir, de nation à nation, à des regles générales, indépen-dantes des circonftances, d'une application fûre & aifée. Or ces regles ne peuvent être telles, fi l'on n'y confidere pas les chofes dans un fens abfolu, en elles-mêmes & dans leur nature. De même donc que, à l'égard des hoftilités contre la perfonne de l'ennemi, le droit des gens volontaire fe borne à profcrire les moyens illicites & odieux en eux-mêmes, tels que le poifon, l'affaffinat, la trahifon, le maffacre d'un ennemi rendu & de qui on n'a rien à craindre. Ce même

§. 173.
Regle du
droit des
gens vo-
lont ires,
fur le même
fujet.

droit, dans la matiere que nous traitons ici, condamne toute
hoftilité qui, de fa nature & indépendamment des circonftances, ne fait rien au fuccès de nos armes, n'augmente
point nos forces, & n'affoiblit point l'ennemi. Au contraire,
il permet ou tolere tout acte qui en foi-même & de fa nature eft propre au but de la guerre, fans s'arréter à confidérer fi telle hoftilité étoit peu néceffaire, inutile, ou fu-
perflue dans le cas particulier, à moins que l'exception
qu'il y avoit à faire dans ce cas-là ne fût de la derniere évidence;
car là où l'évidence regne, la liberté des jugemens ne fubfifte plus. Ainfi il n'eft pas en général contre les loix de la
guerre, de brûler & de faccager un pays. Mais fi un ennemi
très-fupérieur en forces traite de cette maniere une ville, une
province, qu'il peut facilement garder pour fe procurer une
paix équitable & avantageufe, il eft généralement accufé
de faire la guerre en barbare & en furieux. La deftruction
volontaire des monumens publics, des temples, des tom-
beaux, des ftatues, des tableaux, &c. eft donc condamnée
abfolument, même par le droit des gens volontaire, comme
toujours inutile au but légitime de la guerre. Le fac & la
deftruction des villes, la défolation des campagnes, les ravages, les incendies, ne font pas moins odieux & déteftés,
dans toutes les occafions où l'on s'y porte évidemment fans
néceffité, ou fans de grandes raifons.

Mais comme on pourroit excufer tous ces excès, fous
prétexte du châtiment que mérite l'ennemi, ajoutons ici que
par le droit des gens naturel & volontaire, on ne peut punir
de cette maniere que des attentats énormes contre le droit
des gens. Encore eft-il toujours beau d'écouter la voix de
l'humanité & de la clémence, lorfque la rigueur n'eft pas
d'une abfolue néceffité. CICERON blâme la deftruction de
Co inthe, qui avoit indignement traité les ambaffadeurs Romains. C'eft que Rome étoit en état de faire refpecter fes miniftres, fans en venir à ces voies d'une extrême rigueur.

CHAPITRE X.

De la foi entre ennemis ; des ſtratagêmes, des ruſes de guerre,
des eſpions, & de quelques autres pratiques.

L A foi des promeſſes & des traités eſt la baſe de la tranquillité des nations, comme nous l'avons fait voir dans
un chapitre exprès (Liv. II, chap. XV). Elle eſt ſacrée
parmi les hommes, & abſolument eſſentielle à leur ſalut
commun. En fera-t-on diſpenſé envers un ennemi? Ce ſeroit
une erreur également funeſte & groſſiere, de s'imaginer que
tout devoir ceſſe, que tout lien d'humanité eſt rompu entre deux nations qui ſe font la guerre. Réduits à la néceſſité de prendre les armes pour leur défenſe & pour le maintien de leurs droits, les hommes ne ceſſent pas pour cela
d'être hommes; les mêmes loix de la nature regnent encore ſur eux. Si cela n'étoit pas, il n'y auroit point de loix
de la guerre. Celui-là même qui nous fait une guerre injuſte, eſt homme encore ; nous lui devons tout ce qu'exige de
nous cette qualité. Mais il s'éleve un conflit entre nos
devoirs envers nous-mêmes, & ceux qui nous lient aux autres hommes. Le droit de ſûreté nous autoriſe à faire contre cet injuſte ennemi tout ce qui eſt néceſſaire pour le repouſſer, ou pour le mettre à la raiſon. Mais tous les devoirs, dont ce conflit ne ſuſpend pas néceſſairement l'exercice, ſubſiſtent dans leur entier; ils nous obligent & envers
l'ennemi, & envers tous les autres hommes. Or tant s'en
faut que l'obligation de garder la foi puiſſe ceſſer pendant la
guerre, en vertu de la préférence que méritent les devoirs
envers ſoi-même, elle devient plus néceſſaire que jamais. Il
eſt mille occaſions, dans le cours même de la guerre, où

§. 174.
Que la foi
doit être
ſacrée en-
tre enne-
mis.

pour mettre des bornes à ſes fureurs, aux calamités qu’elle traîne à ſa ſuite, l’interêt commun, le ſalut des deux enne-mis exige qu’ils puiſſent convenir enſemble de certaines choſes. Que deviendroient les priſonniers de guerre, les garniſons qui capitulent, les villes qui ſe rendent, ſi l’on ne pouvoit compter ſur la parole d’un ennemi? La guerre dé-généreroit en une licence effrénée & cruelle ; ſes maux n’auroient plus de bornes. Et comment enfin pourroit-on la terminer & rétablir la paix? S’il n’y a plus de foi entre ennemis, la guerre ne finira avec quelque ſûreté, que par la deſtruction entiere de l’un des partis. Le plus léger dif-férent, la moindre querelle produira une guerre ſemblable à celle qu’Annibal fit aux Romains, dans laquelle on com-battit, non pour quelque province, non pour l’empire, ou pour la gloire, mais pour le ſalut même de la nation (a). Il demeure donc conſtant que la foi des promeſſes & des traités doit être ſacrée, en guerre comme en paix, entre enne-mis auſſi bien qu’entre nations amies.

§. 175.
Quels ſont
les traités
qu’il faut
obſerver
entre en-
nemis.

Les conventions, les traités faits avec une nation, ſont rompus ou annullés par la guerre qui s’éleve entre les con-tractans; ſoit parce qu’ils ſuppoſent tacitement l’état de paix, ſoit parce que chacun pouvant dépouiller ſon ennemi de ce qui lui appartient, lui ôte les droits qu’il lui avoit donnés par des traités. Cependant il faut excepter les trai-tés où l’on ſtipule certaines choſes en cas de rupture; par exemple, le tems qui ſera donné aux ſujets, de part & d’au-tre, pour ſe retirer; la neutralité aſſurée d’un commun con-ſentement à une ville, ou à une province, &c. Puiſque, par des traités de cette nature, on veut pourvoir à ce qui devra s’obſerver en cas de rupture, on renonce au droit de les an-nuller par la déclaration de guerre.

(a) _De ſalute certatum eſt._

Par la même raiſon, on eſt tenu à l'obſervation de tout ce qu'on promet à l'ennemi dans le cours de la guerre. Car dès que l'on traite avec lui pendant que l'on a les armes à la main, on renonce tacitement, mais néceſſairement, au pouvoir de rompre la convention, par forme de compenſation & à raiſon de la guerre, comme on rompt les traités précédens; autrement ce ſeroit ne rien faire, & il ſeroit abſurde de traiter avec l'ennemi.

Mais il en eſt des conventions faites pendant la guerre, comme de tous les autres pactes & traités, dont l'obſervation réciproque eſt une condition tacite (Liv. II. §. 202); on n'eſt plus tenu à les obſerver envers un ennemi qui les a enfreins le premier. Et même, quand il s'agit de deux conventions ſéparées, qui n'ont point de liaiſon entre elles, bien qu'il ne ſoit jamais permis d'être perfide par la raiſon qu'on a affaire à un ennemi qui dans une autre occaſion a manqué à ſa parole, on peut néanmoins ſuſpendre l'effet d'une promeſſe, pour l'obliger à réparer ſon manque de foi, & retenir ce qu'on lui a promis, par forme de gage, juſqu'à ce qu'il ait réparé ſa perfidie. C'eſt ainſi qu'à la priſe de Namur, en 1695, le roi d'Angleterre fit arrêter le maréchal de BOUFLERS, & le retint priſonnier, malgré la capitulation, pour obliger la France à réparer les infractions faites aux capitulations de Dixmude & de Deinſe (a).

§. 176.
En quelles
occaſions
on peut les
rompre.

La foi ne conſiſte pas ſeulement à tenir ſes promeſſes, mais encore à ne point tromper, dans les occaſions où l'on ſe trouve obligé, de quelque maniere que ce ſoit, à dire la vérité. Nous touchons ici une queſtion vivement agitée autrefois, & qui a paru embarraſſante tant que l'on a eu des notions peu juſtes ou peu diſtinctes du *menſonge*. Pluſieurs, & ſur-tout des théologiens, ſe ſont repréſenté la vérité comme

§. 177.
Du men-
ſonge.

(a) Hiſtoire de Guillaume III, Tom. II, p. 148.

une espece de divinité, à laquelle on doit je ne sais quel respect inviolable, pour elle-même & indépendamment de ses effets; ils ont condamné absolument tout discours contraire à la pensée de celui qui parle : ils ont prononcé qu'il faut, en toute rencontre, parler selon la vérité connue, si l'on ne peut se taire & offrir comme en sacrifice à leur divinité les intérêts les plus précieux , plutôt que de lui manquer de respect. Mais des philosophes plus exacts & plus profonds ont débrouillé cette idée si confuse & si fausse dans ses conséquences. On a reconnu que la vérité doit être respectée en général, parce qu'elle est l'ame de la société humaine, le fondement de la confiance dans le commerce mutuel des hommes, & que par conséquent un homme ne doit pas mentir, même dans les choses indifférentes, crainte d'affoiblir le respect dû en général à la vérité, & de se nuire à soi-même, en rendant sa parole suspecte lors même qu'il parle sérieusement. Mais en fondant ainsi le respect qui est dû à la vérité sur ses effets , on est entré dans la vraie route , & dès-lors il a été facile de distinguer entre les occasions où l'on est obligé de dire la vérité, ou de manifester sa pensée, & celles où l'on n'y est point tenu. On n'appelle *mensonges* que les discours qu'un homme tient contre sa pensée , dans les occasions où il est obligé de dire la vérité ; & on réserve un autre nom, en latin *falsiloquium*, pour les discours faux, tenus à gens qui, dans le cas particulier, n'ont aucun droit d'exiger qu'on leur dise la vérité.

Ces principes posés, il n'est pas difficile de marquer quel doit être, dans les occasions, le légitime usage de la vérité, ou du discours faux, à l'égard d'un ennemi. Toutes les fois qu'on s'est engagé, expressément ou tacitement, à lui parler vrai, on y est indispensablement obligé par sa foi, dont nous venons d'établir l'inviolabilité. Tel est le cas des conventions, des traités : l'engagement tacite d'y parler vrai est de toute néceffité.   Car il feroit abfurde de dire que l'on ne s'engage pas à ne point tromper l'ennemi fous couleur de traiter avec lui: ce feroit fe jouer & ne rien faire.   On doit encore dire la vérité à l'ennemi dans toutes les occafions où l'on s'y trouve naturellement obligé par les loix de l'humanité; c'eft-à-dire, lorfque le fuccès de nos armes & nos devoirs envers nous-mêmes ne font point en conflit avec les devoirs communs de l'humanité, & n'en fufpendent pas la force & l'exercice dans le cas préfent.   Ainfi, quand on renvoie des prifonniers rachetés, ou échangés, ce feroit une infamie de leur indiquer le plus mauvais chemin, ou une route dangereufe; quand le prince, ou le général ennemi demande des nouvelles d'une femme ou d'un enfant qui lui eft cher, il feroit honteux de le tromper.

Mais lorfqu'en faifant tomber l'ennemi dans l'erreur, foit par un difcours dans lequel on n'eft point engagé à dire la vérité, foit par quelque démarche fimulée, on peut fe procurer un avantage dans la guerre, lequel il feroit permis de chercher à force ouverte, il n'y a nul doute que cette voie ne foit permife. Difons plus, comme l'humanité nous oblige à préférer les moyens les plus doux dans la pourfuite de nos droits, fi par une rufe de guerre, une feinte exempte de perfidie, on peut s'emparer d'une place forte, furprendre l'ennemi & le réduire, il vaut mieux, il eft réellement plus louable de réuffir de cette maniere, que par un fiege meutrier, ou par une bataille fanglante (a).   Mais cette

§. 178.
Des ftrata
gémes &
rufes de
guerre

[a] Il y a eu un tems où l'on a condamné au fupplice ceux qui étoient faifis en voulant furprendre une place. En 1597, le prince Maurice voulut furprendre Venloo. L'entreprife manqua, & quelques-uns de fes gens ayant été pris, *ils furent condamnés à la mort, le confentement des parties ayant introduit ce nouvel ufage de droit, pour obvier à ces fortes de dangers.* GROTIUS, *Hift. des troubles des Pays-Bas*, liv. VI. Dès lors l'ufage a changé. Les gens de guerre qui tentent de furprendre une place en tems de guerre ouverte, ne font point traités, s'ils font furpris, différemment des autres prifonniers; & cela eft plus humain & plus raifonnable. Cependant s'ils étoient deguifés, ou s'ils avoient ufé de quelque trahifon, ils feroient traités en efpions; & c'eft peut-être ce que veut dire GROTIUS; car je

épargne du fang humain ne va jamais jufqu'à autorifer la perfidie , dont l'introduction auroit des fuites trop funeftes , &
ôteroit aux fouverains , une fois en guerre , tout moyen de
traiter enfemble & de rétablir la paix (§. 174).

Les tromperies faites à l'ennemi fans perfidie , foit par
des paroles, foit par des actions, les pieges qu'on lui tend
en ufant des droits de la guerre , font des *ftratagêmes* dont
l'ufage a toujours été reconnu pour légitime , & a fait fouvent la gloire des plus grands capitaines. Le roi d'Angleterre GUILLAUME III ayant découvert que l'un de fes fecretaires donnoit avis de tout au général ennemi, fit arrêter
fecrettement le traître, & le força d'écrire au duc DE LUXEM-
BOURG , que le lendemain les alliés feroient un fourrage général, foutenu d'un gros corps d'infanterie avec du canon ,
& fe fervit de cette rufe pour furprendre l'armée Françoife
à Steinkerque. Mais, par l'activité du général François &
par la valeur de fes troupes, le fuccès ne répondit pas à
des mefures fi habilement concertées (*a*).

Il faut refpecter , dans l'ufage des ftratagêmes , non
feulement la foi qui eft due à l'ennemi , mais encore les droits
de l'humanité , & prendre garde de ne point faire des chofes
dont l'introduction feroit préjudiciable au genre humain.
Depuis que les hoftilités ont commencé entre la France &
l'Angleterre , on dit qu'une frégate Angloife s'étant appro-
chée à la vue de Calais , fit les fignaux de détreffe pour
attirer quelque bâtiment , & fe faifit d'une chaloupe & des
matelots qui venoient généreufement à fon fecours. Si le
fait eft tel , cet indigne ftratagême mérite une punition fé-

ne vois pas ailleurs que l'on ait traité avec cette rigueur des troupes venues fimplement dans le filence de la nuit pour furprendre une place. Ce feroit toute
autre chofe , fi l'on tentoit une telle furprife en pleine paix ; & les Savoyards qui
furent pris lors de l'efcalade de Geneve méritoient le mort qu'on leur fit fubir. :j

(*a*) Mémoires de FEUQUIERES , tom. III , p. 87 & fuiv.

vere. Il tend à empêcher l'effet d'une charité fecourable, fi facrée au genre-humain, & fi recommandable même entre ennemis. D'ailleurs, faire les fignaux de détreffe, c'eft demander du fecours, & promettre par cela même toute fûreté à ceux qui le donneront. Il y a donc une odieufe perfidie dans l'action attribuée à cette frégate.

On a vu des peuples, & les Romains eux-mêmes, pendant long-tems, faire profeffion de méprifer à la guerre toute efpece de furprife, de rufe, de ftratagême; & d'autres qui alloient jufqu'à marquer le tems & le lieu où ils fe propofoient de donner bataille (*a*). Il y avoit plus de générofité que de fageffe dans une pareille conduite. Elle feroit très-louable, fans doute, fi, comme dans la manie les duels, il n'étoit queftion que de faire preuve de courage. Mais à la guerre, il s'agit de défendre la patrie, de pourfuivre par la force, des droits qu'on nous refufe injuftement; & les moyens les plus fûrs font auffi les plus louables, pourvu qu'ils n'aient rien d'illicite & d'odieux en eux-mêmes. *Dolus an virtus, quis in hofte requirat* (*b*). Le mépris des rufes de guerre, des ftratagêmes, des furprifes, vient fouvent, comme dans Achilles, d'une noble confiance dans fa valeur & dans fes propres forces : & il faut avouer que,

[*a*] C'étoit la maniere des anciens Gaulois ; voyez Tite-Live. On a dit d'Achilles, qu'il ne vouloit combattre qu'à découvert, & qu'il n'étcit pas homme à s'enfermer dans le fameux cheval de bois qui fut fatal aux Troyens.

Ille non inclufus equo, Minervæ

Sacra mentito, malè feriatos

Troas, & lætam Priami choreis

Falleret aulam :

Sed palam captis gravis.....

Horat. Lib. IV, od. VI.

[*b*] Virgil. Æneid. L. II, v. 390.

quand on peut vaincre un ennemi à force ouverte, en bataille rangée , on doit fe flatter bien plus fûrement de l'avoir dompté & réduit à demander la paix , que fi on a obtenu l'avantage par furprife, comme le difent dans TITE-LIVE ces généreux fénateurs qui n'approuvoient pas la conduite peu fincere que l'on avoit tenue avec PERSE'E (*a*). Lors donc que la valeur fimple & ouverte peut affurer la victoire , il eft des occafions où elle eft préférable à la rufe , parce qu'elle procure à l'état un avantage plus grand & plus durable.

§. 178.
Des ef-
pions.

 L'ufage des *efpions* eft une efpece de tromperie à la guerre, ou de pratique fecrete. Ce font des gens qui s'introuduifent chez l'ennemi, pour découvrir l'état de fes affaires, pénétrer fes deffeins, & en avertir celui qui les emploie. On punit communément les efpions du dernier fupplice, & cela avec juftice, puifque l'on n'a guere d'autre moyen de fe garantir du mal qu'ils peuvent faire (§. 155). Pour cette raifon, un homme d'honneur, qui ne veut pas s'expofer à périr par la main d'un bourreau, ne fait point le métier d'efpion : & d'ailleurs, il le juge indigne de lui, parce que ce métier ne peut guere s'exercer fans quelque efpece de trahifon. Le fouverain n'eft donc pas en droit d'exiger un pareil fervice de fes fujets, fi ce n'eft peut-être dans quelque cas fingulier, & de la plus grande importance. Il y invite, par l'appât du gain, les ames mercenaires. Si ceux qu'il emploie viennent s'offrir d'eux-mêmes, ou s'il n'y engage que des gens qui ne font point fujets de l'ennemi, & qui ne tiennent à lui par aucun lien, il n'eft pas douteux qu'il ne puiffe légitimement & fans honte profiter de leurs fervices. Mais eft-il permis, eft-il honnête, de folliciter les fujets de l'ennemi à le trahir, pour nous fervir d'efpions? Nous répondrons à cette queftion dans le paragraphe fuivant.

 (*a*) TIT. LIV. Lib. XLII, cap. 47.

On demande en général, s'il eſt permis de féduire les
gens de l'ennemi, pour les engager à bleſſer leur devoir par
une honteuſe trahiſon? Ici il faut diſtinguer entre ce qui eſt
dû à l'ennemi malgré l'état de guerre, & ce qu'exigent les
loix intérieures de la conſcience, les regles de l'honnêteté.
Nous pouvons travailler à affoiblir l'ennemi par tous les moyens
poſſibles (§. 138), pourvu qu'ils ne bleſſent pas le ſalut
commun de la ſociété humaine, comme font le poiſon &
l'aſſaſſinat (§. 155). Or la féduction d'un ſujet pour ſervir
d'eſpion, celle d'un commandant pour livrer ſa place, n'attaquent point les fondemens du ſalut commun des hommes,
de leur ſûreté. Des ſujets, eſpions de l'ennemi, ne font pas
un mal mortel & inévitable, on peut ſe garder d'eux juſqu'à
un certain point; & quant à la ſûreté des places fortes, c'eſt
au ſouverain de bien choiſir ceux à qui il les confie. Ces
moyens ne font donc pas contraires au droit des gens externes dans la guerre ; & l'ennemi n'eſt point fondé à s'en
plaindre, comme d'un attentat odieux. Auſſi ſe pratiquent-ils
dans toutes les guerres. Mais ſont-ils honnêtes, & compa-
tibles avec les loix d'une conſcience pure? Non, ſans doute;
& les généraux le ſentent eux-mêmes, puiſqu'ils ne ſe vantent
jamais de les avoir mis en uſage. Engager un ſujet à trähir ſa
patrie, ſuborner un traître pour mettre le feu à un magaſin,
tenter la fidélité d'un commandant, le féduire, le porter à
livrer la place qui lui eſt confiée; c'eſt pouſſer ces gens-là à
commettre des crimes abominables. Eſt-il honnête de corrompre, d'inviter au crime ſon plus mortel ennemi? Tout
au plus pourroit-on excuſer ces pratiques dans une guerre
très-juſte, quand il s'agiroit de ſauver la patrie de la ruine
dont elle ſeroit menacée par un injuſte conquérant. Il ſemble qu'alors le ſujet, ou le général qui trahiroit ſon prince,
dans une cauſe manifeſtement injuſte, ne commettroit pas
une faute ſi odieuſe. Celui qui ne reſpecte lui-même ni la
juſtice, ni l'honnêteté, mérite d'éprouver à ſon tour les ef-

fets de la méchanceté & de la perfidie. Et si jamais il est pardonnable de sortir des regles séveres de l'honnêteté , c'est contre un ennemi de ce caractere, & dans une extrêmité pareille. Les Romains, dont les idées étoient pour l'ordinaire si pures & si nobles sur les droits de la guerre, n'approuvoient point ces sourdes pratiques (a). Ils n'estimerent pas la victoire du consul SERVILIUS CÆPIO sur VIRIATUS, parce qu'elle avoit été achetée. VALERE - MAXIME dit qu'elle fut souillée d'une double perfidie (b) ; & un autre historien écrit que le sénat ne l'approuva point (c).

§. 181.
Si l'on peut accepter les offres d'un traître.

Autre chose est d'accepter seulement les offres d'un traître. On ne le séduit point, & l'on peut profiter de son crime, en le détestant. Les transfuges, les déserteurs commettent un crime contre leur souverain : on les reçoit cependant *par le droit de la guerre*, comme le disent les jurisconsultes Romains (d). Si un gouverneur se vend lui - même, & offre de livrer la place pour de l'argent, se fera-t-on scrupule

(a) Xenophon exprime très - bien les raisons qui rendent la trahison odieuse, & qui autorisent à la réprimer d'une autre maniere que par la force ouverte. " La trahison, dit-il, est une offense bien plus grande que la guerre ouverte, d'autant qu'il „ est bien plus difficile de se garder des entre prises sourdes que d'une attaque „ ouverte ; & elle est d'autant plus odieuse , que les ennemis peuvent enfin traiter „ ensemble & se réconcilier de bonne foi : au lieu qu'on ne peut ni traiter avec „ un homme une fois reconnu pour traître , ni se fier à lui. „ XENOPH. *Hist. Græc.* Lib. II.

(b) *Viriati etiam cædes duplicem perfidiæ accusationem recepit : in amicis , quod eorum manibus interemptus est : in Q. Servilio Cæpione consule , quia is sceleris hujus auctor, impunitate promissa, fuit ; victoriamque non meruit, sed emit.* Lib. IX , cap. VI, *num.* 4. Quoique cet exemple semble appartenir à une autre matiere (à celle de l'assassinat) , je ne laisse pas de le placer ici ; parce que , si l'on consulte les autres auteurs , il ne paroit pas que *Cæpio* eût engagé les soldats de *Viriatus* à l'assassiner. Voyez entr'autres EUTROPE , Lib. IV , cap. 8.

(●) *Quæ victoria , quia empta erat , à senatu non probata.* Auct. de viris illust. cap. LXXI.

(d) *Transfugam jure belli recipimus.* DIGEST. Lib. XLI, tit. I. *de adquir. rerum domin.* Leg. LI.

de profiter de fon crime, pour obtenir fans péril ce qu’on eft en droit de prendre par force ? Mais quand on fe fent en état de réuffir fans le fecours des traîtres, il eft beau de témoigner, en rejettant leurs offres, toute l’horreur qu’ils infpirent. Les Romains, dans leurs fiecles héroïques, dans ces tems où ils donnoient de fi beaux exemples de grandeur d’ame & de vertu, rejetterent toujours avec indignation les avantages que leur préfentoit la trahifon de quelque fujet des ennemis. Non feulement ils avertirent Pyrrhus du deffein horrible de fon médecin, ils refuferent de profiter d’un crime moins atroce, & renvoyerent lié & garrotté aux *Falifques* un traître qui avoit voulu livrer les enfans du roi (a).

Mais lorfqu’il y a de la divifion chez l’ennemi, on peut fans fcrupule entretenir des intelligences avec l’un des partis, & profiter du droit qu’il croit avoir de nuire au parti oppofé. On avance ainfi fes propres affaires, fans féduire perfonne, fans participer en aucune façon au crime d’autrui. Si l’on profite de fon erreur, cela eft permis, fans doute, contre un ennemi.

On appelle intelligence double, celle d’un homme qui fait femblant de trahir fon parti, pour attirer l’ennemi dans le piege. C’eft une trahifon & un métier infame, quand on le fait de propos délibéré & en s’offrant le premier. Mais un officier, un commandant de place, follicité par l’ennemi, peut légitimement, en certaines occafions, feindre de prêter l’oreille à la féduction, pour attraper le fuborneur. Celui-ci lui fait injure, en tentant fa fidélité ; il fe venge juftement, en le faifant tomber dans le piege, & par cette conduite, il ne nuit point à la foi des promeffes, au bonheur du genre

§. 182.
Des intelligences doubles.

_____

[a] *Eadem fide indicatum* Pyrrho *regi* medicum, *vitæ ejus infidiantem: eadem* Falifcis *vinctum traditum proditorem librorum regis.* Tit. Liv. Lib. XLII, cap. 47.

humain. Car des engagemens criminels font abfolument nuls, ils ne doivent jamais être remplis, & il feroit avantageux que perfonne ne pût compter fur les promeffes des traîtres, qu'elles fuffent de toutes parts environnées d'incertitude & de dangers. C'eft pourquoi un fupérieur, s'il apprend que l'ennemi tente la fidélité de quelqu'un de fes officiers ou foldats, ne fe fait point fcrupule d'ordonner à ce fubalterne de feindre qu'il fe laiffe gagner, & d'ajufter fa prétendue trahifon de maniere à attirer l'ennemi dans une embufcade. Le fubalterne eft obligé d'obéir. Mais quand la féduction s'adreffe directement au commandant en chef, pour l'ordinaire un homme d'honneur préfere & doit préférer le parti de rejetter hautement & avec indignation une propofition injurieufe (*a*).

CHAPITRE XI.

Du fouverain qui fait une guerre injufte.

§ 183.
Une guer-
re injufte
ne donne
aucun
droit.

TOut le droit de celui qui fait la guerre vient de la juf- tice de fa caufe. L'injufte qui l'attaque ou le me- nace, qui lui refufe ce qui lui appartient, en un mot qui lui fait injure, le met dans la néceffité de fe défendre, ou de fe faire juftice les armes à la main ; il l'autorife à tous les actes d'hoftilité néceffaires pour fe procurer une fatisfac-

______

(*a*) Lorfque le duc de Parme affiégeoit Berg-op-zoom , deux prifonniers Efpagnols , qui étoient gardés dans un fort près de la ville , tenterent de corrom- pre un maître de taverne & un foldat Anglois, pour livrer ce fort au duc; ceux- ci en ayant averti le gouverneur , il leur ordonna de feindre de fe laiffer gagner ; & leurs arrangemens faits avec le duc de Parme pour la furprife du fort, ils in- formerent du tout le gouverneur. Celui-ci fe tint prêt à bien recevoir les Efpagnols, qui donnerent dans le piége, & perdirent près de 3000 hommes. GROTIUS , *Hift. des troubles des Pays-Bas* , Liv. I.

tion complette. Quiconque prend les armes fans fujet légitime, n'a donc abfolument aucun droit ; toutes les hoftilités qu'il commet, font injuftes.

Il eft chargé de tous les maux, de toutes les horreurs de la guerre : le fang verfé, la défolation des familles, les rapines , les violences, les ravages, les incendies font fes œuvres & fes crimes : coupable envers l'ennemi qu'il attaque, qu'il opprime, qu'il maffacre fans fujet : coupable envers fon peuple qu'il entraîne dans l'injuftice, qu'il expofe fans néceffité, fans raifon ; envers ceux de fes fujets que la guerre accable ou met en fouffrance, qui y perdent la vie, les biens, ou la fanté : coupable enfin envers le genre humain entier, dont il trouble le repos, & auquel il donne un pernicieux exemple. Quel effrayant tableau de miferes & de crimes ! Quel compte à rendre au roi des rois, au pere commun des hommes ! Puiffe cette légere efquiffe frapper les yeux des conducteurs des nations, des princes & de leurs miniftres ! Pourquoi n'en attendrions-nous pas quelque fruit ? Les grands auroient-ils perdu tout fentiment d'honneur, d'humanité, de devoir & de religion ? Et fi nôtre foible voix pouvoit, dans toute la fuite des fiecles, prévenir feulement une guerre, quelle récompenfe plus glorieufe de nos veilles & de notre travail ?

§. 184. *Combien eft coupable le fouverain qui l'entreprend.*

Celui qui fait injure, eft tenu à la réparation du dommage, ou à une jufte fatisfaction, fi le mal eft irréparable ; & même à la peine, fi la peine eft néceffaire pour l'exemple, pour la fûreté de l'offenfé , & pour celle de la fociété humaine. C'eft le cas du prince auteur d'une guerre injufte. Il doit reftituer tout ce qu'il a pris , renvoyer à fes frais les prifonniers ; il doit dédommager l'ennemi, des maux qu'il lui a fait fouffrir , des pertes qu'il lui a caufées ; relever les familles défolées , réparer , s'il étoit poffible , la perte d'un pere , d'un fils, d'un époux.

§. 185. *A quoi il eft tenu.*

§. 186.
Difficulté
de réparer
les maux
qu'il a faits.

Mais comment réparer tant de maux ? Plufieurs font irréparables de leur nature. Et quant à ceux qui peuvent être compenfés par un équivalent, où puifera le guerrier injufte, pour racheter fes violences? Les biens particuliers du prince n'y pourroient fuffire. Donnera-t-il ceux de fes fujets? Ils ne lui appartiennent pas. Sacrifiera-t-il les terres de la nation, une partie de l'état ? Mais l'état n'eft pas fon patrimoine (Liv. I, §. 61) ; il ne peut en difpofer à fon gré. Et bien que la nation foit tenue, jufqu'à un certain point, des faits de fon conducteur, outre qu'il feroit injufte de la punir directement, pour des fautes dont elle n'eft pas coupable, fi elle eft tenue des faits du fouverain, c'eft feulement envers les autres nations, qui ont leur recours contre elle (Liv. I, §. 40, & Liv. II, §§. 81, 82); le fouverain ne peut lui renvoyer la peine de fes injuftices, ni la dépouiller pour les réparer. Et quand il le pourroit, fera-t-il lavé de tout, & pur dans fa confcience ? Acquitté envers l'ennemi, le fera-t-il auprès de fon peuple ? C'eft une étrange juftice, que celle d'un homme qui répare fes torts aux dépens d'un tiers : il ne fait que changer l'objet de fon injuftice. Pefez toutes ces chofes, ô conducteurs des nations ; & quand vous aurez vu clairement qu'une guerre injufte vous entraîne dans une multitude d'iniquités dont la réparation eft au-deffus de toute votre puiffance, peut-être ferez-vous moins prompts à l'entreprendre.

§. 187.
Si la nation
& les gens
de guerre
font tenus
à quelque
chofe.

La reftitution des conquêtes, des prifonniers, & des effets qui peuvent fe retrouver en nature, ne fouffre point de difficulté quand l'injuftice de la guerre eft reconnue. La nation en corps, & les particuliers, connoiffant l'injuftice de leur poffeffion, doivent fe deffaifir, & reftituer tout ce qui eft mal acquis. Mais quant à la réparation du dommage, les gens de guerre, généraux, officiers & foldats, font-ils obligés en confcience à réparer des maux qu'ils ont faits, non par leur volonté propre, mais comme des inftrumens
dans

dans la main du fouverain ? Je fuis fupris que le judicieux Grotius prenne fans diftinction l'affirmative (*a*). Cette décifion ne peut fe foutenir que dans le cas d'une guerre fi manifeftement & fi indubitablement injufte, qu'on ne puiffe y fuppofer aucune raifon d'état fecrete & capable de la jufti-fier ; cas prefque impoffible en politique. Dans toutes les occafions fufceptibles de doute, la nation entiere, les parti-culiers, & finguliérement les gens de guerre, doivent s'en ra porter à ceux qui gouvernent, au fouverain. Ils y font obligés par les principes effentiels de la fociété politique, du gouvernement. Où en feroit-on, fi à chaque démarche du fouverain les fujets pouvoient pefer la juftice ds fes rai-fons; s'ils pouvoient refufer de marcher pour une guerre qui ne leur paroîtroit pas jufte? Souvent même la prudence ne permet pas au fouvarain de publier toutes fes raifons. Le devoir des fujets eft de les préfumer juftes & fages, tant que l'évidence pleine & abfolue ne leur dit pas le contraire. Lors donc que, dans cet efprit, ils ont prêté leur bras pour une guerre qui fe trouve enfuite injufte, le fouverain feul eft coupable, lui feul eft tenu à réparer fes torts. Les fujets, & en particulier les gens de guerre, font innocens ; ils n'ont agi que par une obéiffance néceffaire. Ils doivent feulement vuider leurs mains de ce qu'ils ont acquis dans une pareille guerre, parce qu'ils le poffederoient fans titre légitime. C'eft là, je crois, le fentiment prefque unanime des gens de bien, la façon de penfer des guerriers les plus remplis d'honneur & de probité. Leur cas eft ici celui de tous ceux qui font les miniftres des ordres fouverains. Le gouvernement devient impoffible, fi chacun de fes miniftres veut pefer & connoître à fond la juftice des commandemens, avant que de les exé-cuter. Mais s'ils doivent, pour le falut de l'état, préfumer juftes les ordres du fouverain, ils n'en font pas refponfables.

(*a*) Droit de la G. & de la P. Liv. III, chap. 10.

CHAPITRE XII.

*Du droit des gens volontaire, par rapport aux effets de la guerre
en forme, indépendamment de la justice de la cause.*

§. 188.
Que les
nations ne
peuvent
presser en-
tre elles la
rigueur du
droit na-
turel.

TOut ce que nous venons de dire dans le chapitre précédent, est une conféquence évidente des vrais principes,
des regles éternelles de la justice : ce sont les dispositions de cette loi sacrée que la nature, ou son divin auteur,
impose aux nations. Celui-là seul est en droit de faire la
guerre, celui-là seul peut attaquer son ennemi, lui ôter la
vie, lui enlever ses biens & ses possessions, à qui la justice
& la nécessité ont mis les armes à la main. Telle est la décision du *droit des gens néceffaire*, ou de la loi naturelle, à
l'observation de laquelle les nations font étroitement obligées
(Prélim. §. 7). C'est la regle inviolable, que chacune doit
suivre en sa conscience. Mais comment faire valoir cette
regle, dans les démêlés des peuples & des souverains, qui
vivent enfemble dans l'état de nature ? Ils ne reconnoiffent
point de supérieur : qui jugera entre eux, pour marquer à
chacun ses droits & ses obligations; pour dire à celui-ici,
vous avez droit de prendre les armes, d'affaillir votre ennemi,
de le réduire par la force ; & à celui-là, vous ne pouvez
commettre que d'injustes hostilités, vos victoires font des
meurtres, vos conquêtes des rapines & des brigandages?
Il appartient à tout état libre & souverain, de juger en sa
conscience de ce que ses devoirs exigent de lui, de ce qu'il
peut ou ne peut pas faire avec justice (Prélim. §. 16). Si
les autres entreprennent de le juger, ils donnent atteinte à
sa liberté, ils le bleffent dans ses droits les plus précieux
(Prélim. §. 15). Et puis, chacun tirant la justice de son

côté, s'attribuera tous les droits de la guerre, & prétendra que fon ennemi n'en a aucun, que fes hoftilités font autant de brigandages, autant d'infractions au droit des gens, dignes d'être punies par toutes les nations. La décifion du droit, de la controverfe, n'en fera pas plus avancée, & la querelle en deviendra plus cruelle, plus funefte dans fes effets, plus difficile à terminer. Ce n'eft pas tout encore: les nations neutres elles-mêmes feront entraînées dans la difficulté, impliquées dans la querelle. Si une guerre injufte ne peut opérer aucun effet de droit parmi les hommes; tant qu'un juge reconnu (& il n'y en a point entre les nations) n'aura pas définitivement prononcé fur la juftice des armes, on ne pourra acquérir avec fûreté aucune des chofes prifes en guerre; elles demeureront toujours fujettes à la revendication, comme les effets enlevés par des brigands.

Laiffons donc la rigueur du droit naturel & néceffaire à la confcience des fouverains; il ne leur eft fans doute jamais permis de s'en écarter. Mais par rapport aux effets extérieurs du droit parmi les hommes, il faut néceffairement recourir à des regles d'une application plus fûre & plus aifée; & cela pour le falut même & l'avantage de la grande fociété du genre humain. Ces regles font celles du droit des gens *volontaire* (Prélim. §. 21). La loi naturelle, qui veille au plus grand bien de la fociété humaine, qui protege la liberté de chaque nation, & qui veut que les affaires des fouverains puiffent avoir une iffue, que leurs querelles fe terminent & tendent à une prompte fin; cette loi, dis-je, recommande l'obfervation du droit des gens volontaire, pour l'avantage commun des nations, tout comme elle approuve les changemens que le droit civil fait aux regles du droit naturel, dans la vue de les rendre plus convenables à l'état de la fociété politique, d'une application plus aifée & plus fûre. Appliquons donc au fujet particulier de la guerre l'ob-

§. 189.
Pourquoi elles doivent admettre les regles du droit des gens volontaire.

fervation générale que nous avons faite dans nos préliminaires (§. 28). Une nation, un fouverain, quand il délibere
fur le parti qu'il a à prendre pour fatisfaire à fon devoir, ne
doit jamais perdre de vue le droit *nécefaire*, toujours obligatoire dans la confcience: mais lorfqu'il s'agit d'examiner
ce qu'il peut exiger des autres états, il doit refpecter le droit
des gens *volontaire*, & reftreindre même fes juftes prétentions fur les regles d'un droit dont les maximes font con-
facrées au falut & à l'avantage de la fociété univerfelle des
nations.   Que le droit *nécefaire* foit la regle qu'il prendra
conftamment pour lui-même.   Il doit fouffrir que les autres
fe prévalent du droit des gens *volontaire*.

§. 190.
La guerre
en forme
doit être
regardée
quant aux
effets com-
me jufte de
part &
d'autre.

La premiere regle de ce droit, dans la matiere dont nous
traitons, eft que *la guerre en forme, quant à fes effets, doit
être regardée comme jufte de part & d'autre*.   Cela eft abfolument necefaire, comme nous venons de le faire voir, fi l'on
veut apporter quelque ordre, quelque regle, dans un moyen
auffi violent que celui des armes, mettre des bornes aux calamités qu'il produit, & laiffer une porte toujours ouverte
au retour de la paix.   Il eft même impraticable d'agir autrement de nation à nation, puifquelles ne reconnoiflent point
de juge.

Ainfi les droits fondés fur l'état de guerre, la légitimité
de fes effets, la validité des acquifitions faites par les armes,
ne dependent point, extérieurement & parmi les hommes,
de la juftice de la caufe, mais de la légitimité des moyens
en eux-mêmes; c'eft-à-dire, de tout ce qui eft requis pour
conftituer une guerre en forme.   Si l'ennemi obferve toutes
les regles de la guerre en forme (voyez le chap. IV de ce
livre), nous ne fommes point reçus à nous plaindre de lui,
comme d'un infracteur du droit des gens: il a les mêmes prétentions que nous au bon droit; & toute notre reffource eft
dans la victoire, ou dans un accommodement-

Deuxieme regle. Le droit étant réputé égal entre deux ennemis, *tout ce qui eſt permis à l'un, en vertu de l'état de guerre,
eſt auſſi permis à l'autre.* En effet, on ne voit point qu'une
nation, ſous prétexte que la juſtice eſt de ſon côté, ſe plaigne
des hoſtilités de ſon ennemi, tant qu'elles demeurent dans
les termes preſcrits par les loix communes de la guerre.
Nous avons traité, dans les chapitres précédens, de ce qui
eſt permis dans une guerre juſte. C'eſt cela préciſément, &
pas davantage, que le droit volontaire autoriſe également
dans les deux partis. Ce droit rend les choſes égales de part
& d'autre; mais il ne permet à perſonne ce qui eſt illicite
en ſoi; il ne peut avouer une licence effrénée. Si donc les
nations ſortent de ces limites, ſi elles portent les hoſtilités
au-delà de ce que permet en général le droit interne & néceſſaire pour le ſoutien d'une cauſe juſte, gardons-nous de
rapporter ces excès au droit des gens volontaire: il faut les
attribuer uniquement aux mœurs corrompues, qui produiſent
une coutume injuſte & barbare. Telles ſont ces horreurs,
auxquelles le ſoldat s'abandonne quelquefois dans une ville
priſe d'aſſaut.

§. 191.
Tout ce qui
eſt permis
à l'un eſt
permis à
l'autre.

3°. Il ne faut jamais oublier que *ce droit des gens volontaire*, admis par néceſſité & pour éviter de plus grands
maux (§§. 188, 189), *ne donne point à celui dont les armes ſont
injuſtes, un véritable droit, capable de juſtifier ſa conduite & de
raſſurer ſa conſcience, mais ſeulement l'effet extérieur du droit,
& l'impunité parmi les hommes.* Cela paroît aſſez par la maniere dont nous avons établi le droit des gens volontaire.
Le ſouverain dont les armes ne ſont pas autoriſées par la juſtice, n'en eſt donc pas moins injuſte, pas moins coupable
contre la loi ſacrée de la nature, quoique, pour ne point
aigrir les maux de la ſociété humaine en voulant les prévenir,
la loi naturelle elle-même exige qu'on lui abandonne les mêmes droits externes, qui appartiennent très-juſtement à ſon
ennemi. C'eſt ainſi que par les loix civiles, un débiteur peut

§. 192.
Le droit
volontaire
ne donne
que l'im-
punité à
celui dont
les armes
ſont injuſ-
tes.

refufer le paiement de fa dette, lorfqu'il y a prefcription; mais il peche alors contre fon devoir : il profite d'une loi établie pour prévenir une multitude de procès , mais il agit fans aucun droit véritable.

Les nations s'accordant en effet à obferver les regles que nous rapportons au droit des gens volontaire, GROTIUS les fonde fur un confentement de fait de la part des peuples, & les rapporte au droit des gens arbitraire. Mais outre qu'un pareil engagement feroit bien fouvent difficile à prouver , il n'auroit de force que contre ceux qui y feroient formellement entrés. Si cet engagement exiftoit, il fe rapporteroit au droit des gens conventionnel, lequel s'établit par l'hiftoire, & non par le raifonnement ; il fe fonde fur des faits, & non pas fur des principes. Dans cet ouvrage , nous pofons les principes naturels du droit des gens ; nous le déduifons de la nature elle-même : & ce que nous appellons droit des gens volontaire, confifte dans des regles de conduite, de droit externe, auxquelles la loi naturelle oblige les nations de confentir ; enforte qu'on préfume de droit leur confentement, fans le chercher dans les annales du monde ; parce que, fi même elles ne l'avoient pas donné , la loi de la nature le fupplée & le donne pour elles. Les peuples ne font point libres ici dans leur confentement ; & celui qui le refuferoit , blefferoit les droits communs des nations (voyez Prélim. §. 21).

Ce droit des gens volontaire, ainfi établi, eft d'un ufage très-étendu, & ce n'eft point du tout une chimere , une fiction arbitraire, dénuée de fondement. Il découle de la même fource, il eft fondé fur les mêmes principes que le droit *naturel* ou *néceffaire*. Pourquoi la nature impofe-t-elle aux hommes telles ou telles regles de conduite, fi ce n'eft parce que ces regles font néceffaires au falut & au bonheur du genre humain ? Mais les maximes du droit des gens *néceffaire* font fondées immédiatement fur la nature des chofes, en particulier fur celle de l'homme & de la fociété politique : le droit des gens *volontaire* fuppofe un principe de plus, la nature de la grande fociété des nations & du commerce qu'elles ont enfemble. Le premier prefcrit aux nations ce qui eft abfolument néceffaire & ce qui tend naturellement à leur perfection & à leur commun bonheur : le fecond tolere ce qu'il eft impoffible d'éviter fans introduire de plus grands maux.

CHAPITRE XIII.

De l'acquifition par guerre, & principalement de la conquête.

S'Il eft permis d'enlever les chofes qui appartiennent à l'ennemi, dans la vue de l'affoiblir (§. 160), & quelquefois dans celle de le punir (§. 162), il ne l'eft pas moins, dans une guerre jufte, de s'approprier ces chofes-là par une efpece de *compenfation*, que les jurifconfultes appellent *expletio juris* (§. 161) : on les retient en équivalent de ce qui eft dû par l'ennemi, des dépenfes & des dommages qu'il a caufés ; & même, lorfqu'il y a fujet de le punir, pour tenir lieu de la peine qu'il a méritée. Car lorfque je ne puis me procurer la chofe même qui m'appartient, ou qui m'eft due, j'ai droit à un équivalent, lequel, dans les regles de la *juftice explétrice*, & fuivant l'eftimation morale, eft regardé comme la chofe même. La guerre fondée fur la juftice eft donc un moyen légitime d'acquérir fuivant la loi naturelle, qui fait le droit des gens *néceffaire*.

§. 193.
Comment la guerre eft un moyen d'acquérir.

Mais cette loi facrée n'autorife l'acquifition faite par de juftes armes, que dans les termes de la juftice ; c'eft-à-dire, jufqu'au point d'une fatisfaction complette, dans la mefure

§. 194.
Mefure du droit qu'el- donne.

néceffaire pour remplir les fins légitimes dont nous venons de parler. Un vainqueur équitable, rejettant les confeils de l'ambition & de l'avarice, fera une jufte eftimation de ce qui lui eft dû, favoir, de la chofe même qui a fait le fujet de la querelle, s'il ne peut l'avoir en nature, des dommages & des frais de la guerre; & ne retiendra des biens de l'ennemi, que préciſément autant qu'il en faudra pour former l'équivalent. Mais s'il a affaire à un ennemi perfide, inquiet & dangereux, il lui ôtera, par forme de peine, quelques-unes de fes places, ou de fes provinces, & les retiendra, pour s'en faire une barriere. Rien de plus jufte que d'affoiblir un ennemi qui s'eft rendu fufpeçt & formidable. La fin légitime de la peine eft la fûreté pour l'avenir. Telles font les conditions qui rendent l'acquifition faite par les armes, jufte & irreprochable devant Dieu & dans la confcience: le bon droit dans la caufe, & la mefure équitable dans la fatisfaction.

§. 195.
Difpofitions du droit des gens volontaire.

Mais les nations ne peuvent infifter entre elles fur cette rigueur de la juftice. Par les difpofitions du droit des gens *volontaire*, toute guerre en forme, quant à fes effets, eft regardée comme jufte de part & d'autre (§. 190), & perfonne n'eft en droit de juger une nation] fur l'exeès de fes prétentions, ou fur ce qu'elle croit néceffaire à fa fûreté (Prélim. §. 21). Toute acquifition faite dans un guerre en forme, eft donc valide, fuivant le droit des gens *volontaire*, indépendamment de la juftice de la caufe, & des raifons fur lefquelles le vainqueur a pu fe fonder pour s'attribuer la propriété de ce qu'il a pris. Auffi la conquête a-t-elle été conftamment regardée comme un titre légitime entre les nations; & l'on n'a guere vu contefter ce titre, à moins qu'il ne fût dû à une guerre, non-feulement injufte, mais deftituée même de prétextes.

La

La propriété des chofes mobiliaires eft acquife à l'enne- §. 196.
mi, du moment qu'elles font en fa puiffance ; & s'il les vend Acquifition
chez des nations neutres, le premier propriétaire n'eft point des chofes
en droit de les revendiquer. Mais il faut que ces chofes-là mobiliai-
foient véritablement au pouvoir de l'ennemi, & conduites res.
en lieu de fûreté. Suppofez qu'un étranger, paffant dans
notre pays, achete quelque partie du butin que vient
d'y faire un parti ennemi : ceux des nôtres qui font à la pourfuite de ce parti reprendront avec juftice le butin que cet
étranger s'eft preffé d'acheter. Sur cette matiere, Grotius
rapporte, d'après de Thou, l'exemple de la ville de Lierre
en Brabant, laquelle ayant été prife & reprife en un même
jour, le butin fait fur les habitans leur fut rendu, parce qu'il
n'avoit pas été pendant vingt-quatre heures entre les mains
de l'ennemi (a). Ce terme de vingt-quatre heures, auffi bien
que ce qui s'obferve fur mer (b), eft une inftitution du
droit des gens *pactice*, ou de coutume, ou enfin une loi civile de quelques états. La raifon naturelle de ce qui fut obfervé en faveur des habitans de Lierre, eft que l'ennemi
étant pris, pour ainfi dire, fur le fait, & avant qu'il eût emporté le butin, on ne regarda pas ce butin comme paffé abfolument fous fa propriété, & perdu pour les habitans. De
même fur mer, un vaiffeau pris par l'ennemi, tant qu'il n'a
pas été conduit dans quelque port, ou au milieu d'une flotte,
peut être repris & délivré par d'autres vaiffeaux du même
parti : fon fort n'eft pas décidé, ni la propriété du maître
perdue fans retour, jufqu'à ce que le vaiffeau foit en lieu de
fûreté pour l'ennemi qui l'a pris, & entiérement en fa puiffance. Mais les ordonnances de chaque état peuvent en difpofer autrement entre les citoyens (c), foit pour éviter

(a) Droit de la G. & de la P. Liv. III , chap. VI , §. III, not. 7.

(b) Voyez Grotius, *ibid.* & dans le texte.

(c) Grotius, *ibid.*

les conteftations, foit pour encourager les vaiffeaux armés à reprendre les navires marchands que l'ennemi a enlevés.

On ne fait point ici attention à la juftice ou à l'injuf-tice de la caufe. Il n'y auroit rien de ftable parmi les hom-mes, nulle fûreté à commercer avec les nations qui font en guerre, fi l'on pouvoit diftinguer entre une guerre jufte & une guerre injufte, pour attribuer à l'une des effets de droit que l'on refuferoit à l'autre : ce feroit ouvrir la porte à une infinité de difcuffions & de querelles. Cette raifon eft fi puiffante, qu'elle a fait attribuer, au moins par rapport aux biens mobiliaires, les effets d'une guerre publique à des ex-péditions qui ne méritoient que le nom de brigandages, mais qui étoient faites par des armées en forme. Lorfque les *grandes compagnies*, après les guerres des Anglois en France, couroient l'Europe & la pilloient, perfonne ne s'avifa de re-vendiquer le butin qu'elles avoient enlevé & vendu. Au-jourd'hui on ne feroit point reçu à réclamer un vaiffeau pris par les corfaires de Barbarie, & vendu à un tiers, ou repris fur eux, quoique les pirateries de ces barbares ne puiffent que très improprement être confidérées comme des actes d'une guerre en forme. Nous parlons ici du droit externe : le droit interne & la confcience obligent fans doute à rendre à un tiers les chofes que l'on reprend fur un ennemi qui les lui avoit ravies dans une guerre injufte, s'il peut reconnoître ces chofes-là, & s'il paie les frais que l'on a faits pour les recouvrer. GROTIUS (a) rapporte un grand nombre d'exem-ples de fouverains & de généraux qui ont rendu généreu-fement un pareil butin, même fans rien exiger pour leurs frais ou pour leurs peines. Mais on n'en ufe ainfi qu'à l'égard d'un butin nouvellement enlevé. Il feroit peu praticable de recher-cher fcrupuleufement les propriétaires de ce qui a été pris long-tems auparavant, & d'ailleurs ils ont fans doute aban-donné tout leur droit à des chofes qu'ils n'efpéroient plus

(a) Liv. III, chap. 16.

de recouvrer. C’eſt la commune façon de penſer ſur ce qui ſe perd à la guerre : on l’abandonne bientôt, comme perdu ſans reſſource.

Les immeubles, les terres, les villes, les provinces, paſſent ſous la puiſſance de l’ennemi qui s’en empare ; mais l’acquiſition ne ſe conſomme, la propiété ne devient ſtable & parfaite, que par le traité de paix, ou par l’entiere ſoumiſ-ſion & l’extinction de l’état auquel ces villes & provinces appartenoient.

§. 197. De l’acquiſition des immeubles, ou de la conquéte.

Un tiers ne peut donc acquérir avec ſûreté une place, ou une province conquiſe, juſques à ce que le ſouverain qui l’a perdue y ait renoncé par le traité de paix, ou que, ſoumis ſans retour, il ait perdu ſa ſouveraineté. Car, tant que la guerre continue, tandis que le ſouverain conſerve l’eſpérance de recouvrer ſes poſſeſſions par les armes, un prince neu-tre viendra-t-il lui en ôter la liberté, en achetant cette place, ou cette province, du conquérant ? Le premier maître ne peut perdre ſes droits par le fait d’un tiers ; & ſi l’acquéreur veut conſerver ſon acquiſition, il ſe trouvera impliqué dans la guerre. C’eſt ainſi que le roi de Pruſſe ſe mit au nombre des ennemis de la Suede, en recevant Stettin des mains du roi de Pologne & du czar, ſous le nom de ſequeſtre (*a*). Mais auſſi-tôt qu’un ſouverain, par le traité définitif de paix, a cédé un pays au conquérant, il a abandonné tout le droit qu’il y avoit, & il feroit abſurde qu’il pût redemander ce pays à un nouveau conquérant qui l’arrache au premier, ou à tout autre prince qui l’aura acquis à prix d’argent, par échange, & à quelque titre que ce ſoit.

§. 198. Comment on peut en diſpoſer validement.

Le conquérant qui enleve une ville ou une province à ſon ennemi, ne peut y acquérir juſtement que les mêmes droits qu’y poſſédoit le ſouverain contre lequel il a pris les

§. 199. Des conditions auxquelles on acquiert une ville conquiſe.

(*a*) Par le traité de *Schwedt* du 6 octobre 1713.

T 2

armes. La guerre l'autorife à s'emparer de ce qui appartient
à fon ennemi : s'il lui ôte la fouveraineté de cette ville, ou
de cette province, il l'acquiert telle qu'elle eft, avec fes
limitations & fes modifications quelconques. Auffi a-t-on foin,
pour l'ordinaire, foit dans les capitulations particulieres, foit
dans les traités de paix, de ftipuler que les villes &
pays cédés conferveront tous leurs privileges, libertés &
immunités. Et pourquoi le conquérant les en priveroit-il à
caufe des démélés qu'il a avec leur fouverain? Cependant, fi
les habitans fe font rendus perfonnellement coupables envers
lui par quelque attentat, il peut, en forme de peine, les
priver de leurs droits & de leurs franchifes. Il le peut encore fi
ces mêmes habitans ont pris les armes contre lui, & fe font ainfi
rendus directement fes ennemis. Il ne leur doit alors autre
chofe que ce qu'un vainqueur humain & équitable doit à
des ennemis foumis. S'il les unit & les incorpore purement & fimplement à fes anciens états, ils n'auront pas lieu
de fe plaindre.

Jufques ici je parle, comme on voit, d'une ville, ou
d'un pays qui ne fait pas fimplement corps avec une nation, ou qui n'appartient pas pleinement à un fouverain,
mais fur lequel cette nation ou ce prince ont feulement certains droits. Si la ville ou la province conquife étoit pleinement & parfaitement du domaine d'une nation ou d'un
fouverain, elle paffe fur le même pied au pouvoir du vainqueur. Unie déformais au nouvel état auquel elle appartient,
fi elle perd à ce changement, c'eft un malheur dont elle ne
doit accufer que le fort des armes. Ainfi une ville qui faifoit
partie d'une république, ou d'une monarchie limitée, qui
avoit droit de députer au confeil fouverain, ou à l'affemblée
des états, fi elle eft juftement conquife par un monarque abfolu, elle ne peut plus penfer à des droits de cette nature; la
conftitution du nouvel état dont elle dépend, ne le fouffre pas.

Autrefois les particuliers mêmes perdoient leurs terres,
par la conquéte. Et il n'eft point furprenant que telle fut
la coutume, dans les premiers fiecles de Rome. C'étoient
des républiques populaires, des communautés, qui fe faifoient la guerre ; l'état poflédoit peu de chofes, & la querelle
étoit véritablement la caufe commune de tous les citoyens.
Mais aujourd'hui la guerre eft moins terrible pour les fujets,
les chofes fe paffent avec plus d'humanité : un fouverain fait
la guerre à un autre fouverain, & non point au peuple défarmé. Le vainqueur s'empare des biens de l'état, des biens
publics, & les particuliers confervent les leurs. Ils ne fouffrent de la guerre qu'indirectement ; & la conquête les fait
feulement changer de maître.

Mais fi l'état entier eft conquis, fi la nation eft fubju-
guée, quel traitement pourra lui faire le vainqueur, fans
fortir des bornes de la juftice ? Quels feront fes droits fur fa
conquête ? Quelques-uns ont ofé avancer ce principe monftrueux, que le conquérant eft maître abfolu de fa conquête,
qu'il peut en difpofer comme de fon propre, la traiter comme
il lui plaît, fuivant l'expreffion commune, *traiter un état en
pays conquis :* & de-là ils tirent l'une des fources du gouvernement *defpotique.* Laiffons des gens qui traitent les hommes
comme des effets commerçables, ou comme des bêtes de
charge, qui les livrent à la propriété, au domaine d'un autre
homme : raifonnons fur des principes avoués de la raifon, &
convenables à l'humanité.

Tout le droit du conquérant vient de la jufte défenfe de
foi-même (§§. 3, 26 & 29), laquelle comprend le maintien
& la pourfuite de fes droits. Lors donc qu'il a entiérement
vaincu une nation ennemie, il peut fans doute premiérement fe faire juftice fur ce qui a donné lieu à la guerre, &
fe payer des dépenfes & des dommages qu'elle lui a caufés ; il
peut, felon l'exigence du cas, lui impofer des peines pour

l'exemple ; il peut même, fi la prudence l'y oblige, la mettre hors d'état de nuire fi aifément dans la fuite. Mais pour remplir toutes ces vues, il doit préférer les moyens les plus doux, & fe fouvenir que la loi naturelle ne permet les maux que l'on fait à un ennemi, que précifément dans la mefure néceffaire à une jufte défenfe & à une fûreté raifonnable pour l'avenir. Quelques princes fe font contentés d'impofer un tribut à la nation vaincue ; d'autres, de la priver de quelques droits, de lui ôter une province, ou de la brider par des forterefles. D'autres n'en voulant qu'au fouverain feul, ont laiffé la nation dans tous fes droits, fe bornant à lui donner un maître de leur main.

Mais fi le vainqueur juge à propos de retenir la fouveraineté de l'état conquis, & fe trouve en droit de le faire, la maniere dont il doit traiter cet état découle encore des mêmes principes. S'il n'a à fe plaindre que du fouverain, la raifon nous démontre qu'il n'acquiert par fa conquête que les droits qui appartenoient réellement à ce fouverain dépoffédé ; & auffi-tôt que le peuple fe foumet, il doit le gouverner fuivant les loix de l'état. Si le peuple ne fe foumet pas volontairement, l'état de guerre fubfifte.

Un conquérant qui a pris les armes, non pas feulement contre le fouverain, mais contre la nation elle-même, qui a voulu dompter un peuple féroce, & réduire une fois pour toutes un ennemi opiniâtre, ce conquérant peut avec juftice impofer des charges aux vaincus, pour fe dédommager des frais de la guerre, & pour les punir ; il peut, felon le degré de leur indocilité, les régir avec un fceptre plus ferme & capable de les matter, les tenir quelque tems, s'il eft néceffaire, dans une efpece de fervitude. Mais cet état forcé doit finir dès que le danger ceffe, dès que les vaincus font devenus citoyens. Car alors le droit du vainqueur expire quant à ces voies de rigueur, puifque fa défenfe & fa fûreté n'exigent plus de précautions extraordinaires. Tout doit être enfin ramené aux regles d'un fage gouvernement, aux devoirs d'un bon prince.

Lorſqu'un ſouverain, ſe prétendant le maître abſolu de la deſtinée d'un peuple qu'il a vaincu, veut le réduire en eſclavage, il fait ſubſiſter l'état de guerre entre ce peuple & lui. Les Scythes diſoient à ALEXANDRE le Grand : " Il n'y ,, a jamais d'amitié entre le maître & l'eſclave ; au milieu de ,, la paix, le droit de la guerre ſubſiſte toujours (*a*). " Si quelqu'un dit qu'il peut y avoir paix dans ce cas-là, & une eſpece de contrat par lequel le vainqueur accorde la vie à condition que l'on ſe reconnoiſſe pour ſes eſclaves, il ignore que la guerre ne donne point le droit d'ôter la vie à un ennemi deſarmé & ſoumis (§. 140). Mais ne conteſtons point : qu'il prenne pour lui cette juriſprudence; il eſt digne de s'y ſoumettre. Les gens de cœur qui comptent la vie pour rien, & pour moins que rien, ſi elle n'eſt accompagnée de la liberté, ſe croiront toujours en guerre avec cet oppreſſeur, quoique de leur part les actes en ſoient ſuſpendus par impuiſſance. Diſons donc encore, que ſi la conquéte doit être véritablement ſoumiſe au conquérant, comme à ſon ſouverain légitime, il faut qu'il la gouverne ſelon les vues pour leſquelles le gouvernement civil a été établi. Le prince ſeul, pour l'ordinaire, donne lieu à la guerre, & par conſéquent à la conquéte. C'eſt bien aſſez qu'un peuple innocent ſouffre les calamités de la guerre ; faudra t-il que la paix même lui devienne funeſte ? Un vainqueur généreux s'appliquera à ſoulager les nouveaux ſujets, à adoucir leur ſort ; il s'y croira indiſpenſablement obligé : *la conquête*, ſuivant l'expreſſion d'un excellent homme, *laiſſe toujours à payer une dette immenſe, pour s'acquitter envers la nature humaine* (*b*).

<hr>

(*a*) *Inter dominum & ſervum nulla amicitia eſt ; etiam in pace belli tamen jura ſervantur.* QUINT. CURT. Lib. VI, cap. 8.
(*b*) M. le préſident DE MONTESQUIEU, dans *l'Eſprit des loix.*

Heureufement la bonne politique fe trouve ici , & par-tout
ailleurs , parfaitement d'accord avec l'humanité.　Quelle fidélité , quels fecours pouvez-vous attendre d'un peuple opprimé ?
Voulez-vous que votre conquête augmente véritablement vos
forces , qu'elle vous foit attachée ?　Traitez-la en pere , en véritable fouverain.　J'admire la généreufe réponfe de cet ambaffadeur de *Privernes*.　Introduit devant le fénat Romain , & le conful lui difant : " Si nous ufons de clémence , quel fonds pour-
„ rons-nous faire fur la paix que vous venez nous deman-
„ der ? " L'ambaffadeur répondit : " Si vous nous l'accordez
„ à des conditions raifonnables , elle fera fûre & éternelle ;
„ finon , elle ne durera pas long-tems. " Quelques-uns
s'offenferent d'un difcours fi hardi : mais la plus faine partie
du fénat trouva que le *Privernate* avoit parlé en homme , &
en homme libre.　" Peut-on efpérer , difoient ces fages fé-
„ nateurs , qu'aucun peuple , ou aucun homme , demeure
„ dans une condition dont il n'eft pas content , dès que la
„ néceffité qui l'y retenoit viendra à ceffer ? Comptez fur la
„ paix , quand ceux à qui vous la donnez la reçoivent vo-
„ lontiers. Quelle fidélité pouvez-vous attendre de ceux que
„ vous voulez réduire à l'efclavage (a) ? La domination la
„ plus affurée , difoit Camille , eft celle qui eft agréable à
„ ceux-là même fur qui on l'exerce (b). "

　　Tels font les droits que la loi naturelle affigne au conquérant , & les devoirs qu'elle lui impofe.　La maniere de

　　(a) Quid , fi pœnam , *inquit* (*conful*) , remittimus vobis , qualem nos pacem vobifcum habituros fperemus ? Si bonam dederitis , *inquit* , & fidam , & per-
petuam : fi malam , haud diuturnam. *Tum verò minari , nec id ambiguè Priverna-
tem quidam , & illis vocibus ad rebellandum incitari pacatos populos. Pars melior
fenatùs ad meliora refponfa trahere , & dicere* , viri , & liberi vocem auditam : an
credi poffe ullum populum , aut hominem denique in ea conditione , cujus eum
pœniteat , diutiùs quàm neceffe fit manfurum ? Ibi pacem effe fidam , ubi voluntarii
pacati fint : neque eo loco , ubi fervitutem effe velint , fidem fperandam effe. Tit.
Liv. *Lib.* VIII, *cap.* 21.

　　(b) *Certè id firmiffimum longè imperium eft , quo obedientes gaudent.* Tit.
Liv. Lib. VIII, cap. 13.

faire

faire valoir les uns & de remplir les autres, varie ſelon les circonſtances. En général, il doit conſulter les véritables intérêts de ſon état, & par une ſage politique les concilier, autant qu'il eſt poſſible, avec ceux de ſa conquête. Il peut, à l'exemple des rois de France, l'unir & l'incorporer à ſon état. C'eſt ainſi qu'en uſoient les Romains. Mais ils y procéderent différemment, ſelon les cas & les conjonctures. Dans un tems où Rome avoit beſoin d'accroiſſement, elle détruiſit la ville d'Albe, qu'elle craignoit d'avoir pour rivale; mais elle en reçut les habitans dans ſon ſein, & s'en fit autant de citoyens. Dans la ſuite, en laiſſant ſubſiſter les villes conquiſes, elle donna le droit de bourgeoiſie romaine aux vaincus. La victoire n'eût pas été autant avantageuſe à ces peuples, que le fut leur défaite.

Le vainqueur peut encore ſe mettre ſimplement à la place du ſouverain qu'il a dépoſſédé. C'eſt ainſi qu'en ont uſé les Tartares à la Chine : l'empire a ſubſiſté tel qu'il étoit, il a ſeulement été gouverné par une nouvelle race de ſouverains.

Enfin le conquérant peut gouverner ſa conquête comme un état à part, en y laiſſant ſubſiſter la forme du gouvernement. Mais cette méthode eſt dangereuſe; elle ne produit pas une véritable union de forces : elle affoiblit la conquête, ſans fortifier beaucoup l'état conquérant.

On demande à qui appartient la conquête; au prince qui l'a faite, ou à ſon état? C'eſt une queſtion qui n'auroit jamais dû naître. Le ſouverain peut-il agir, en cette qualité, pour quelqu'autre fin que pour le bien de l'état? A qui ſont les forces qu'il emploie dans ſes guerres? Quand il auroit fait la conquête à ſes propres frais, des deniers de ſon épargne, de ſes biens particuliers & patrimoniaux, n'y emploie-t-il pas le bras de ſes ſujets? n'y verſe-t-il pas leur ſang? Mais

§. 203.
A qui appartient la conquête.

fuppofez encore qu’il fe fût fervi de troupes étrangeres &
mercenaires ; n’expofe-t-il pas fa nation au reffentiment de
l’ennemi? Ne l’entraîne-t-il pas dans la guerre? Et le fruit en
fera pour lui feul! N’eft-ce pas pour la caufe de l’état, de la
nation, qu’il prend les armes? Tous les droits qui en naiffent
font donc pour la nation.

Si le fouverain fait la guerre pour un fujet qui lui eft
perfonnel, pour faire valoir, par exemple, un droit de fucceffion à une fouveraineté étrangere, la queftion change. Cette
affaire n’eft plus celle de l’état. Mais alors la nation doit
être en liberté de ne s’en point mêler fi elle veut, ou de
fecourir fon prince. S’il a le pouvoir d’employer les forces
de la nation à foutenir fes droits perfonnels, il ne doit plus
diftinguer ces droits de ceux de l’état. La loi de France, qui
réunit à la couronne toutes les acquifitions des rois, devroit
être la loi de tous les royaumes.

§. 203.
Si l’on doit
remettre
en liberté
un peuple,
que l’enne-
mi avoit
injufte-
ment con-
quis.

Nous avons vu (§. 196) comment on peut être obligé,
non extérieurement, mais en confcience & par les loix de
l’équité, à rendre à un tiers le butin repris fur l’ennemi, qui
le lui avoit enlevé dans une guerre injufte. L’obligation eft
plus certaine & plus étendue à l’égard d’un peuple que
notre ennemi avoit injuftement opprimé. Car un peuple ainfi
dépouillé de fa liberté, ne renonce jamais à l’efpérance de la
recouvrer. S’il ne s’eft pas volontairement incorporé dans
l’état qui l’a conquis, s’il ne l’a pas librement aidé contre
nous dans la guerre, nous devons certainement ufer de notre
victoire, non pour lui faire changer feulement de maître, mais
pour rompre fes fers. C’eft un beau fruit de la victoire, que
de délivrer un peuple opprimé; & c’eft un grand gain que
de s’acquérir ainfi un ami fidele. Le canton de Schweitz
ayant enlevé le pays de Glaris à la maifon d’Autriche, rendit

aux habitans leur première liberté ; & Glaris reçu dans la confédération Helvétique, forma le fixieme canton (*a*).

CHAPITRE XIV.

Du droit de poftliminie.

LE droit de *poftliminie* eft ce droit en vertu duquel les perfonnes & les chofes prifes par l'ennemi , font rendues à leur premier état , quand elles reviennent fous la puiffance de la nation à laquelle elles appartenoient.

§. 204.
Définition du droit de poftliminie.

Le fouverain eft obligé de protéger la perfonne & les biens de fes fujets, de les défendre contre l'ennemi. Lors donc qu'un fujet, ou quelque partie de fes biens font tombés entre les mains de l'ennemi, fi quelque heureux événement les remet en la puiffance du fouverain, il n'y a nul doute qu'il ne doive les rendre à leur premier état, rétablir les perfonnes dans tous leurs droits & dans toutes leurs obligations, rendre les biens aux propriétaires , en un mot remettre toutes chofes comme elles étoient avant que l'ennemi s'en fût rendu maître.

§. 205.
Fondement de ce droit.

La juftice ou l'injuftice de la guerre n'apporte ici aucune différence ; non feulement parce que, fuivant le droit des gens volontaire, la guerre, quant à fes effets, eft réputée jufte de part & d'autre , mais encore parce que la guerre, jufte ou non, eft la caufe de la nation; & fi les fujets qui combattent , ou qui fouffrent pour elle , après être tombés, eux ou leurs biens, entre les mains de l'ennemi, fe retrou-

(*a*) Hiftoire de la confédération Helvétique, par M. ᴅᴇ Wᴀᴛᴛᴇᴡɪʟʟᴇ , Liv. III, fous l'année 1351.

vent, par un heureux accident, fous la puiſſance de leur nation, il n'y a aucune raiſon de ne pas les rétablir dans leur premier état : c'eſt comme s'ils n'euſſent point été pris. Si la guerre eſt juſte, ils avoient été pris injuſtement ; rien de plus naturel que de les rétablir dès qu'on le peut : ſi la guerre eſt injuſte, ils ne ſont pas plus obligés d'en porter la peine, que le reſte de la nation. La fortune fait tomber le mal ſur eux, quand ils ſont pris ; elles les en délivre, lorſqu'ils échappent : c'eſt encore comme s'ils n'euſſent point été pris. Ni leur ſouverain, ni l'ennemi, n'ont aucun droit particulier ſur eux ; l'ennemi a perdu par un accident ce qu'il avoit gagné par un autre.

§. 206.
Comment il a lieu.

Les perſonnes retournent, les choſes ſe recouvrent par droit de *poſtliminie*, lorſqu'ayant été priſes par l'ennemi, elles retombent ſous la puiſſance de leur nation (§. 204). Ce droit a donc lieu auſſi-tôt que ces perſonnes ou ces choſes priſes par l'ennemi tombent entre les mains des ſoldats de la même nation, ou ſe retrouvent dans l'armée, dans le camp, dans les terres de leur ſouverain, dans les lieux où il commande.

§. 207.
S'il a lieu chez les alliés.

Ceux qui ſe joignent à nous pour faire la guerre, ne font avec nous qu'un même parti ; la cauſe eſt commune, le droit eſt un ; ils ſont conſiderés comme ne faiſant qu'un avec nous. Lors donc que les perſonnes ou les choſes priſes par l'ennemi, ſont repriſes par nos alliés, par nos auxiliaires, ou retombent de quelque autre maniere entre leurs mains, c'eſt préciſément la même choſe, quant à l'effet de droit, que ſi elles ſe retrouvoient immédiatement en notre puiſſance ; la puiſſance de nos alliés & la nôtre n'étant qu'une dans cette cauſe. Le droit de *poſtliminie* a donc lieu dans les mains de ceux qui ſont la guerre avec nous ; les perſonnes & les chofes qu'ils délivrent des mains de l'ennemi, doivent être remifes dans leur premier état.

Mais ce droit a - t - il lieu dans les terres de nos alliés? Il faut diftinguer. Si ces alliés font caufe commune avec nous, s'ils font affociés dans la guerre, le droit de poftliminie a néceffairement lieu pour nous dans les terres de leur obéiffance, tout comme dans les nôtres. Car leur état eft uni au nôtre, & ne fait qu'un même parti dans cette guerre. Mais fi, comme cela fe pratique fouvent aujourd'hui, un allié fe borne à nous fournir les fecours ftipulés dans les traités fans rompre lui-même avec notre ennemi, leurs deux états continuant à obferver la paix dans leurs relations immédiates, alors les auxiliaires feuls qu'il nous envoie font participans & affociés à la guerre; fes états gardent la neutralité.

Or le droit de *poftliminie* n'a point lieu chez les peuples neutres. Car quiconque veut demeurer neutre dans une guerre, eft obligé de la confidérer, quant à fes effets, comme également jufte de part & d'autre, & par conféquent de regarder comme bien acquis tout ce qui eft pris par l'un ou l'autre parti. Accorder à l'un le droit de revendiquer les chofes enlevées par l'autre, ou le droit de *poftliminie* dans fes terres, ce feroit fe déclarer pour lui, & quitter l'état de neutralité.

§. 208.
Il n'a pas lieu chez les peuples neutres.

Naturellement toutes fortes de biens pourroient fe recouvrer par droit de *poftliminie*; & pourvu qu'on les reconnoiffe certainement, il n'y a aucune raifon intrinfeque d'en excepter les biens mobiliaires. Auffi voyons-nous que les anciens ont fouvent rendu à leurs premiers maîtres ce fortes de chofes, reprifes fur l'ennemi (*a*). Mais la difficulté de reconnoître les biens de cette nature, & les différends fans

§. 209.
Quelles chofes fe recouvrent par ce droit.

(*a*) Voyez-en plufieurs exemples dans GROTIUS, Liv. III, chap. XVI, §. 2.

nombre, qui naîtroient de leur revendication , ont fait établir généralement un ufage contraire. Joignez à cela, que le peu d’efpérance qui refte de recouvrer des effets pris par l’ennemi , & une fois conduits en lieu de fûreté , fait raifonnablement préfumer qu’ils font abandonnés par les anciens propriétaires. C’eft donc avec raifon que l’on excepte du droit de *poftliminie* les chofes mobiliaires , ou le butin , à moins qu’il ne foit repris tout de fuite à l’ennemi qui venoit de s’en faifir ; auquel cas il n’eft ni difficile à reconnoître , ni préfumé abandonné par le propriétaire. Or la coutume étant une fois reçue & bien établie , il feroit injufte d’y donner atteinte (Prélim. §. 26). Il eft vrai que les efclaves, chez les Romains , n’étoient pas traités comme les autres biens mobiliaires ; on les rendoit à leurs maîtres, par droit de *poftliminie* ,lors même qu’on ne rendoit pas le refte du butin. La raifon en eft claire ; comme il eft toujours aifé de reconnoître un efclave & de favoir à qui il y a appartenu, le maître confervant l’efpérance de le recouvrer, n’étoit pas préfumé avoir abandonné fon droit.

§. 210.
De ceux qui ne peuvent retourner par droit de poftliminie.

Les prifonniers de guerre , qui ont donné leur parole, les peuples & les villes qui fe font foumis à l’ennemi , qui lui ont promis ou juré fidélité , ne peuvent d’eux - mêmes retourner à leur premier état , par droit de *poftliminie* ; car la foi doit être gardée , même aux ennemis (§. 174).

§. 211.
Ils jouiffent de ce droit, quand ils font repris.

Mais fi le fouverain reprend ces villes , ces pays, ou ces prifonniers , qui s’étoient rendus à l’ennemi , il recouvre tous les droits qu’il avoit fur eux, & il doit les rétablir dans leur premier état (§. 205). Alors ils jouiffent du droit de *poftliminie* , fans manquer à leur parole, fans violer leur foi donnée. L’ennemi perd par les armes le droit qu’il avoit acquis par les armes. Mais il y a une diftinction à faire au fujet des prifonniers de guerre : s’ils étoient entièrement libres fur leur parole, ils ne font point délivrés par cela feul qu'ils tombent fous la puiſſance de leur nation , puiſqu'ils pouvoient même aller chez eux , ſans ceſſer d'être priſon-niers : la volonté ſeule de celui qui les a pris , ou ſa ſou-miſſion entiere , peut les dégager. Mais s'ils ont ſeulement promis de ne pas s'enfuir , promeſſe qu'ils font ſouvent pour éviter les incommodités d'une priſon , ils ne ſont tenus qu'à ne pas ſortir d'eux - mêmes des terres de l'ennemi, ou de la place qui leur eſt aſſignée pour demeure ; & ſi les troupes de leur parti viennent à s'emparer du lieu où ils habitent , ils ſont remis en liberté , rendus à leur nation & à leur premier état par le droit des armes.

Quand une ville ſoumiſe par les armes de l'ennemi eſt repriſe par celles de ſon ſouverain, elle eſt rétablie dans ſon premier état , comme nous venons de le voir , & par conſé-quent dans tous ſes droits. On demande ſi elle recouvre de cette maniere ceux de ſes biens que l'ennemi avoit aliénés lorſ-qu'il étoit le maître ? Il faut d'abord diſtinguer entre les biens mobiliaires , qui ne ſe recouvrent point par droit de *poſtlimi-nie* (§. 209), & les immeubles. Les premiers appartiennent à l'ennemi qui s'en empare , & il peut les aliéner ſans retour. Quant aux immeubles, il faut ſe ſouvenir que l'acquiſition d'une ville priſe dans la guerre, n'eſt pleine & conſommée que par le traité de paix, ou par la ſoumiſſion entiere, par la deſtruction de l'état auquel elle appartenoit (§. 197). Juſ-ques-là, il reſte au ſouverain de cette ville l'eſpérance de la reprendre , ou de la recouvrer par la paix : & du moment qu'elle retourne en ſa puiſſance , il la rétablit dans tous ſes droits (§. 205) ; par conſéquent elle recouvre tous ſes biens, autant que de leur nature ils peuvent être recouvrés. Elle reprendra donc ſes immeubles, des mains de ceux qui ſe ſont trop preſſés de les acquérir. Ils ont fait un marché ha-ſardeux , en les achetant de celui qui n'y avoit pas un droit abſolu; & s'ils font une perte, ils ont bien voulu s'y expoſer. Mais ſi cette ville avoit été cédée à l'ennemi par un traité de

§. 212.
Si ce droit s'étend à leurs biens aliénés par l'ennemi.

paix, ou fi elle étoit tombée pleinement en fa puiffance, par la foumiffion de l'état entier, le droit de *poftliminie* n'a plus de lieu pour elle; & fes biens, aliénés par le conquérant, le font validement & fans retour. Elle ne peut les réclamer, fi dans la fuite une heureufe révolution la fouftrait au joug du vainqueur. Lorfqu'ALEXANDRE fit préfent aux Theffaliens de la fomme qu'ils devoient aux Thébains (voyez ci-deffus §. 77), il étoit maître abfolu de la république de Thebes, dont il détruifit la ville & fit vendre les habitans.

Les mêmes décifions ont lieu pour les immeubles des particuliers, prifonniers ou non, aliénés par l'ennemi pendant qu'il étoit maître du pays. GROTIUS propofe la queftion (a) à l'égard des biens immeubles, poffédés en pays neutre par un prifonnier de guerre. Mais cette queftion eft nulle dans nos principes; car le fouverain qui fait un prifonnier à la guerre, n'a d'autre droit que celui de le retenir jufqu'à la fin de la guerre, ou jufqu'à ce-qu'il foit racheté (§§. 148 & fuiv.); & il n'en acquiert aucun fur fes biens, finon en tant qu'il peut s'en faifir. Il eft impoffible de trouver aucune raifon naturelle pourquoi celui qui tient un prifonnier auroit le droit de difpofer de fes biens, quand ce prifonnier ne les a pas auprès de lui.

§. 213.
Si une na-
tion qui a
été entié-
rement
conquife
peut jouir
du droit de
poftlimi-
nie.

Lorfqu'une nation, un peuple, un état a été fubjugué tout entier, on demande fi une révolution peut le faire jouir du droit de *poftliminie?* Il faut encore diftinguer les cas, pour bien répondre à cette queftion : fi cet état fubjugué n'a point encore donné les mains à fa nouvelle fujétion, s'il ne s'eft pas rendu volontairement, & s'il a feulement ceffé de réfifter, par impuiffance; fi fon vainqueur n'a point quitté l'épée de conquérant, pour prendre le fceptre d'un fouverain équitablement foumis, il eft feulement vaincu & opprimé; &

(a) Liv. III, chap. IX. §. 6.

lorfque

lorſque les armes d’un allié le délivrent, il retourne ſans doute à ſon prémier état (§. 207). Son allié ne peut devenir ſon conquérant; c’eſt un libérateur, qu’il eſt ſeulement obligé de récompenſer. Que ſi le dernier vainqueur, n’étant point allié de l’état dont nous parlons, prétend le retenir ſous ſes loix comme un prix de ſa victoire, il ſe met à la place du premier conquérant, & devient l’ennemi de l’état opprimé par celui-ci : cet état peut lui réſiſter légitimement, & profiter d’une occaſion favorable, pour recouvrer ſa liberté. S’il avoit été opprimé injuſtement, celui qui l’arrache au joug de l’oppreſſeur, doit le rétablir généreuſement dans tous ſes droits (§. 203).

La queſtion change à l’égard d’un état qui s’eſt rendu volontairement au vainqueur. Si les peuples, traités non plus en ennemis, mais en vrais ſujets, ſe ſont ſoumis à un gouvernement légitime, ils relevent déſormais d’un nouveau ſouverain, ou ils ſont incorporés à l’état conquérant; ils en font partie, ils ſuivent ſa deſtinée. Leur ancien état eſt abſolument détruit; toutes ſes relations, toutes ſes alliances expirent (Liv. II, §. 203). Quel que ſoit donc le nouveau conquérant qui ſubjugue dans la ſuite l’état auquel ces peuples ſont unis, ils ſubiſſent le ſort de cet état, comme la partie ſuit le ſort du tout. C’eſt ainſi que les nations en ont uſé dans tous les tems; je dis les nations même juſtes & équitables ſur - tout à l’égard d’une conquête ancienne. Les plus modérés ſe bornent à remettre en liberté un peuple nouvellement ſoumis, qu’ils ne jugent pas encore parfaitement incorporé, ni bien uni d’inclination à l’état qu’ils ont vaincu.

Si ce peuple ſecoue le joug lui - même, & ſe remet en liberté, il rentre dans tous ſes droits, il retourne à ſon prémier état, & les nations étrangeres ne ſont point en droit de juger s’il s’eſt ſouſtrait à une autorité légitime, ou s’il a

Tome II.   X

rompu fes fers. Ainfi le royaume de Portugal, qui avoit été envahi par Philippe II, roi d'Efpagne, fous couleur d'un droit héréditaire, mais en effet par la force ou par la terreur des armes, rétablit fa couronne indépendante, rentra dans fes anciens droits quand il chaffa les Efpagnols, & mit fur le trône le duc de Bragance.

§. 214.
Du droit de poftliminie pour ce qui eft rendu à la paix.

Les provinces, les villes & les terres que l'ennemi rend par le traité de paix, jouiffent fans doute du droit de *poftliminie ;* car le fouverain doit les rétablir dans leur premier état, dès qu'elles retournent en fa puiffance (§. 205), de quelque façon qu'il les recouvre. Quand l'ennemi rend une ville à la paix, il renonce au droit que les armes lui avoient acquis : c'eft comme s'il ne l'eût jamais prife. Il n'y a là aucune raifon qui puiffe difpenfer le fouverain de la remettre dans fes droits, dans fon premier état.

§. 215.
Et à l'égard de ce qui eft cédé à l'ennemi.

Mais tout ce qui eft cédé à l'ennemi par le traité de paix, eft véritablement & pleinement aliéné. Il n'a plus rien de commun avec le droit de *poftliminie ,* à moins que le traité de paix ne foit rompu & annullé.

§. 216.
Le droit de poftliminie n'a plus lieu après la paix.

Et comme les chofes dont le traité de paix ne dit rien, reftent dans l'état où elles fe trouvent au moment que la paix eft conclue, & font tacitement cédées de part ou d'autre à celui qui les poffede, difons en général que le droit de poftliminie n'a plus lieu après la paix conclue. Ce droit eft entiérement relatif à l'état de guerre.

§. 217.
Pourquoi il a toujours lieu pour les prifonniers.

Cependant, & par cette raifon même, il y a ici une exception à faire en faveur des prifonniers de guerre. Leur fouverain doit les délivrer à la paix (§. 154). S'il ne le peut, fi le fort des armes le force à recevoir des conditions dures & iniques, l'ennemi, qui devroit relâcher les prifonniers lorfque la guerre eft finie, lorfqu'il n'a plus rien à craindre d'eux (§§. 150 & 153), continue avec eux l'état de guerre s'il les retient en captivité, & fur-tout s'il les réduit en efclavage (§. 152). Ils font donc en droit de fe tirer de fes mains s'ils en ont les moyens, & de revenir dans leur patrie tout comme en tems de guerre , puifque la guerre continue à leur égard : & alors le fouverain , qui doit les protéger , eft obligé de les rétablir dans leur premier état (§. 205).

Difons plus : ces prifonniers, retenus après la paix, fans raifon légitime, font libres, dès qu'échappés de leur prifon, ils fe trouvent en pays neutre. Car des ennemis ne peuvent être pourfuivis & arrêtés en pays neutre (§. 132); & celui qui retient après la paix un prifonnier innocent, perfifte à être fon ennemi. Cette regle doit avoir & a effectivement lieu entre les nations chez lefquelles l'efclavage des prifonniers de guerre n'eft point reçu & autorifé.

§. 218. Ils font libres même, s'ils fe fauvent dans un pays neutre.

Il eft affez clair, par tout ce que nous venons de dire , que les prifonniers de guerre doivent être confidérés comme des citoyens qui peuvent revenir un jour dans la patrie; & lorfqu'ils reviennent, le fouverain eft obligé de les rétablir dans leur premier état. De là il fuit évidemment que les droits de ces prifonniers, & les obligations auxquelles ils font aftreints, ou les droits d'autrui fur eux , fubfiftent dans leur entier, & demeurent feulement fufpendus, pour la plupart, quant à leur exercice, pendant le tems de la prifon.

§. 219. Comment les droits & les obligations des prifonniers fubfiftent.

Le prifonnier de guerre conferve donc le droit de difpofer de fes biens , & en particulier d'en difpofer à caufe de mort ; & comme il n'y a rien dans fon état de captivité , qui puiffe lui ôter l'exercice de fon droit à ce dernier égard, le teftament d'un prifonnier de guerre doit valoir dans fa patrie, fi aucun vice inhérent ne le rend caduc.

§. 220. Du teftament d'un prifonnier de guerre.

Chez les nations qui ont rendu le mariage indiffoluble, ou qui l'établiffent pour la vie, à moins qu'il ne foit

§. 221. Du mariage.

X 2

diffous par le juge, le lien fubfifte, malgré la captivité de l'un des conjoints ; & celui-ci, de retour chez lui, rentre dans tous fes droits matrimoniaux , par droit de *poftliminie*.

§ 222.
De ce qui
eft établi
par rapport
au droit de
poftlimi-
nie, par les
traités, ou
par la cou-
tume.

Nous n'entrons point ici dans le détail de ce qui eft établi, à l'égard du droit de *poftliminie*, par les loix civiles de quelques peuples. Obfervons feulement, que ces réglemens particuliers n'obligent que les fujets de l'état, & n'ont aucune force contre les étrangers. Nous ne touchons pas non plus à ce qui eft réglé dans les traités : ces conventions particulieres établiffent un droit pactice, qui ne regarde que les contractans. Les coutumes introduites par un long & conftant ufage, lient les peuples qui y ont donné un confentement tacite, & doivent être refpectées quand elles n'ont rien de contraire à la loi naturelle. Mais celles qui donnent atteinte à cette loi facrée, font vicieufes & fans force. Loin de fe conformer à de pareilles coutumes, toute nation eft obligée de travailler à les faire abolir. Chez les Romains le droit de *poftliminie* avoit lieu, même en pleine paix, à l'égard des peuples avec lefquels Rome n'avoit *ni liaifons d'amitié, ni droit d'hofpitalité, ni alliance* (a). C'eft que ces peuples-là, ainfi que nous l'avons déjà obfervé, étoient regardés en quelque façon comme ennemis. Des mœurs plus douces ont aboli prefque par-tout ce refte de barbarie.

CHAPITRE XV.
Du droit des particuliers dans la guerre.

§. 223.
Les fujets
ne peuvent
commettre
des hoftili-
tés fans or-
dre du fou-
verain.

LE droit de faire la guerre, comme nous l'avons montré dans le chapitre I de ce livre, appartient uniquement à la puiffance fouveraine. Non-feulement c'eft à elle de dé-

(a) DIGEST. Lib. XLIX, *de capt. & poftlim.* Leg. V , §. 2.

cider s'il convient d'entependre la guerre, & de la déclarer ;
il lui appartient encore d'en diriger toutes les opérations,
comme des chofes de la derniere importance pour le falut de
l'état. Les fujets ne peuvent donc agir ici d'eux - mémes,
& 'il ne leur eft pas permis de commettre aucune hoftilité,
fans ordre du fouverain. Bien entendu que la défenfe de
foi-même n'eft pas comprife ici fous le terme d'hoftilités.
Un fujet peut bien repouffer la violence même d'un conci-
toyen quand le fecours du magiftrat lui manque, à plus forte
raifon pourra - t - il fe défendre contre l'attaque inopinée des
étrangers.

L'ordre du fouverain, qui commande les actes d'hoftilité, & qui donne le droit de les commettre, eft ou général,
ou particulier. La déclaration de guerre, qui commande à
tous les fujets *de courir fus aux fujets de l'ennemi*, porte un
ordre général. Les généraux, les officiers, les foldats, les
armateurs & les partifans, qui ont des commiffions du
fouverain, font la guerre en vertu d'un ordre particulier.

§. 224.
Cet ordre
peut étre
général ou
particulier.

Mais fi les fujets ont befoin d'un ordre du fouverain pour
faire la guerre, c'eft uniquement en vertu des loix effentielles
à toute fociété politique, & non par l'effet de quelque obligation relative à l'ennemi. Car dès le moment qu'une nation prend les armes contre une autre, elle fe déclare ennemie de tous les individus qui compofent celle-ci, & les autorife à la traiter comme telle. Quel droit auroit - elle de fe
plaindre des hoftilités que des particuliers commettroient
contre elle fans ordre de leur fupérieur? La regle dont nous
parlons fe rapporte donc au droit public général, plutôt qu'au
droit des gens proprement dit, ou aux principes des obligations réciproques des nations.

§. 225.
Source de
la neceffité
d'un pareil
ordre.

A ne confidérer que le droit des gens en lui-même', dès
que deux nations font en guerre, tous les fujets de l'une
peuvent agir hoftilement contre l'autre, & lui faire tous les

§. 226.
Pourquoi
le droit des
gens a dû
adopter
cette regle,

maux autorifés par l'état de guerre. Mais fi deux nations
fe choquoient ainfi de toute la maffe de leurs forces, la guerre
deviendroit beaucoup plus cruelle & plus deftruétive, il feroit difficile qu'elle finît autrement que par la ruine entiere
de l'un des partis. Et l'exemple des guerres anciennes le
prouve de refte : on peut fe rappeller les premieres guerres de
Rome, contre les républiques populaires qui l'environnoient.
C'eft donc avec raifon que l'ufage contraire a paffé en coutume chez les nations de l'Europe, au moins chez celles qui
entretiennent des troupes réglées ou des milices fur pied.
Les troupes feules font la guerre, le refte du peuple demeure en repos. Et la néceffité d'un ordre particulier eft fi
bien établie, que lors même que la guerre eft déclarée entre deux nations, fi des payfans commettent d'eux - mêmes
quelques hoftilités, l'ennemi les traite fans ménagement,
& les fait pendre, comme il feroit des voleurs ou des brigands. Il en eft de même de ceux qui vont en courfe fur mer :
une commiffion de leur prince, ou de l'amiral, peut feule les
affurer, s'ils font pris, d'être traités comme des prifonniers
faits dans une guerre en forme.

§. 227.
A quoi fe
réduit l'or-
dre général
de *courir*
fus.

Cependant on voit encore, dans les déclaration sde guerre,
l'ancienne formule, qui ordonne à tous les fujets, non-feulement de rompre tout commerce avec les ennemis, mais de
leur *courir fus.* L'ufage interprete cet ordre général. Il
autorife , à la vérité, il oblige même tous les fujets, de
quelque qualité qu'ils foient, à arréter les perfonnes & les
chofes appartenantes à l'ennemi, quand elles tombent entre
leurs mains ; mais il ne les invite point à entreprendre
aucune expédition offenfive, fans commiffion, ou fans ordre
particulier.

§. 228.
De ce que
les particu-
liers peu-
vent entre-

Cependant il eft des occafions où les fujets peuvent
préfumer raifonnablement la volonté de leur fouverain, &
agir en conféquence de fon commandement tacite. C'eft

ainſi que , malgré l'uſage qui réſerve communément aux troupes les opérations de la guerre, ſi la bourgeoiſie d'une place forte priſe par l'ennemi ne lui a point promis ou juré la ſoumiſſion, & qu'elle trouve une occaſion favorable de ſurprendre la garniſon & de remettre la place ſous le loix du ſouverain , elle peut hardiment préſumer que le prince approuvera cette généreuſe entrepriſe. Et qui oſera la condamner? Il eſt vrai que ſi cette bourgeoiſie manque ſon coup , l'ennemi la traitera avec beaucoup de rigueur. Mais cela ne prouve point que l'entrepriſe ſoit illégitime, ou contraire au droit de la guerre. L'ennemi uſe de ſon droit, du droit des armes, qui l'autoriſe à employer juſqu'à un certain point la terreur, pour empêcher que les ſujets du ſouverain à qui il fait la guerre, ne ſe haſardent facilement à tenter de ces coups hardis, dont le ſuccès pourroit lui devenir funeſte. Nous avons vu , dans la derniere guerre , le peuple de Genes prendre tout-à-coup les armes de lui même & chaſſer les Autrichiens de la ville. La république célebre chaque année la mémoire d'un événement qui la remit en liberté.

prendre ſur la préſomption de la volonté du ſouverain,

Les armateurs , qui équippent à leurs frais des vaiſſeaux pour aller en courſe, acquierent la propriété du butin , en récompenſe de leurs avances & des périls qu'ils courent ; & ils l'acquierent par la conceſſion du ſouverain, qui leur délivre des commiſſions. Le ſouverain leur cede ou le butin entier, ou une partie; cela dépend de l'eſpece de contrat qu'il fait avec eux.

§. 229. Des armateurs.

Les ſujets n'étant pas obligés de peſer ſcrupuleuſement la juſtice de la guerre, qu'ils ne ſont pas toujours à portée de bien connoître, & ſur laquelle, en cas de doute, ils doivent s'en rapporter au jugement du ſouverain (§. 187), il n'y a nul doute qu'ils ne puiſſent en bonne conſcience ſervir leur patrie, en armant des vaiſſeaux pour la courſe, à moins que la guerre ne foit évidemment injufte. Mais au contraire, c'eft pour des étrangers un métier honteux, que celui de prendre des commiffions d'un prince, pour pirater fur une nation abfolument innocente à leur égard. La foif de l'or eft le feul motif qui les y invite ; & la commiffion qu'ils reçoivent, en les affurant de l'impunité, ne peut laver leur infamie. Ceux-là feuls font excufables, qui affiftent de cette maniere une nation dont la caufe eft indubitablement jufte, qui n'a pris les armes que pour fe garantir de l'oppreffion : ils feroient même louables, fi la haine de l'oppreffion, fi l'amour de la juftice, plutôt que celui du gain, les excitoit à de généreux efforts, à expofer aux hafards de la guerre leur vie, ou leur fortune.

§. 230.
Des volontaires.

Le noble but de s'inftruire dans le métier de la guerre, & de fe rendre ainfi plus capable de fervir utilement la patrie, a établi l'ufage de fervir comme volontaire, même dans des armées étrangeres ; & une fin fi louable juftifie fans doute cet ufage. Les volontaires font traités aujourd'hui par l'ennemi qui les fait prifonniers, comme s'ils étoient attachés à l'armée dans laquelle ils combattent. Rien n'eft plus jufte. Ils s'uniffent de fait à cette armée, ils foutiennent la même caufe ; peu importe que ce foit en vertu de quelque obligation, ou par l'effet d'une volonté libre.

§. 231.
De ce que peuvent faire les foldats & les fubalternes.

Les foldats ne peuvent rien entreprendre fans le commandement, exprès ou tacite, de leurs officiers ; car ils font faits pour obéir & exécuter, & non pour agir de leur chef; ils ne font que des inftrumens dans la main de leurs commandans. On fe rappellera ici ce que nous entendons par un ordre tacite ; c'eft celui qui eft néceffairement compris dans un ordre exprès, ou dans les fonctions commifes par un fupérieur. Ce qui eft dit des foldats doit s'entendre à proportion des officiers & de tous ceux qui ont quelque commandement fubalterne. On peut donc, à l'égard des chofes

dont

dont le foin ne leur eft point commis, comparer les uns & les autres aux fimples particuliers, qui ne doivent rien entreprendre fans ordre. L'obligation des gens de guerre eft même beaucoup plus étroite ; car les loix militaires défendent expreffément d'agir fans ordre : & cette difcipline eft fi néceffaire, qu'elle ne laiffe prefque aucun lieu à la préfomption. A la guerre, une entreprife qui paroîtra fort avantageufe, & d'un fuccès prefque certain, peut avoir des fuites funeftes ; il feroit dangereux de s'en rapporter au jugement des fubalternes, qui ne connoiffent pas toutes les vues du général, & qui n'ont pas fes lumieres; il n'eft pas à préfumer que fon intention foit de les laiffer agir d'eux-mêmes. Combattre fans ordre, c'eft prefque toujours, pour un homme de guerre, combattre contre l'ordre exprès, ou contre la défenfe. Il ne refte donc guere que le cas de la défenfe de foi - même, où les foldats & fubalternes puiffent agir fans ordre. Dans ce cas, l'ordre fe préfume avec fûreté; ou plutôt le droit de défendre fa perfonne de toute violence, appartient naturellement à chacun, & n'a befoin d'aucune permiffion. Pendant le fiege de Prague, dans la derniere guerre, des grenadiers François, fans ordre & fans officiers, firent une fortie, s'emparerent d'une batterie, enclouerent une partie du canon, & emmenerent l'autre dans la place. La févérité romaine les eût punis de mort. On connoît le fameux exemple du conful MANLIUS (*a*), qui fit mourir fon propre fils victorieux, parce qu'il avoit combattu fans ordre. Mais la différence des tems & des mœurs oblige un général à tempérer cette févérité. M. le maréchal DE BEL-LISLE réprimanda en public ces braves grenadiers ; mais il leur fit diftribuer fous main de l'argent, en récompenfe de leur courage & de leur bonne volonté. Dans un autre fiege fameux de la même guerre, au fiege de Coni, les foldats de quelques bataillons logés dans les foffés, firent d'eux-mêmes,

(*a*) TIT. LIV. Lib. VIII, cap. 7.

en l'abfence des officiers, une fortie vigoureufe, qui leur réuffit. M. le Baron DE LEUTRUM fut obligé de pardonner cette faute, pour ne pas éteindre une ardeur qui faifoit toute·la fûreté de fa place. Cependant il faut, autant qu'il eft poffible, réprimer cette impétuofité défordonnée ; elle peut devenir funefte. AVIDIUS - CASSIUS punit de mort quelques officiers de fon armée & qui étoient allés fans ordre, avec une poignée de monde, furprendre un corps de 3000 hommes, & l'avoient taillé en pieces. Il juftifia cette rigueur, en difant *qu'il pouvoit fe faire qu'il y eût une embufcade* : dicens *evenire potuiffe ut effent infidiæ, &c.* (a)

§. 232.
Si l'état doit dédommager les fujets des pertes qu'ils ont fouffertes par la guerre.

L'état doit - il dédommager les particuliers des pertes qu'ils ont fouffertes dans la guerre? On peut voir dans GROTIUS (b) que les auteurs fe font partagés fur cette queftion. Il faut diftinguer ici deux fortes de dommages; ceux que caufe l'état, ou le fouverain lui - même, & ceux que fait l'ennemi. De la premiere efpèce, les uns font caufés librement & par précaution, comme quand on prend le champ, la maifon, ou le jardin d'un particulier, pour y conftruire le rempart d'une ville, ou quelque autre piece de fortification ; quand on détruit fes moiffons, ou fes magafins, dans la crainte que l'ennemi n'en profite. L'état doit payer ces fortes de dommages au particulier, qui n'en doit fupporter que fa *quote - part*. Mais d'autres dommages fort caufés par une néceffité inévitable : tels font, par exemple, les ravages de l'artillerie, dans une ville que l'on reprend fur l'ennemi. Ceux - ci font des accidens, des maux de la fortune pour les propriétaires fur qui ils tombent. Le fouverain doit équitablement y avoir égard, fi l'état de fes affaires le lui permet ; mais on n'a point d'action contre l'état, pour des malheurs de cette nature, pour des pertes qu'il n'a point

(a) VULCATIUS GALLICAN cité par GROTIUS, Liv. III, ch. XVIII, §. I, not. 6.
(b) Liv. III, chap. XX, §. 8.

cauſées librement, mais par néceſſité & par accident, en uſant de ſes droits. J'en dis autant des dommages cauſés par l'ennemi. Tous les ſujets ſont expoſés à ces dommages : malheur à celui ſur qui ils tombent! On peut bien, dans une ſociété, courir ce riſque pour les biens, puiſqu'on le court pour la vie. Si l'état devoit à rigueur dédommager tous ceux qui perdent de cette maniere, les finances publiques ſeroient bientôt épuiſées ; il faudroit que chacun contribuât du ſien, dans une juſte proportion : ce qui ſeroit impraticable. D'ailleurs ces dédommagemens ſeroient ſujets à mille abus, & d'un détail effrayant. Il eſt donc à préſumer que ce n'a jamais été l'intention de ceux qui ſe ſont unis en ſociété.

Mais il très-conforme aux devoirs de l'état & du ſouverain, & très-équitable par conſéquent, très-juſte même, de ſoulager autant qu'il ſe peut les infortunés que les ravages de la guerre ont ruinés, de même que de prendre ſoin d'une famille dont le chef & le ſoutien a perdu la vie pour le ſervice de l'état. Il eſt bien des dettes ſacrées pour qui connoît ſes devoirs, quoiqu'elles ne donnent point d'action contre lui (*a*).

(*a*) C'eſt en général un devoir indiſpenſable pour tout ſouverain, de prendre les meſures les plus efficaces pour empêcher que ſes ſujets qui ſont en guerre n'en ſouffrent que le moins poſſible, bien loin de les expoſer volontairement à de plus grands maux. Pendant les guerres des Pays-Bas, Philippe II défendit de rendre ou d'échanger les priſonniers de guerre. Il défendit aux payſans, ſous peine de mort, de payer des contributions pour ſe racheter de l'incendie & du pillage ; & il interdit ſous les mêmes peines les ſauve-gardes. Les états généraux oppoſerent de très-ſages meſures à cette barbare ordonnance. Ils publierent un édit dans lequel, après avoir repréſenté les ſuites funeſtes de la barbarie Eſpagnole, ils exhortoient les Flamands à penſer à leur conſervation, & menaçoient d'uſer de repréſailles contre ceux qui obéiroient au cruel édit de Philippe. Par là ils mirent fin aux horreurs qu'il avoit cauſées.

CHAPITRE XVI.

De diverſes conventions qui ſe font dans le cours de la guerre.

§. 233.
De la treve
& de la
ſuſpenſion
d'armes.

LA guerre deviendroit trop cruelle & trop funeſte, ſi tout commerce étoit abſolument rompu entre ennemis. Il reſte encore, ſuivant la remarque de GROTIUS (*a*), des *commerces de guerre*, comme VIRGILE (*b*) & TACITE (*c*) les appellent. Les occurrences, les événemens de la guerre obligent les ennemis à faire entr'eux diverſes conventions. Comme nous avons traité en général de la foi qui doit être gardée entre ennemis, nous ſommes diſpenſés de prouver ici l'obligation de remplir avec fidélité ces conventions, faites pendant la guerre : il nous reſte à en expliquer la nature. On convient quelquefois de ſuſpendre les hoſtilités pour un certain tems : ſi cette convention eſt faite ſeulement pour un terme fort court, & pour quelque lieu en particulier, on l'appelle *ceſſation* ou *ſuſpenſion d'armes*. Telles ſont celles qui ſe font pour enterrer les morts après un aſſaut ou après un combat, & pour un pourparler, pour une conférence entre les chefs ennemis. Si l'accord eſt pour un tems plus conſidérable, & ſur-tout s'il eſt général, on l'appelle plus particuliérement du nom de *treve*. Pluſieurs ſe ſervent indifféremment de l'une ou de l'autre de ces expreſſions.

§. 234.
Elle ne
finit point
la guerre.

La *treve*, ou la *ſuſpenſion d'armes*, ne termine point la guerre ; elle en ſuſpend ſeulement les actes.

(*a*) Liv. III, chap. XXI, §. 1.

(*b*) ------- *Belli commercia Turnus*
    Suſtulit iſta prior ------- Æneid. X, v. 532.

(*c*) Annal. Lib. XIV, cap. 33.

La treve eſt particuliere , ou univerſelle. Dans la pre- §. 235.
miere , les hoſtilités ceſſent ſeulement en certains lieux, com- La treve
me entre une place & l'armée qui en fait le ſiege. La ſeconde eſt particu-
les fait ceſſer généralement & en tous lieux , entre les deux univer-
puiſſances qui ſont en guerre. On pourroit encore diſtinguer ſelle.
des treves particulieres , par rapport aux actes d'hoſtilité , ou
aux perſonnes ; c'eſt-à-dire , que l'on peut convenir de s'abſtenir pour un tems de certaine eſpece d'hoſtilités , ou que
deux corps d'armée peuvent arrêter entr'eux une treve ou
ſuſpenſion d'armes , ſans rapport à aucun lieu.

Quand une treve générale eſt à longues années , elle §. 236.
ne differe guere de la paix , ſinon en ce qu'elle laiſſe indé- Treve gé-
ciſe la queſtion qui fait le ſujet de la guerre. Lorſque deux longues
nations ſont laſſes de la guerre , ſans pouvoir convenir ſur années.
ce qui forme leurs différends , elles ont recours à cette eſpece
d'accord. C'eſt ainſi qu'il ne s'eſt fait communément, au lieu
de paix , que des treves à longues années, entre les Chrétiens & les Turcs; tantôt par un faux eſprit de religion ,
tantôt parce que ni les uns ni les autres n'ont voulu ſe reconnoître réciproquement pour maîtres légitimes de leurs
poſſeſſions reſpectives.

Pour qu'un accord ſoit valide , il faut qu'il ſoit fait avec §. 237.
un pouvoir ſuffiſant. Tout ce qui ſe fait à la guerre eſt fait accords
en l'autorité de la puiſſance ſouveraine , qui ſeule a le droit peuvent
& d'entreprendre la guerre & d'en diriger les opérations clus.
(§. 4). Mais il eſt impoſſible qu'elle exécute tout par elle-
même ; il faut néceſſairement qu'elle communique une partie
de ſon pouvoir à ſes miniſtres & officiers. Il s'agit de ſavoir
quelles ſont les choſes dont le ſouverain ſe réſerve la diſpoſition , & quelles on préſume naturellement qu'il confie
aux miniſtres de ſes volontés , aux généraux & autres officiers à la guerre. Nous avons établi & expliqué ci-deſſus
(Liv. II, §. 207) le principe qui doit ſervir ici de regle

générale. S'il n'y a point de mandement fpécial du fouverain, celui qui commande en fon nom eft cenfé revêtu de tous les pouvoirs néceffaires pour l'exercice raifonnable & falutaire de fes fonctions , pour tout ce qui eft une fuite naturelle de fa commiffion ; le refte eft réfervé au fouverain , qu'on ne préfume point avoir communiqué de fon pouvoir au - delà de ce qui eft néceffaire pour le bien des affaires. Suivant cette regle, la treve générale ne peut être conclue & arrêtée que par le fouverain lui-même, ou par celui à qui il en a expreffément donné le pouvoir. Car il n'eft point néceffaire, pour le fuccès des opérations, qu'un général foit revêtu d'une autorité fi étendue. Elle pafferoit les termes de fes fonctions , qui font de diriger les opérations de la guerre là où il commande, & non de régler les intérêts généraux de l'état. La conclu-fion d'une treve générale eft une chofe fi importante, que le fouverain eft toujours cenfé fe l'être réfervée. Un pouvoir fi étendu ne convient qu'au gouverneur ou vice - roi d'un pays éloigné, pour les états qu'il gouverne ; encore, fi la treve eft à longues annés, eft-il naturel de préfumer qu'elle a befoin de la ratification du fouverain. Les confuls & au-tres généraux Romains pouvoient accorder des treves géné-rales pour le tems de leur commandement ; mais fi ce tems étoit confidérable, ou s'ils étendoient la treve plus loin , la ratification du fénat & du peuple y étoit néceffaire. Une treve même particuliere, mais pour un long tems, femble encore paffer le pouvoir ordinaire d'un général ; il ne peut la conclure que fous réferve de la ratification.

Mais pour ce qui eft des treves particulieres, pour un terme court, il eft fouvent néceffaire, prefque toujours con-venable, que le général ait le pouvoir de les conclure : né-ceffaire, toutes les fois qu'on ne peut attendre le confente-ment du prince, convenable dans les occafions où la treve ne tend qu'à épargner le fang, & ne peut tourner qu'au commun avantage des contractans. On préfume donc naturellement que le général, ou le commandant en chef, eſt revêtu de ce pouvoir. Ainſi le gouverneur d'une place & le général aſſiégeant peuvent arrêter des ceſſations d'armes pour enterrer les morts, pour entrer en pourparler; ils peuvent même convenir d'une treve de quelques mois, à condition que la place ſe rendra, ſi elle n'eſt pas ſecourue dans ce terme, &c. De pareilles conventions ne tendent qu'à adoucir les maux de la guerre, & ne peuvent probablement cauſer de préjudice à perſonne.

Toutes ces treves & ſuſpenſions d'armes ſe concluent par l'autorité du ſouverain, qui conſent aux unes immédiatement, & aux autres par le miniſtere de ſes généraux & officiers; elles engagent ſa foi, & il doit veiller à leur obſervation.

§. 238.
Ils engagent la foi du ſouverain.

La treve oblige les parties contraƈtantes, dès le moment qu'elle eſt conclue. Mais elle ne peut avoir force de loi, à l'égard des ſujets de part & d'autre, que quand elle a été ſolemnellement publiée : & comme une loi inconnue ne ſauroit impoſer d'obligation, la treve ne lie les ſujets qu'à meſure qu'elle leur eſt duement notifiée. De ſorte que, ſi avant qu'ils aient pu en avoir une connoiſſance certaine, ils commettent quelque choſe de contraire, quelque hoſtilité, on ne peut les punir. Mais comme le ſouverain doit remplir ſes promeſſes, il eſt obligé de faire reſtituer les priſes faites depuis le moment où la treve a dû commencer. Les ſujets qui ne l'ont pas obſervée, faute de la connoître, ne ſont tenus à aucun dédommagement, non plus que leur ſouverain, qui n'a pu la leur notifier plutôt. C'eſt un accident où il n'y a ni de ſa faute, ni de la leur. Un vaiſſeau ſe trouvant en pleine mer lors de la publication d'un treve, rencontre un vaiſſeau ennemi & le coule à fond : comme il n'eſt coupable de rien, il ne peut être tenu du dommage. S'il a pris ce vaiſſeau, il eſt ſeulement obligé à

§. 239.
Quand la treve commence à obliger.

le rendre, ne pouvant le retenir contre la treve. Mais ceux qui, par leur faute, ignoreroient la publication de la treve, feroient tenus à réparer le dommage qu’ils auroient caufé contre fa teneur. La faute fimple, & fur-tout la faute légere, peut bien éviter, jufqu’à un certain point, la punition , & certainement elle ne mérite pas la même peine que le dol ; mais elle ne difpenfe point de la réparation du dommage. Afin d’éviter autant qu’il fe peut toute difficulté, les fouverains ont coutume, dans les treves, comme dans les traités de paix, de fixer des termes différens, fuivant la fituation & la diftance des lieux, pour la ceffation des hoftilités.

§. 240.
Publica-
tion de la
treve.

Puifque la treve ne peut obliger les fujets fi elle ne leur eft connue, elle doit] être folemnellement publiée dans tous les lieux où l’on veut qu’elle foit obfervée.

§. 241.
Des actions
des fujets
contre la
treve.

Si des fujets, gens de guerre, ou fimples particuliers, donnent atteinte à la treve, la foi publique n’eft point violée, ni la treve rompue pour cela. Mais les coupables doivent être contraints à la réparation complette du dommage, & punis févérement. Le fouverain, refufant de faire juftice fur les plaintes de l’offenfé , prendroit part lui-même à la faute, & violeroit la treve.

§. 242.
Violation
de la treve.

Or fi, l’un des contractans, ou quelqu’un par fon ordre, ou feulement avec fon confentement, vient à commettre quelque acte contraire à la treve, il fait injure à l’autre partie contractante ; la treve eft rompue, & la partie léfée peut courir inceffamment aux armes, non feulement pour reprendre les opérations de la guerre, mais encore pour venger la nouvelle injure qu’elle vient de recevoir.

§. 243.
Du cas où
l’on eft
convenu
d’une pei-
ne pour
l’infracteur.

Cependant on convient quelquefois d’une peine que fubira l’infracteur de la treve, & alors la treve n’eft pas rompue tout de fuite à la premiere infraction. Si la partie coupable

pable se soumet à la peine & répare le dommage, la treve subsiste : l'offensé n'a rien à prétendre de plus. Que si l'on est convenu d'une alternative, savoir, qu'en cas d'infraction le coupable subira une certaine peine, ou que la treve sera rompue, c'est à la partie lésée de choisir si elle veut exiger la peine, ou profiter du droit de reprendre les armes. Car si l'infracteur avoit le choix, la stipulation de l'alternative seroit vaine, puisqu'en refusant de subir la peine stipulée simplement, il romproit l'accord & donneroit par-là à l'offensé le droit de reprendre les armes. D'ailleurs, dans des clauses de sûreté, comme celle-là, on ne présume point que l'alternative soit mise en faveur de celui qui manque à ses engagemens, & il seroit même ridicule de supposer qu'il se réserve l'avantage de rompre par son infraction, plutôt que de subir la peine ; il n'a qu'à rompre tout simplement. La clause pénale n'est destinée qu'à éviter que la treve ne soit rompue si facilement, & elle ne peut être mise avec l'alternative que pour ménager à la partie lésée le droit de rompre, si elle le juge à propos, un accord où la conduite de son ennemi lui montre peu de sûreté.

Il est nécessaire de bien déterminer le tems de la treve afin qu'il n'y ait ni doute, ni contestation, sur le moment où elle commence & celui où elle finit. La langue françoise, extrêmement claire & précise pour qui sait la parler, offre des expressions à l'épreuve de la chicane la plus raffinée. Avec les mots *inclusivement* & *exclusivement*, on évite toute l'ambiguité qui peut se trouver dans la convention à l'égard des deux termes de la treve, de son commencement & de sa fin. Par exemple, si l'on dit que la treve durera depuis le premier de mars inclusivement, jusqu'au 15 d'avril aussi inclusivement, il ne reste aucun doute : au lieu que si l'on eût dit simplement, du premier mars au 15 d'avril, il y auroit lieu de disputer si ces deux jours, qui servent de termes, sont compris ou non dans la treve. En effet, les auteurs se

§. 244. Du tems de la tre-ve.

partagent fur cette queftion. A l'égard du premier de ces deux jours, il paroît indubitable qu'il eft compris dans la treve; car fi l'on convient qu'il y aura treve depuis le premier de mars, cela veut dire naturellement, que les hoftilités cefferont le premier de mars. Il y a un peu plus de doute à l'égard du dernier jour; l'expreffion *jufques* femblant le féparer du tems de l'armiftice. Cependant, comme on dit fouvent, *jufques & compris* un tel jour, le mot *jufques* n'eft pas néceffairement exclufif, fuivant le génie de la langue : & comme la treve, qui épargne le fang humain, eft fans-doute une matiere favorable, le plus fûr eft peut-être d'y comprendre le jour même du terme. Les circonftances peuvent auffi fervir à déterminer le fens. Mais on a grand tort de ne pas ôter toute équivoque, quand il n'en coûte pour cela qu'un mot de plus.

Le mot de *jour* doit s'entendre d'un jour naturel dans les conventions de nation à nation; car c'eft en ce fens que le *jour* leur fert de commune mefure : la maniere de compter par jours civils, vient du droit civil de chaque peuple, & varie felon les pays. Le jour naturel commence au lever du foleil, & fa durée eft de vingt-quatre heures, ou d'une révolution diurne du foleil. Si donc l'on convient d'une treve de cent jours, à commencer au premier de mars, la treve commence au lever du foleil le premier de mars, & elle doit durer cent jours de vingt - quatre heures chacun. Mais comme le foleil ne fe leve pas toute l'année à la même heure, pour ne pas donner dans la minutie & dans une chicane indigne de la bonne - foi qui doit régner dans ces fortes de conventions, il faut fans doute entendre que la treve finit au lever du foleil, comme elle a commencé. Le terme d'un jour s'entend d'un foleil à l'autre, fans chicaner fur quelques momens dont fon lever avance ou retarde. Celui qui, ayant fait une treve de cent jours, à commencer au 21 de juin, où le foleil fe leve environ à quatre heures, prendroit les armes à cette même heure, le jour que la treve doit finir & furprendroit fon ennemi, avant le lever du foleil, cet homme fans doute feroit regardé comme un chicaneur fans foi.

Si l'on n'a point marqué de terme pour le commencement de la treve, comme elle oblige les contractans auffi-tôt qu'elle eft conclue (§. 239), ils doivent la faire inceffamment publier, pour qu'elle foit obfervée. Car elle n'oblige les fujets que du moment qu'elle eft duement publiée relativement à eux (*ibid*) : & elle ne commence à courir que du moment de la premiere publication, à moins qu'on ne foit autrement convenu.

L'effet général de la treve eft de faire ceffer abfolument toute hoftilité; & pour éviter toute difpute fur les actes qui méritent ce nom, la regle générale eft : que chacun, pendant la treve, peut faire chez foi, dans les lieux dont il eft maître, tout ce qu'il feroit en droit de faire en pleine paix. Ainfi la treve n'empêche point qu'un prince ne puiffe lever des foldats, affembler une armée dans fes états, y faire marcher des troupes, y appeller même des auxiliaires, réparer les fortifications d'une place qui n'eft point actuellement affiégée. Puifqu'il eft en droit de faire toutes ces chofes chez lui en tems de paix, la treve ne peut lui en ôter la liberté. Auroit-il prétendu, par cet accord, fe lier les mains fur des chofes que la continuation des hoftilités ne pouvoit l'empêcher de faire ?

Mais profiter de la ceffation d'armes pour exécuter fans péril des chofes qui portent préjudice à l'ennemi, & que l'on n'auroit pu entreprendre avec fûreté au milieu des hoftilités, c'eft vouloir furprendre & tromper l'ennemi avec qui l'on contracte, c'eft rompre la treve. Cette feconde regle générale nous fervira à réfoudre divers cas praticuliers.

Z 2

§. 247. Par exemple, continuer les travaux d'un siege, ou reparer les breches.

La treve conclue entre le gouverneur d'une place & le général qui l'afliege, ôte à l'un & à l'autre la liberté de continuer les travaux. Cela eft manifefte pour le dernier, car fes travaux font des actes d'hoftilité. Mais le gouverneur, de fon côté, ne peut profiter de la fufpenfion d'armes, pour réparer les breches, ou pour élever de nouvelles fortifications. L'artillerie des afliégeans ne lui permet point de travailler impunément à de pareils ouvrages pendant le cours des hoftilités; ce feroit donc au préjudice de ceux-ci qu'il y emploieroit le tems de la treve : & ils ne font pas obligés d'être dupes à ce point : ils regarderont avec raifon l'entreprife comme une infraction à la treve. Mais la ceffation d'armes n'empêche point le gouverneur de continuer, dans l'intérieur de fa place, des travaux auxquels les attaques & le feu de l'ennemi n'étoient pas un obftacle. Au dernier fiege de Tournay, on convint d'un armiftice, après la reddition de la ville : pendant fa durée, le gouverneur fouffrit que les François fiffent toutes leurs difpofitions contre la citadelle, qu'ils pouffaffent leurs travaux, dreffaffent leurs batteries, parce que de fon côté il débarraffoit l'intérieur, des décombres dont un magafin fauté en l'air l'avoit rempli, & établiffoit des batteries fur le rempart. Mais il pouvoit travailler prefque fans danger à tout cela, quand même les opérations du fiége auroient commencé; au lieu que les François n'euffent pu pouffer leurs travaux avec tant de diligence, ni faire leurs approches & établir leurs batteries, fans perdre beaucoup de monde. Il n'y avoit donc nulle égalité, & la treve ne tournoit, fur ce pied-là, qu'au feul avantage des afliégeans. La prife de la citadelle en fut avancée peut-être de quinze jours.

§. 248. Ou faire entrer du fecours.

Si la treve eft conclue, ou pour régler les conditions de la capitulation, ou pour attendre les ordres des fouverains refpectifs, le gouverneur afliégé ne peut en profiter pour faire entrer du fecours ou des munitions dans fa place, car ce feroit abufer de la treve pour furprendre l'ennemi : ce qui eft contraire à la bonne- foi. L'efprit d'un pareil accord eft manifeftement, que toutes chofes doivent demeurer en état, comme elles font au moment qu'on le conclut.

Mais il ne faut point étendre ceci à une ceffation d'armes convenue pour quelque fujet particulier, pour enterrer les morts, par exemple. Celle - ci s'interprete relativement à fon objet. Ainfi on ceffe de tirer, ou par - tout, ou feulement à une attaque, fuivant que l'on en eft convenu, afin que chaque parti puiffe librement retirer fes morts; & tandis que le feu ceffe, il n'eft pas permis de pouffer des travaux auxquels il s'oppofoit : ce feroit rompre la treve, voulant en abufer. Mais rien n'empêche que, pendant une fufpenfion d'armes de cette nature, le gouverneur ne faffe entrer fans bruit quelque fecours, par un endroit éloigné de l'attaque. Tant pis pour l'affiégeant, fi s'endormant fur un pareil armiftice, il s'eft relâché de fa vigilance. L'armiftice, par lui - même, ne •facilite point l'entrée de ce fecours.

§. 249.
Diftinction d'un cas particulier.

De même, fi une armée, engagée dans un mauvais pas, propofe & conclut un armiftice pour enterrer les morts après un combat, elle ne pourra, pendant la fufpenfion d'armes, fortir de fes défilés à la vue de l'ennemi, & fe retirer impunément. Ce feroit vouloir profiter de l'accord, pour exécuter ce qu'elle n'eût pu faire fans cela : elle auroit tendu un piege, & les conventions ne peuvent être des pieges. L'ennemi la repouffera donc avec juftice, dès qu'elle voudra fortir de fon pofte. Mais fi cette armée défile fans bruit par fes derrieres, & fe met en lieu de fûreté, elle n'aura rien fait contre la parole donnée. Une fufpenfion d'armes, pour enterrer les morts, n'emporte autre chofe, finon que de part & autre on ne s'attaquera point pendant que l'on vaquera

§. 250.
D'une armée, qui fe retire pendant une fufpenfion d'armes.

à ce devoir d’humanité. L’ennemi ne pourra s’en prendre qu’à fa propre négligence : il devoit ftipuler que, pendant la ceffation d’armes, chacun demeureroit dans fon pofte : ou bien il devoit faire bonne garde; & s’appercevant du deffein de cette armée, il lui étoit permis de s’y oppofer. C’eft un ftratagême fort innocent, que de propofer une ceffation d’armes pour un objet particulier, dans la vue d’endormir l’ennemi, & de couvrir un deffein de retraite.

Mais fi la treve n’eft pas faite feulement pour quelque objet particulier, c’eft mauvaife foi que d’en profiter pour prendre quelque avantage, par exemple, pour occuper un pofte important, pour s’avancer dans le pays ennemi : ou plutôt cette derniere démarche feroit une violation de la treve; car avancer dans le pays ennemi, eft un acte d’hoftilité.

§. 251.
Troifieme regle. Ne rien entreprendre dans les lieux difputés, mais y laiffer toutes chofes en état.

Or, puifque la treve fufpend les hoftilités fans mettre fin à la guerre, pendant fa durée il faut laiffer toutes chofes en état, comme elles fe trouvent, dans les lieux dont la poffeffion eft difputée, & il n’eft pas permis d’y rien entreprendre, au préjudice de l’ennemi. C’eft une troifieme regle générale.

§. 252.
Des lieux abandonnés par l’ennemi & de ceux qu’il néglige de garder.

Lorfque l’ennemi retire fes troupes d’un lieu, & l’abandonne abfolument, c’eft une marque qu’il ne veut plus le pofféder, & en ce cas rien n’empêche qu’on ne puiffe occuper ce lieu-là pendant la treve. Mais s’il paroît par quelque indice, qu’un pofte, une ville ouverte, ou un village, n’eft point abandonné par l’ennemi, qu’il y conferve fes droits, on fes prétentions, quoiqu’il néglige de le garder, la treve ne permet point de s’en emparer. C’eft une hoftilité que d’enlever à l’ennemi ce qu’il prétend retenir.

§. 253.
On ne peut recevoir pendant la

C’eft de même une hoftilité, fans doute, que de recevoir les villes ou les provinces qui veulent fe fouftraire à l’empire d’un ennemi, & fe donner à nous. On ne peut donc les recevoir pendant la treve, qui fufpend tous les actes d’hoftilité.

Bien moins eft-il permis, dans ce tems-là, d’exciter les fujets de l’ennemi à la révolte, ou de tenter la fidélité de fes gouverneurs & de fes garnifons. Ce font là, non-feulement des actes d’hoftilité, mais des hoftilités odieufes (§. 180). Pour ce qui eft des déferteurs & des transfuges, on peut les recevoir pendant la treve, puifqu’on les reçoit, même en pleine paix, quand on n’a point de traité qui le défende. Et fi l’on avoit un pareil traité, l’effet en eft annullé, ou au moins fufpendu, par la guerre qui eft furvenue.

Saifir les perfonnes, ou les chofes qui appartiennent à l’ennemi, fans qu’on y ait donné lieu par quelque faute particuliere, eft un acte d’hoftilité, & par conféquent il ne peut fe faire pendant la treve.

Et puifque le droit de *poftliminie* n’eft fondé que fur l’état de guerre (voyez le chap. XIV de ce livre), il ne peut s’exercer pendant la treve, qui fufpend tous les actes de la guerre, & qui laiffe toutes chofes en état (§. 251). Les prifonniers mêmes ne peuvent alors fe fouftraire au pouvoir de l’ennemi, pour être rétablis dans leur premier état. Car l’ennemi eft en droit de les retenir pendant la guerre; & c’eft feulement quand elle finit, que fon droit fur leur liberté expire (§. 148).

Naturellement il eft permis aux ennemis d’aller & de venir les uns chez les autres pendant la treve, fur-tout fi elle eft faite pour un tems confidérable, tout comme cela eft permis en tems de paix, puifque les hoftilités font fufpendues. Mais il eft libre à chaque fouverain, comme il le lui feroit auffi en pleine paix, de prendre des précautions pour empêcher que ces allées & venues ne lui foient préjudiciables. Des gens, avec qui il va bientôt rentrer en guerre, lui font fufpects à jufte titre. Il peut même, en faifant la treve, déclarer qu'il n'admettra aucun des ennemis dans les lieux de fon obéiffance.

§. 258.
De ceux qui font retenus par un obftacle invincible, après l'expiration de la treve.

Ceux qui étant venus dans les terres de l'ennemi pendant la treve, y font retenus par une maladie, ou par quelque autre obftacle infurmontable, & s'y trouvent encore à la fin de la treve, peuvent à rigueur être faits prifonniers. C'eft un accident qu'ils pouvoient prévoir, & auquel ils ont bien voulu s'expofer. Mais l'humanité & la générofité demandent pour l'ordinaire, qu'on leur donne un délai fuffifant pour fe retirer.

§. 259.
Des conditions particulieres ajoutées aux treves.

Si dans le traité d'une treve, on retranche ou on ajoute à tout ce qui vient d'être dit, c'eft une convention particuliere, qui oblige les contractans. Ils doivent tenir ce qu'ils ont validement promis; & les obligations qui en réfultent forment un droit pactice, dont le détail n'entre point dans le plan de cet ouvrage.

§. 260.
A l'expiration de la treve, la guerre recommence, fans nouvelle déclaration.

La treve ne faifant que fufpendre les effets de la guerre (§. 233), au moment qu'elle expire les hoftilités recommencent, fans qu'il foit befoin d'une nouvelle déclaration de guerre. Car chacun fait d'avance, que dès ce moment la guerre reprendra fon cours; & les raifons qui en rendent la déclaration néceffaire (voyez le §. 51), n'ont point lieu ici.

Cependant une treve à longues années reffemble fort à la paix, & elle en differe feulement en ce qu'elle laiffe fubfifter le fujet de la guerre. Or comme il peut arriver que les circonftances & les difpofitions aient fort changé de part &
d'autre

d'autre, dans un long efpace de tems, il eft tout-à-fait convenable à l'amour de la paix, qui fied fi bien aux fouverains,
au foin qu'ils doivent prendre d'épargner le fang de leurs fujets, & même celui des ennemis; il eft, dis-je, tout-à-fait
convenable à ces difpofitions, de ne point reprendre les
armes à la fin d'une treve qui en avoit fait difparoître &
oublier tout l'appareil, fans faire quelque déclaration qui
puiffe inviter l'ennemi à prévenir une nouvelle effufion de
fang. Les Romains ont donné l'exemple d'une modération
fi louable. Ils n'avoient fait qu'une treve avec la ville de
Veies, & même leurs ennemis n'en avoient pas attendu la
fin, pour recommencer les hoftilités; cependant, la treve
expirée, il fut décidé par le college des *féciaux*, qu'on en-
verroit demander fatisfaction avant que de reprendre les
armes (*a*).

Les capitulations des places qui fe rendent, tiennent un
des premiers rangs parmi les conventions qui fe font entre
ennemis dans le cours de la guerre. Elles font arrêtées d'ordinaire entre le général affiégeant & le gouverneur de la
place, agiffans l'un & l'autre par l'autorité qui eft attribuée à
leur charge ou à leur commiffion. Nous avons expofé ailleurs
(Liv. II, chap. 14) les principes du pouvoir qui eft
confié aux puiffances fubalternes, avec les regles générales
pour en juger; & tout cela vient d'être rappellé en peu de
mots, & appliqué en particulier aux généraux & autres commandans en chef dans la guerre (§. 237). Puifqu'un général & un commandant de place doivent être naturellement
revêtus de tous les pouvoirs néceffaires pour l'exercice de
leurs fonctions, on eft en droit de préfumer qu'ils ont ces
pouvoirs; & celui de conclure une capitulation eft certainement de ce nombre, fur-tout lorfqu'on ne peut attendre
les ordres du fouverain. Le traité qu'ils auront fait à ce

§. 261.
Des capitu-
lations, &
par qui el-
les peu-
vent être
conclues.

(*a*) Tit. Liv. Lib. IV, cap. 30.

fujet fera donc valide, & il obligera les fouverains, au nom & en l'autorité defquels les commandans refpectifs ont agi.

§. 262.
Des claufes
qu'elles
peuvent
contenir.

Mais il faut bien remarquer que fi ces officiers ne veulent pas excéder leurs pouvoirs, ils doivent fe tenir exactement dans les termes de leurs fonctions, & ne point toucher aux chofes qui ne leur font pas commifes. Dans l'attaque & la défenfe, dans la prife ou dans la reddition d'une place, il s'agit uniquement de fa poffeffion, & non de la propriété, ou du droit : il s'agit auffi du fort de la garnifon. Ainfi les commandans peuvent convenir de la maniere dont la ville qui capitule fera poffédée ; le général affiégeant peut promettre la fûreté des habitans, la confervation de la religion, des franchifes, des privileges. Et quant à la garnifon, il peut lui accorder de fortir avec armes & bagages avec tous les honneurs de la guerre, d'être efcortée & conduite en lieu de fûreté, &c. Le commandant de la place peut la remettre à difcrétion, s'il y eft contraint par l'état des chofes il peut fe rendre, lui & fa garnifon, prifonniers de guerre, ou s'engager qu'ils ne porteront point les armes contre ce même ennemi & fes alliés, jufqu'à un terme convenu, même jufqu'à la fin de la guerre : & il promet validement pour ceux qui font fous fes ordres, obligés de lui obéir, tant qu'il demeure dans les termes de fes fonctions (§. 23).

Mais fi le général affiégeant s'avifoit de promettre que fon maître ne pourra jamais s'approprier la place conquife, ou qu'il fera obligé de la rendre après un certain tems, il fortiroit des bornes de fes pouvoirs, en contractant fur des chofes dont le foin ne lui eft pas commis. Et il faut en dire autant du commandant, qui, dans la capitulation, entreprendroit d'aliéner fa place pour toujours, d'ôter à fon

ſouverain le droit de la reprendre, ou qui promettroit que
ſa garniſon ne portera jamais les armes, même dans une autre guerre. Ses fonctions ne lui donnent pas un pouvoir ſi
étendu. S'il arrive donc que dans les conférences pour la capitulation, l'un des commandans ennemis inſiſte ſur des
conditions que l'autre ne ſe croit pas en pouvoir d'accorder, ils ont un parti à prendre, c'eſt de convenir d'une ſuſpenſion d'armes, pendant laquelle toutes choſes demeurent
dans leur état, juſques à ce qu'on ait reçu des ordres ſupérieurs.

On a dû voir dès l'entrée de ce chapitre, pourquoi nous
nous diſpenſons de prouver ici que toutes ces conventions
faites pendant le cours de la guerre, doivent être obſervées
avec fidélité. Contentons-nous donc de remarquer, au ſujet
des capitulations en particulier, que s'il eſt injuſte & honteux de les violer, cette perfidie devient ſouvent préjudiciable à celui qui s'en rend coupable. Quelle confiance pren-
dra-t-on déſormais en lui? Les villes qu'il attaquera ſuppor-
teront les plus cruelles extrêmités, plutôt que de ſe fier à
ſa parole. Il fortifie ſes ennemis, en les pouſſant à une défenſe déſeſpérée, & tous les ſieges qu'il lui faudra entreprendre deviendront terribles. Au contraire, la fidélité gagne
la confiance & les cœurs, elle facilite les entrepriſes, leve
les obſtacles, & prépare de glorieux ſuccès. L'hiſtoire nous
en fournit un bel exemple dans la conduite de Gᴇᴏʀɢᴇ
Bᴀsᴛᴇ, général des Impériaux, en 1602, contre Bᴀᴛᴛᴏʀʏ &
les Turcs. Les révoltés du parti de Battory ayant emporté
Biſtrith, autrement Niſſa, Baſte reprit cette place par une
capitulation qui fut violée en ſon abſence, par quelques ſoldats Allemands : ce qu'il n'eut pas ſi-tôt appris
à ſon retour, qu'il fit pendre tous ces ſoldats, & paya
de ſes deniers aux habitans le dommage qui leur avoit été
fait. Cette action toucha ſi fort les révoltés, qu'ils ſe ſou-

§. 263.
Obſerva-
tion des ca-
pitulations
& ſon uti-
lité.

mirent tous à l’empereur, fans demander d’autre fûreté que la parole de Balte (*a*).

§. 264.
Des pro-
meffes fai-
tes à l’en-
nemi par
des parti-
culiers.

Les particuliers, gens de guerre ou autres, qui fe trouvent feuls vis-à-vis de l’ennemi, font, par cette néceffité, remis à leur propre conduite; ils peuvent faire, quant à leur perfonne, ce que feroit un commandant par rapport à lui-même & à fa troupe ; enforte que s’ils font quelque promeffe, à raifon de l’état où ils fe trouvent, pourvu qu’elle ne touche point à des chofes qui ne peuvent jamais être de la compétence d’un particulier, cette promeffe eft valide, comme faite avec un pouvoir fuffifant. Car lorfqu’un fujet ne peut ni recevoir les ordres du fouverain, ni jouir de fa protection, il rentre dans fes droits naturels, & doit pourvoir à fa fûreté par tous moyens juftes & honnêtes. Ainfi, quand ce particulier a promis une fomme pour fa rançon, loin que le fouverain puiffe le dégager de fa promeffe, il doit l’obliger à la tenir. Le bien de l’état demande que la foi foit gardée, & que les fujets aient ce moyen de fauver leur vie, ou de recouvrer leur liberté.

C’eft ainfi qu’un prifonnier relâché fur fa parole, doit la tenir religieufement, & fon fouverain n’eft point en droit de s’y oppofer; car fans cette parole donnée, le prifonnier n’eût pas été relâché.

Ainfi encore, les habitans de la campagne, des villages, ou des villes fans défenfe, doivent payer les contributions qu’ils ont promifes pour fe racheter du pillage.

Bien plus, il feroit même permis à un fujet de renoncer à fa patrie, fi l’ennemi, maître de fa perfonne, ne vouloit lui accorder la vie qu’à cette condition; car dès le moment que la fociété ne peut le protéger & le défendre, il rentre dans fes droits naturels. Et d’ailleurs, s’il s’obftinoit,

(*a*) Mémoires de SULLY, rédigés par M. DE l’ECLUSE , Tom. IV, p. 179 & 180.

que gagneroit l'état à fa mort? Certainement, tant qu'il refte quelque efpérance, tant qu'il y a moyen de fervir la patrie, on doit s'expofer pour elle, & braver tous les dangers. Je fuppofe qu'il faille, ou renoncer à fa patrie, ou périr fans aucune utilité pour elle. Si l'on peut la fervir en mourant, il eft beau d'imiter la générofité héroïque des DECIUS. On ne pourroit s'engager, même pour fauver fa vie, à fervir contre fa patrie ; un homme de cœur périra mille fois plutôt que de faire cette honteufe promeffe.

Si un foldat, rencontrant un ennemi à l'écart, le fait prifonnier, en lui promettant la vie fauve, ou la liberté, moyennant une certaine rançon, cet accord doit être refpecté par les fupérieurs ; car il paroît que le foldat, livré pour lors à lui-même, n'a rien fait qui paffe fon pouvoir. Il eût pu juger qu'il ne lui convenoit pas d'attaquer cet ennemi, & le laiffer aller. Sous fes chefs, il doit obéir ; feul, il eft remis à fa propre prudence. PROCOPE rapporte l'aventure de deux foldats, l'un Goth & l'autre Romain, qui étant tombés dans une foffe, fe promirent la vie l'un à l'autre : accord qui fut approuvé par les Goths (a).

CHAPITRE XVII.

Des fauf-conduits & paffeports : queftions fur la rançon des prifonniers de guerre.

LE *fauf-conduit* & le *paffeport* font une efpece de privilege qui donne aux perfonnes le droit d'aller & de venir en fûreté, ou pour certaines chofes ; celui de les tranfporter auffi en fûreté. Il paroît que, fuivant l'ufage & le génie

§. 265.
Ce que c'eft qu'un fauf-conduit & un paffeport.

(a) PROCOP. *Goth.* Lib. II, c. I, *apud* PUFFEND. Lib. VIII, cap. 7, §. 14.

de la langue, on fe fert du terme de *paffeport* dans les occafions ordinaires, pour les gens en qui il n'y a aucun empêchement particulier d'aller & de venir en fûreté, & à qui il
fert pour plus grande aſſurance & pour éviter toute difcuffion,
ou pour les difpenfer de quelque défenfe générale : le *fauf-conduit* fe donne à des gens qui, fans cela, ne pourroient aller
en fûreté dans les lieux où celui qui l'accorde eſt le maître ;
à un accufé, par exemple, ou à un ennemi. C'eſt de ce dernier que nous avons à traiter ici.

§. 266.
De quelle
autorité il
émane.

Tout fauf-conduit émane de l'autorité fouveraine, comme tout autre acte de fuprême commandement. Mais le prince
peut commettre à fes officiers le pouvoir de donner des fauf-
conduits ; & ils en font revêtus, ou par une attribution expreſſe, ou par une conféquence de la nature de leurs fonctions. Un général d'armée, par la nature même de fa charge,
peut donner des fauf-conduits. Et puifqu'ils émanent, quoique médiatement, de l'autorité fouveraine, les autres géné-
aux ou officiers du même prince doivent les refpecter.

§. 267.
Il ne peut
fe tranfpor-
ter d'une
perfonne à
l'autre.

La perfonne nommée dans le fauf-conduit, ne peut tranfporter fon privilege à une autre. Car elle ne fait point s'il
eſt indifférent à celui qui l'a donné que tout autre en ufe
à fa place : elle ne peut le préfumer, elle doit même préfumer le contraire, à caufe des abus qui pourroient en naître, & elle ne peut s'attribuer plus de droit qu'on ne lui
en a voulu donner. Si le fauf-conduit eſt accordé, non pour
des perfonnes, mais pour certains effets, ces effets peuvent
être conduits par d'autres que le propriétaire ; le choix de
ceux qui les tranfportent eſt indifférent, pourvu qu'il n'y ait
rien dans leur perfonne qui puiſſe les rendre juſtement fufpects à celui qui donne le fauf-conduit, ou leur interdire
l'entrée de fes terres.

§. 268.
Etendue
de la fûreté
promife.

Celui qui promet fûreté par un fauf-conduit, la promet
par-tout où il eſt le maître ; non pas feulement dans fes

terres, mais encore dans tous les lieux où il pourroit avoir des troupes. Et non feulement il doit s'abftenir de violer lui-même, ou par fes gens, cette fûreté ; il doit de plus protéger & défendre celui à qui il l'a promife, punir ceux de fes fujets qui lui auroient fait violence, & les obliger à réparer le dommage (*a*).

Le droit que donne un fauf-conduit venant entiérement de la volonté de celui qui l'accorde, cette volonté eft la regle fur laquelle on doit en mefurer l'étendue : & la volonté fe découvre par la fin pour laquelle le fauf-conduit a été donné. Par conféquent, celui à qui on a permis de s'en aller, n'a pas le droit de revenir ; & le fauf-conduit accordé fimplement pour paffer, ne peut fervir pour repaffer : celui qui eft donné pour certaines affaires doit valoir jufqu'à ce que ces affaires foient terminées & qu'on ait pu s'en aller. S'il eft dit qu'on l'accorde *pour un voyage*, il fervira aufli pour le retour ; car le voyage comprend l'allée & le retour. Ce privilege confiftant dans la liberté d'aller & de venir en fûreté, il differe de la permiffion d'habiter quelque part, & par conféquent il ne peut donner le droit de s'arrêter en quelque lieu & d'y faire un long féjour, fi ce n'eft pour affaires en vue defquelles le fauf-conduit auroit été demandé & accordé.

§. 269.
Comment il faut juger du droit que donne un fauf-conduit.

Un fauf-conduit donné à un voyageur comprend naturellement fon bagage, ou les hardes & autres chofes néceffaires en voyage, & même un ou deux domeftiques, ou plus, felon la condition du voyageur. Mais à tous ces égards,

§. 270.
S'il comprend le bagage & les domeftiques.

(*a*) A la fameufe entrevue de Péronne, Charles, duc de Bourgogne, irrité de ce que Louis XI avoit engagé les Liégeois à prendre les armes contre lui, ne refpecta pas le fauf-conduit qu'il avoit donné à ce monarque. Si Louis XI eût tramé cette défection pendant qu'il étoit à Péronne, le duc pouvoit n'avoir aucun égard pour un fauf-conduit dont on eût abufé. Mais le roi de France avoit envoyé à Gand avant qu'il fût queftion de fe rendre à Péronne pour l'entrevue, & Charles viola le droit des gens, aveuglé par la colere où le jetta une nouvelle défagréable & inattendue.

comme aux autres que nous venons de toucher, le plus fûr, fur-tout entre ennemis & autres perfonnes fufpectes, eft de fpécifier toutes chofes, de les articuler exactement, pour éviter les difficultés. C'eft auffi ce qu'on obferve aujourd'hui: on fait mention dans les fauf-conduits, & du bagage & des domeftiques.

§. 271.
Le fauf-
conduit
accordé
au pere, ne
comprend
pas fa
famille.

Quoique la permiffion de s'établir quelque part, accordée à un pere de famille, comprenne naturellement fa femme & fes enfans, il n'en eft pas ainfi du fauf-conduit, parce qu'on ne s'établit guere dans un lieu fans fa famille, & qu'on voyage le plus fouvent fans elle.

§. 272.
D'un fauf-
conduit
donné en
général,
pour quel-
qu'un & fa
fuite.

Le fauf-conduit accordé à quelqu'un, *pour lui & les gens de fa fuite*, ne peut lui donner le droit de mener avec lui des perfonnes juftement fufpectes à l'état, ou qui en feroient bannies ou fugitives pour quelque crime, ni mettre ces perfonnes-là en fûreté. Car le fouverain qui accorde un fauf-conduit en ces termes généraux, ne préfume pas qu'on ofera s'en fervir pour mener chez lui des malfaiteurs, ou des gens qui l'ont particuliérement offenfé.

§. 273.
Du terme
du fauf-
conduit.

Le fauf-conduit donné pour un tems marqué expire au bout du terme; & fi le porteur ne s'eft point retiré avant ce tems-là, il peut être arrêté, & même puni, felon les circonftances, fur-tout s'il paroît fufpect par un retardement affecté.

§. 274.
D'une per-
fonne rete-
nue au de
là du ter-
me, par
une force
majeure.

Mais fi, retenu par une force majeure, par une maladie, il n'a pu s'en aller à tems, il faut lui donner un délai convenable. Car on lui a promis fûreté; & bien qu'elle ne lui fût promife que pour un certain tems, ce n'eft pas fa faute s'il n'a pu partir dans ce tems-là. Le cas eft différent de celui d'un ennemi qui vient chez nous pendant la treve: nous n'avons fait à celui-ci aucune promeffe particuliere; il profite, à fes périls, d'une liberté générale,

donnée

donnée par la fufpenfion des hoftilités. Nous avons uniquement promis à l’ennemi de nous abftenir de toute hoftilité, jufqu’à un certain tems : & le terme paffé , il nous importe qu’elles puiffent reprendre librement leur cours , fans qu’on ait à nous oppofer une multitude d’excufes & de prétextes.

Le fauf-conduit n’expire point à la mort de celui qui l’a donné, ou au moment de fa dépofition ; car il eft donné en vertu de l’autorité fouveraine , laquelle ne meurt point, & dont l’efficace n’eft point attachée à la perfonne qui l’exerce. Il en eft de cet acte, comme des autres difpofitions du commandement public ; leur validité, leur durée ne dépend point de la vie de celui qui les a faites, à moins que par leur nature même, ou par une déclaration expreffe, elles ne lui foient perfonnelles.

§. 275. *Le fauf-conduit n’expire pas à la mort de celui qui là donné.*

Cela n’empêche point que le fucceffeur ne puiffe révoquer un fauf-conduit, s’il en a de bonnes raifons. Celui-là même qu’il l’a donné, peut bien le révoquer, en pareil cas, & il n’eft pas toujours tenu de dire fes raifons. Tout privilege peut être révoqué quand il devient nuifible à l’état ; le privilege gratuit , purement & fimplement & le privilege acquis à titre onéreux , en indemnifant les intereffés. Suppofez qu’un prince, ou fon général, fe prépare à une expédition fecrete : fouffrira-t-il, qu’au moyen d’un fauf-conduit obtenu précédemment, on vienne épier fes préparatifs, pour en rendre compte à l’ennemi ? Mais le fauf-conduit ne peut devenir un piege ; en le révoquant, il faut donner au porteur le tems & la liberté de fe retirer en fûreté. Si on le retient quelque tems, comme on feroit tout autre voyageur , pour empêcher qu’il ne porte des lumieres à l’ennemi, ce doit être fans aucun mauvais traitement, & feulement jufqu’à ce que cette raifon n’ait plus lieu.

§. 276. *Comment il peut être révoqué.*

Tome II.   B b

§. 277.
D'un fauf-
conduit
avec la
claufe,
pour au-
tant de
tems qu'il
nous plai-
ra.

Si le fauf-conduit porte cette claufe, *pour autant de tems qu'il nous plaira*, il ne donne qu'un droit précaire, & peut être révoqué à tout moment. Tant qu'il ne l'eft pas exprelfément, il demeure valable. Il tombe par la mort de celui qui l'a donné, lequel celfe dès-lors de vouloir la continuation du privilege. Mais il faut toujours entendre, que du moment que le fauf-conduit expire de cette maniere, on doit donner au porteur le tems de fe retirer en fûreté.

§. 278.
Des con-
ventions
qui concer-
nent le ra-
chat des
prifon-
niers.

Après avoir traité du droit de faire des prifonniers de guerre, de l'obligation de les relâcher à la paix, par échange ou pour une rançon, & de celle où fe trouve leur fouverain de les délivrer, il nous refte à confidérer la nature des conventions qui ont pour objet la délivrance de ces infortunés. Si les fouverains qui fe font la guerre, font convenus d'un cartel pour l'échange ou la rançon des prifonniers, ils doivent l'obferver fidélement, ainfi que toute autre convention. Mais fi, comme cela s'eft pratiqué fouvent autrefois, l'état lailfe à chaque prifonnier, au moins pendant le cours de la guerre, le foin de fe racheter lui-même, il fe préfente, au fujet de ces conventions particulieres, bien des queftions, dont nous toucherons feulement les principales.

§. 279.
Le droit
d'exiger
une rançon
peut fe
transférer.

Quiconque a légitimement acquis le droit d'exiger une rançon de fon prifonnier, peut transférer fon droit à un tiers. Cela s'eft pratiqué dans les dernieres fiecles : on a vu fouvent des guerriers céder leurs prifonniers à d'autres, & leur transférer tous les droits qu'ils avoient fur eux. Mais comme celui qui fait un prifonnier eft obligé de le traiter équitablement & avec humanité (§. 150), s'il veut fe mettre à couvert de tout reproche, il ne doit point transférer fon droit, d'une maniere illimitée, à quelqu'un qui pourroit en abufer : lorfqu'il eft convenu avec fon prifonnier du prix de la rançon, il peut céder à qui il lui plaira le droit de l'exiger.

Dés que l'accord fait avec un prifonnier pour le prix de fa rançon eft conclu, c'eft un contrat parfait, & on ne peut le refcinder, fous prétexte que le prifonnier fe trouve plus riche qu'on ne le croyoit. Car il n'eft point néceffaire que le prix de la rançon foit proportionné aux richeffes du prifonnier; ce n'eft point là-deffus que fe mefure le droit de retenir un prifonnier de guerre (voyez les §§. 148 & 153). Mais il eft naturel de proportionner le prix de la rançon au rang que tient le prifonnier dans l'armée ennemie, parce que la liberté d'un officier de marque eft d'une plus grande conféquence que celle d'un fimple foldat, ou d'un officier inférieur. Si le prifonnier a, non pas feulement celé, mais déguifé fon rang, c'eft une fraude qui donne le droit d'annuller la convention.

§ 280.
De ce qui peut an-nuller la convention faite pour le prix de la rançon.

Si un prifonnier, qui eft convenu du prix de fa ran-çon, meurt avant que de l'avoir payée, on demande fi ce prix eft dû, & fi les héritiers font obligés de l'acquitter ? Ils y font obligés fans doute, fi le prifonnier eft mort libre. Car du moment qu'il a reçu fa liberté, pour prix de la-quelle il avoit promis une fomme, cette fomme eft due, & n'appartient point à fes héritiers. Mais s'il n'avoit point encore reçu la liberté, ni lui, ni fes héritiers n'en doivent le prix, à moins qu'il n'en fût autrement convenu ; & il n'eft cenfé l'avoir reçue, que du moment qu'il lui eft abfo-lument permis de s'en aller libre; lorfque ni celui qui le tenoit prifonnier, ni le fouverain de celui-ci, ne s'oppofent point à fon élargiffement & à fon départ.

§. 281.
D'un pri-fonnier, mort avant que d'avoir payé fa rançon.

Si on lui a feulement permis de faire un voyage, pour difpofer fes amis, ou fon fouverain, à lui fournir les moyens de fe racheter, & qu'il meurt avant que d'avoir reçu la liberté, avant qu'on l'ait dégagé de fa parole, il n'eft rien dû pour fa rançon.

B b 2

Si étant convenu du prix, on le retient en prifon jufqu'au moment du paiement, & qu'il meurt auparavant, les héritiers ne doivent point la rançon, un pareil accord n'étant, de la part de celui qui tenoit le prifonnier, qu'une promeffe de lui donner la liberté pour une certaine fomme livrée comptant. Une promeffe de vendre & d'acheter n'oblige point le prétendu acheteur à payer le prix de la chofe, fi elle vient à périr avant que la vente foit confommée. Mais fi le contrat de vente eft parfait, l'acheteur paiera le prix de la chofe vendue, quand même elle viendroit à périr avant que d'être livrée, pourvu qu'il n'y ait ni faute, ni retardement la part du vendeur. Par cette raifon, fi le prifonnier a conclu abfolument l'accord de fa rançon, fe reconnoiffant dès ce moment débiteur du prix, & demeure cependant, non plus comme prifonnier, mais pour fûreté du paiement, fa mort intervenant n'empêche point que le prix de la rançon ne foit dû.

Si la convention porte que la rançon fera payée un certain jour, & que le prifonnier vienne à mourir avant ce jourlà, les héritiers feront tenus de payer. Car la rançon étoit due, & ce jour marqué ne l'étoit que comme terme du paiement.

§. 282.
D'un prifonnier relâché à condition o'en faire delivrer un autre.

Il fuit, à rigueur, des mêmes principes, qu'un prifonnier relâché à condition d'en faire délivrer un autre, doit retourner en prifon, au cas que celui-ci vienne à mourir avant qu'il ait pu lui procurer la liberté. Mais affurément ce malheureux mérite des égards, & l'équité femble demander qu'on laiffe à ce prifonnier une liberté, laquelle on a bien voulu lui accorder, pourvu qu'il en paie un jufte équivalent, ne pouvant plus en donner précifément le prix convenu.

§. 283.
De celui qui eft pris une fecon-

Le prifonnier, pleinement remis en liberté, après avoir promis & non payé fa rançon, venant à être pris une feconde fois, il eft aifé de voir que, fans être difpenfé de payer fa premiere rançon, il aura à en donner une feconde, s’il veut être libre.

de fois, avant qu’il ait payé fa premiere rançon.

Au contraire, quoique le prifonnier foit convenu du prix de fa rançon, fi avant que l’accord foit exécuté, avant qu’on lui ait en effet rendu la liberté, il eft repris & délivré par les fiens, il ne doit rien. Je fuppofe, comme on voit, que le contrat de la rançon n’étoit pas paffé, que le prifonnier ne s’étoit pas reconnu débiteur du prix de fa rançon. Celui qui le tenoit lui avoit feulement fait, pour ainfi dire, une promeffe de vendre, & il avoit promis d’acheter ; mais ils n’avoient pas vendu & acheté en effet : la propriété n’étoit pas tranfportée.

§. 284. De celui qui eft délivré avant qu’il ait reçu la liberté.

La propriété de ce qui appartient à quelqu’un ne paffe point à celui qui le fait prifonnier ; finon en tant qu’il fe faifit en même tems de ces chofes-là. Il n’y a nul doute à cela, aujourd’hui que les prifonniers de guerre ne font point réduits en efclavage. Et même, par le droit de nature, la pro-été des biens d’un efclave ne paffe point, fans autre raifon, au maître de l’efclavage : il n’y a rien dans l’efclavage, qui puiffe de foi-même opérer cet effet. De ce qu’un homme aura des droits fur la liberté d’un autre, s’enfuit-il qu’il en ait auffi fur fes biens ? Lors donc que l’ennemi n’a point dépouillé fon prifonnier, ou que celui-ci a trouvé moyen de fouftraire quelque chofe à fes recherches, tout ce qu’il a confervé lui appartient, & il peut s’en fervir pour le paiement de fa rançon. Aujourd’hui on ne dépouille pas même toujours les prifonniers : le foldat avide fe le permet ; mais un officier fe croiroit deshonoré s’il leur ôtoit la moindre chofe. De fimples cavaliers François, qui à la bataille de *Rocoux* avoient pris un général Anglois, ne s’attribuerent de droit que les armes de leur prifonnier.

§. 285. Si les chofes que le prifonnier a pu conferver lui appartiennent.

§. 286.
De celui
qui eſt
donné en
otage, pour
l'élargiſſe-
ment d'un
priſonnier.

La mort du priſonnier fait périr le droit de celui qui l'avoit pris. C'eſt pourquoi, ſi quelqu'un eſt donné en otage, pour faire élargir un priſonnier, il doit être relâché du moment que ce priſonnier vient à mourir; de même que ſi l'otage meurt, le priſonnier n'eſt pas délivré par cette mort. Il faudroit dire tout le contraire, ſi l'un avoit été ſubſtitué à l'autre, au lieu d'être ſeulement en otage pour lui.

CHAPITRE XVIII.

De la guerre civile.

§. 287.
Fondement
des droits
du ſouve-
rain contre
les rebel-
les.

C'Eſt une que queſtion fort agitée, de ſavoir ſi le ſouverain doit obſerver les loix ordinaires de la guerre envers des ſujets rebelles, qui ont pris ouvertement les armes contre lui. Un flatteur, ou un dominateur cruel, a bientôt dit que les loix de la guerre ne ſont pas faites pour des rebelles dignes des derniers ſupplices. Allons plus doucement, & raiſonnons d'après les principes inconteſtables que nous avons poſés ci-deſſus. Pour voir clairement quelle eſt la conduite que le ſouverain doit tenir envers des ſujets ſoulevés, il faut premiérement ſe ſouvenir que tous les droits du ſouverain viennent des droits mêmes de l'état ou de la ſociété civile, des ſoins qui lui ſont commis, de l'obligation où il eſt de veiller au ſalut de la nation, de procurer ſon plus grand bonheur, d'y maintenir l'ordre, la juſtice & la paix (voyez liv. I, chap. 4). Il faut, après cela, diſtinguer la nature & le degré des divers déſordres qui peuvent troubler l'état, obliger le ſouverain à s'armer, ou ſubſtituer les voies de la force à celles de l'autorité.

§. 288.
Qui ſont
les rebel-
les.

On appelle *rebelles* tous ſujets qui prennent injuſtement les armes contre le conducteur de la ſociété, ſoit qu'ils prétendent le dépouiller de l'autorité suprême, soit qu'ils se proposent de résister à ses ordres, dans quelque affaire particuliere, & de lui imposer des conditions.

L'émotion populaire est un concours de peuple qui s'assemble tumultuairement & n'écoute plus la voix des supérieurs, soit qu'il en veuille à ces supérieurs eux-mêmes, ou seulement à quelques particuliers. On voit de ces mouvemens violens, quand le peuple se croit vexé; & nul ordre n'y donne si souvent occasion, que les exacteurs des impôts. Si les mécontens en veulent particuliérement aux magistrats, ou autres dépositaires de l'autorité publique, & en viennent jusqu'à une désobéissance formelle, ou aux voies de fait, cela s'apelle une *sédition*. Et lorsque le mal s'étend, gagne le grand nombre dans la ville ou dans la province, & se soutient, enforte que le souverain même n'est plus obéi, l'usage donne plus particuliérement à ce désordre le nom de *soulevement*.

Toutes ces violences troublent l'ordre public & font des crimes d'état, lors même qu'elles sont causées par de justes sujets de plainte ; car les voies de fait sont interdites, dans la société civile: ceux à qui l'on fait tort doivent s'adresser aux magistrats ; & s'ils n'en obtiennent pas justice, ils peuvent porter leurs plaintes au pied du trône. Tout citoyen doit même souffrir patiemment des maux supportables, plutôt que de troubler la paix publique. Il n'y a qu'un déni de justice de la part du souverain, ou des délais affectés, qui puissent excuser l'emportement d'un peuple poussé à bout, le justifier même, si les maux sont intolérables, l'oppression grande & manifeste. Mais quelle conduite le souverain tiendra-t-il envers les révoltés ? Je réponds en général, celle qui sera en même tems la plus conforme à la justice & la plus salutaire à l'état. S'il doit réprimer ceux qui troublent sans nécessité la paix publique,

§. 289.
Emotion populaire, soulevement, sédition.

§. 290.
Comment le souverain doit les réprimer.

il doit uſer de clémence envers des malheureux à qui on
a donné de juſtes ſujets de plainte, & qui ne ſont coupables
que pour avoir entrepris de ſe faire juſtice eux-mêmes ; ils
ont manqué de patience plutôt que de fidélité. Les ſujets
qui ſe ſoulevent ſans raiſon contre leur prince méritent des
peines ſéveres. Mais ici encore, le nombre des coupables
oblige le ſouverain à la clémence. Dépeuplera-t-il une ville
ou une province, pour châtier ſa rebellion ? La punition
la plus juſte en elle-même devient cruauté, dès qu'elle s'étend
à un trop grand nombre de gens. Quand les peuples des
Pays-Bas ſe ſeroient ſoulevés ſans ſujet contre l'Eſpagne, on
déteſteroit encore la mémoire du duc D'ALBE, qui ſe vantoit
d'avoir fait tomber vingt mille têtes par la main des bour-
reaux. Que ſes ſanguinaires imitateurs n'eſperent pas de
juſtifier leurs excès par la néceſſité. Qui fut jamais plus
indignement outragé de ſes ſujets que le grand HENRI ? Il
vainquit & pardonna toujours, & cet excellent prince obtint
enfin un ſuccès digne de lui ; il gagna des ſujets fideles:
le duc D'ALBE fit perdre à ſon maître les Provinces-Unies.
Les fautes communes à pluſieurs, ſe puniſſent par des peines qui ſont communes aux caupables: le ſouverain peut
ôter à une ville ſes privileges, au moins juſques à ce qu'elle
ait pleinement reconnu ſa faute, & il réſervera les ſupplices
pour les auteurs des troubles, pour ces boute-feux qui
incitent le peuple à la révolte. Mais les tyrans ſeuls traiteront
de ſéditieux ces citoyens courageux & fermes, qui exhortent
le peuple à ſe garantir de l'oppreſſion, à maintenir ſes droits
& ſes privileges: un bon prince louera ces vertueux patriotes,
pourvu que leur zele ſoit tempéré par la modération & la
prudence. S'il aime la juſtice & ſon devoir, s'il aſpire à la
gloire immortelle & ſi pure d'être le pere de ſon peuple,
qu'il ſe défie des ſuggeſtions intéreſſées d'un miniſtre qui
lui peint comme des rebelles tous les citoyens qui ne tendent

dent pas les mains à l'efclavage, qui refufent de plier fans murmure, fous les coups d'un pouvoir arbitraire.

Le plus fûr moyen d'appaifer bien des féditions, & en même tems le plus jufte, c'eft de donner fatisfaction aux peuples. Et s'ils fe font foulevés fans fujet, ce qui n'arrive peut-être jamais, il faut bien encore, comme nous venons de le dire, accorder une amniftie au grand nombre. Dès que l'amniftie eft publiée & acceptée, tout le paffé doit être mis en oubli, perfonne ne peut être recherché pour ce qui s'eft fait à l'occafion des troubles. Et en général, le prince, religieux obfervateur de fa parole, doit garder fidélement tout ce qu'il a promis aux rebelles mêmes, j'entends à ceux de fes fujets qui fe font révoltés fans raifon ou fans néceffité. Si fes promeffes ne font pas inviolables, il n'y aura plus de fûreté pour les rebelles à traiter avec lui ; dès qu'ils auront tiré l'épée, il faudra qu'ils en jettent le fourreau, comme l'a dit un ancien : le prince manquera le plus doux & le plus falutaire moyen d'appaifer la révolte ; il ne lui reftera, pour l'étouffer, que d'exterminer les révoltés. Le défefpoir les rendra formidables ; la compaffion leur attirera des fecours, groffira leur parti, & l'état fe trouvera en danger. Que feroit devenue la France, fi les *Ligueurs* n'avoient pu fe fier aux promeffes de Henri le Grand? Les mêmes raifons qui doivent rendre la foi des promeffes inviolable & facrée (Liv. II, §§. 163, 218 & fuiv. & Liv. III, §. 174) de particulier à particulier, de fouverain à fouverain, d'ennemi à ennemi, fubfiftent donc dans toute leur force, entre le fouverain & fes fujets foulevés, ou rebelles. Cependant, s'ils lui ont extorqué des conditions odieufes, contraires au bonheur de la nation, au falut de l'état, comme il n'eft pas en droit de rien faire, de rien accorder, contre cette grande regle de fa conduite & de fon pouvoir, il révoquera juftement des conceffions pernicieufes, en s'autorifant de

§. 291.
Il doit tenir ce qu'il a promis aux rebelles.

l'aveu de la nation, dont il prendra l'avis, de la maniere & dans les formes qui lui feront marquées par la conftitution de l'état. Mais il faut ufer fobrement de ce remede, & feulement pour des chofes de grande importance, afin de ne pas donner atteinte à la foi des promeffes (*a*).

§. 292.
De la guerre civile.

Lorfqu'il fe forme dans l'état un parti qui n'obéit plus au fouverain, & fe trouve affez fort pour lui faire tête, ou, dans une république, quand la nation fe divife en deux factions oppofées, & que de part & d'autre on en vient aux armes, c'eft une *guerre civile*. Quelques-unes réfervent ce terme aux juftes armes que les fujets oppofent au fouverain, pour diftinguer cette réfiftance légitime de la *rebellion*, qui eft un réfiftance ouverte & injufte. Mais comment nommeront-ils la guerre qui s'éleve dans un république déchirée par deux factions, ou dans une monarchie entre deux prétendans à la couronne? L'ufage affecte le terme de guerre civile à toute guerre qui fe fait entre les membres d'une même fociété politique: fi c'eft entre une partie des citoyens d'une côté, & le fouverain avec ceux qui lui obéiffent de l'autre, il fuffit que les mécontens aient quelque raifon de prendre les armes, pour que ce défordre foit appellé *guerre civile*, & non pas *rebellion*. Cette derniere qualification n'eft donnée qu'à un foulevement contre l'autorité légitime, deftitué de toute apparence de juftice. Le prince ne manque pas d'appeller *rebelles* tous fujets qui lui réfiftent ouvertement: mais quand ceux-ci deviennent affez forts pour lui faire tête, pour l'obliger à leur faire la guerre réguliérement, il faut bien qu'il fe réfolve à fouffrir le mot de guerre civile.

(*a*) On en trouve un exemple dans ce qui s'eft paffé après le foulevemens de Madrid en 1766. A la réquifition des corps, le roi a révoqué ce qu'il avoit été obligé d'accorder à la populace foulevée ; mais il a laiffé fubfifter l'amniftie.

Il n'eſt pas ici queſtion de peſer les raiſons qui peuvent fonder & juſtifier la guerre civile: nous avons traité ailleurs des cas dans leſquels les ſujets peuvent réſiſter au ſouverain (Liv. I , chap. IV). Mettant donc à part la juſtice de la cauſe, il nous reſte à conſidérer les maximes que l'on doit garder dans la guerre civile, à voir ſi le ſouverain en particulier eſt obligé d'y obſerver les loix communes de la guerre.

§. 293. La guerre civile fait naître deux partis indépendans.

La guerre civile rompt les liens de la ſociété & du gouvernement, ou elle en ſuſpend au moins la force & l'effet ; elle donne naiſſance, dans la nation , à deux partis indépendans , qui ſe regardent comme ennemis , & ne reconnoiſſent aucun juge commun. Il faut donc de néceſſité que ces deux partis ſoient conſidérés comme formant déſormais , au moins pour un tems , deux corps ſéparés, deux peuples différens. Que l'un des deux ait eu tort de rompre l'unité de l'état, de réſiſter à l'autorité légitime, ils n'en ſont pas moins diviſés de fait. D'ailleurs, qui les jugera , qui prononcera de quel côté ſe trouve le tort, ou la juſtice? Ils n'ont point de ſupérieur commun ſur la terre. Ils ſont donc dans le cas de deux nations qui entrent en conteſtation , & qui, ne pouvant s'accorder , ont recours aux armes.

Cela étant ainſi, il eſt bien évident que les loix communes de la guerre, ces maximes d'humanité, de modération, de droiture & d'honnêteté, que nous avons expoſées ci-deſſus, doivent être obſervées de part & d'autre dans les guerres civiles. Les mêmes raiſons qui en fondent l'obligation d'état à état, les rendent autant & plus néceſſaires, dans le cas malheureux où deux partis obſtinés déchirent leur commune patrie. Si le ſouverain ſe croit en droit de faire pendre les priſonniers comme rebelles, le parti oppoſé uſera de

§ 294. Ils doivent obſerver les loix communes de la guerre.

repréfailles (*a*) : s'il n'obferve pas religieufement les capitulations & toutes les conventions faites avec fes ennemis, ils ne fe fieront plus à fa parole : s'il brûle & dévafte, ils en feront autant : la guerre deviendra cruelle, terrible, & toujours plus funefte à la nation. On connoît les excès honteux & barbares du duc DE MONTPENSIER contre les réformés de la France : il livroit les hommes au bourreau, & les femmes à la brutalité d'un de fes officiers. Qu'arriva-t-il ? Les réformés s'aigrirent, ils tirerent vengeance de ces traitemens barbares ; & la guerre, déjà cruelle à titre de guerre civile & de guerre de religion, en devint encore plus funefte. Qui liroit fans horreur les cruautés féroces du baron DES ADRETS ? Tour-à-tour catholique & proteftant, il fignala fes fureurs dans l'un & l'autre parti. Enfin il fallut perdre ces prétentions de juge, contre des gens qui favoient fe foutenir les armes à la main, & les traiter, non en criminels, mais en ennemis. Les troupes même ont fouvent refufé de fervir dans une guerre où le prince les expofoit à de cruelles repréfailles. Prêts à verfer leur fang pour fon fervice les armes à la main, des officiers pleins d'honneur ne fe font pas crus obligés de s'expofer à une mort ignominieufe. Toutes les fois donc qu'un parti nombreux fe croit en droit de réfifter au fouverain, & fe voit en état d'en venir aux armes, la guerre doit fe faire entre eux de la même maniere qu'entre deux nations différentes, & ils doivent fe ménager les mêmes moyens d'en prévenir les excès, & de rétablir la paix.

(*a*) Le prince de Condé, général des troupes de Louis XIII contre les réformés, ayant fait pendre 64 officiers qu'il avoit fait prifonniers pendant la guerre civile, les réformés réfolurent d'ufer de repréfailles, & le duc de Rohan qui les commandoit fit pendre un pareil nombre d'officiers catholiques. Voyez les mémoires de Rohan.

Le duc d'Albe condamnoit à mort tous les prifonniers qu'il pouvoit faire fur les conféderés des Pays-Bas. Ceux-ci uferent de repréfailles, & le contraignirent enfin à refpecter à leur égard le droit des gens & les loix de la guerre. GROTIUS, *Ann. des Pays-Bas*, Liv. II.

Quand le souverain a vaincu le parti opposé, quand il l'a réduit à se soumettre, à demander la paix, il peut excepter de l'amnistie les auteurs des troubles, les chefs du parti, les faire juger suivant les loix, & les punir, s'ils sont trouvés coupables. Il peut sur-tout en user ainsi à l'occasion de ces troubles où il s'agit moins des intérêts des peuples que des vues particulieres de quelques grands, & qui méritent plutôt le nom de *révolte* que celui de *guerre civile*. Ce fut le cas de l'infortuné duc DE MONTMORENCY. Il prit les armes contre le roi, pour la querelle du duc D'ORLEANS. Vaincu & fait prisonner à la bataille de *Castelnaudary*, il perdit la vie sur un échafaud, par arrêt du parlement de Toulouse. S'il fut plaint généralement des honnétes gens, c'est qu'on le confidéra moins comme rebelle au roi, que comme opposé au trop grand pouvoir d'un ministre impérieux, & que ses vertus héroïques sembloient répondre de la pureté de ses vues (*a*).

§. 295.
Distinction des effets de la guerre civile, suivant les cas.

Lorsque des sujets prennent les armes, sans cesser de reconnoître le souverain, & seulement pour se procurer le redressement de leurs griefs, il y a deux raisons d'observer à leur égard les loix communes de la guerre. 1°. La crainte de rendre la guerre civile plus cruelle & plus funeste, par les représailles que le parti soulevé opposera, comme nous l'avons observé, aux sévérités du prince. 2°. Le danger de commettre de grandes injustices, en se hâtant de punir ceux que l'on traite de rebelles. Le feu de la discorde & de la guerre civile n'est pas favorable aux actes d'une justice pure & sainte : il faut attendre des tems plus tranquilles. Le prince fera sagement de garder ses prisonniers, jusqu'à ce qu'ayant rétabli le calme, il soit en état de les faire juger suivant les loix.

(*a*) Voyez les historiens du regne de LOUIS XIII.

Pour ce qui eſt des autres effets que le droit des gens attribue aux guerres publiques (voyez le chap. XII de ce Livre), & particuliérement de l'acquiſition des choſes priſes à la guerre, des ſujets qui prennent les armes contre leur ſouverain ſans ceſſer de le reconnoître, ne peuvent prétendre à ces effets ; le butin ſeul, les biens mobiliaires enlevés par l'ennemi, ſont eſtimés perdus pour les propriétaires , par la difficulté de les reconnoître, & à cauſe des inconvéniens ſans nombre qui naîtroient de leur revendication. Tout cela eſt réglé d'ordinaire, dans l'édit de pacification ou d'amniſtie.

Mais quand la nation ſe diviſe en deux partis abſolument indépendans, qui ne reconnoiſſent plus de ſupérieur commun, l'état eſt diſſous, & la guerre entre les deux partis retombe à tous égards dans le cas d'une guerre publique entre deux nations différentes. Qu'une république ſoit déchirée en deux partis , dont chacun prétendra former le corps de l'état, ou qu'un royaume ſe partage entre deux prétendans à la couronne , la nation eſt diviſée en deux parties, qui ſe traiteront réciproquement de rebelles : voilà deux corps qui ſe prétendent abſolument indépendans , & qui n'ont point de juge (§. 293). Ils décident la querelle par des armes, comme feroient deux nations différentes. L'obligation d'obſerver entre eux les loix communes de la guerre, eſt donc abſolue, indiſpenſable pour les deux partis , & la même que la loi naturelle impoſe à toutes les nations, d'état à état.

§. 296.
Conduite
que doi-
vent tenir
les nations
étrangeres.

Les nations étrangeres ne doivent pas s'ingérer dans le gouvernement intérieur d'un état indépendant (Liv. II, §. 54 & ſuiv.). Ce n'eſt point à elles de juger entre les citoyens que la diſcorde fait courir aux armes , ni entre le prince & les ſujets : les deux partis ſont également étrangers pour elles, également indépendans de leur autorité. Il leur reſte d'interpoſer leurs bons offices pour le rétabliſſement de la paix , & la loi naturelle les y invite (voyez Liv. II, chap. 1). Mais ſi leurs ſoins ſont infructueux, celles qui ne ſont liées par aucun traité peuvent ſans doute porter leur jugement, pour leur propre conduite, ſur le mérite de la cauſe, & aſſiſter le parti qui leur paroîtra avoir le bon droit de ſon côté, au cas que ce parti implore leur aſſiſtance, ou l'accepte : elles le peuvent, dis-je, tout comme il leur eſt libre d'épouſer la querelle d'une nation qui entre en guerre avec une autre, ſi elles la trouvent juſte. Quant aux alliés de l'état déchiré par une guerre civile, ils trouveront dans la nature de leurs engagemens, combinés avec les circonſ-tances, la regle de la conduite qu'ils doivent tenir : nous en avons traité ailleurs. (Voyez Liv. II, chap. 12, & particulié-rement les §§. 196 & 197.)

CHAPITRE I.

De la paix , & de l'obligation de la cultiver.

§. 1.
Ce que
c'est que la
paix.

A paix est opposée à la *guerre* : c'est cet état desirable dans lequel chacun jouit tranquillement de ses droits, ou les discute amiablement & par raison , s'ils sont controversés. Hobbes a osé dire que la guerre est l'état naturel de l'homme. Mais si, comme la raison le veut , on entend par *l'état naturel* de l'homme, celui auquel il est destiné & appellé par sa nature, il faut dire plutôt que la paix est son état naturel. Car il est d'un être raisonnable de terminer ses différends par les voies de la raison ; c'est le propre des bêtes de les vuider par la force (*a*). L'homme , ainsi que nous l'avons déjà observé (Prélim. §. 10), seul, dénué de secours, ne pourroit être que très - misérable; il a besoin du commerce & de l'assistence de ses semblables, pour jouir d'une vie douce, pour développer ses facultés, & vivre d'une maniere convenable à sa

(*a*) *Nam cum sint duo genera decertandi , unum per disceptationem , alterum per vim , cumque illud proprium sit hominis , hoc belluarum , confugiendum est ad posterius , si uti non licet superiore.* CICERO , de offic. Lib. 1, cap. 2.

nature

nature : tout cela ne fe trouve que dans la *paix*. C'eft dans la paix que les hommes fe refpectent , qu'ils s'entre fecourent , qu'ils s'aiment. Ils ne fortiroient point de cet heureux état , s'ils n'étoient emportés par les paffions , & aveuglés par les illufions groffieres de l'amour - propre. Le peu que nous avons dit des effets de la guerre, fuffit pour faire fentir combien elle eft funefte. Il eft trifte pour l'humanité, que l'injuftice des méchans la rende fi fouvent inévitable.

Les nations pénétrées des fentimens de l'humanité , férieufement occupées de leurs devoirs, éclairées fur leurs véritables & folides intérêts, ne chercheront jamais leur avantage au préjudice d'autrui ; foigneufes de leur propre bonheur , elles fauront l'allier avec celui des autres, & avec la juftice & l'équité. Dans ces difpofitions , elles ne pourront manquer de cultiver la paix. Comment s'acquitter de ces devoirs mutuels & facrés que la nature leur impofe , fi elles ne vivent enfemble en paix ? Et cet état ne fe trouve pas moins néceffaire à leur félicité , qu'à l'accompliffement de leurs devoirs. Ainfi la loi naturelle les oblige de toute maniere à rechercher & à cultiver la paix. Cette loi divine n'a pour fin que le bonheur du genre humain : c'eft là que tendent toutes fes regles , tous fes préceptes : on peut les déduire tous de ce principe, que les hommes doivent chercher leur propre félicité ; & la morale n'eft autre chofe que l'art de fe rendre heureux. Cela eft vrai des particuliers ; il ne l'eft pas moins des nations , comme on s'en convaincra fans peine, fi l'on veut réfléchir feulement fur ce que nous avons dit de leurs devoirs communs & réciproques, dans le premier chapitre du livre II.

§. 2.
Obligation de la cultiver.

Cette obligation de cultiver la paix , lie le fouverain par un double nœud. Il doit ce foin à fon peuple, fur qui la guerre attire une foule de maux : & il le doit de la maniere la plus étroite & la plus indifpenfable, puifque l'empire ne

§. 3.
Obligation du fouverain à ce même égard.

lui eft confié que pour le falut & l'avantage de la nation (liv. I, §. 39). Il doit ce même foin aux nations étrangeres, dont la guerre trouble le bonheur. Nous venons d'expofer le devoir de la nation à cet égard ; & le fouverain, revêtu de l'autorité publique , eft en même tems chargé de tous les devoirs de la fociété , du corps de la nation (liv. I, §. 41).

§. 4.
Etendue de ce de-voir.

Cette paix fi falutaire au genre humain , non feulement la nation ou le fouverain ne doit point la troubler lui-même ; il eft de plus obligé à la procurer autant que cela dépend de lui , à détourner les autres de la rompre fans nécefïité, à leur infpirer l'amour dé la juftice, de l'équité, de la tranquillité publique , l'amour de la paix. C'eft l'un des plus falutaires offices qu'il puiffe rendre aux nations & à l'univers entier. Le glorieux & aimable perfonnage que celui de pacificaeur ! Si un grand prince en connoiffoit bien les avantages , s'il fe repréfentoit la gloire fi pure & fi éclatante, dont ce précieux caractere peut le faire jouir , la reconnoiffance , l'amour, la vénération, la confiance des peuples ; s'il favoit ce que c'eft que régner fur les cœurs ; il voudroit être ainfi le bienfaiteur , l'ami & le pere du genre humain : il y trouveroit mille fois plus de charmes que dans les conquêtes les plus brillantes. AUGUSTE fermant le temple de *Janus* , donnant la paix à l'univers, accommodant les différends des rois & des peuples ; Augufte en ce moment, paroît le plus grand des mortels ; c'eft prefque un dieu fur la terre.

§. 5.
Des pertur-bateurs de la paix.

Mais ces perturbateurs de la paix publique, ces fléaux de la terre, qui, dévorés d'une ambition effrénée, ou pouffés par un caractere orgueilleux & féroce , prennent les armes fans juftice & fans raifon, fe jouent du repos des hommes & du fang de leurs fujets ; ces héros monftrueux , prefque déifiés par la fotte admiration du vulgaire, font les cruels ennemis du genre humain ; & ils devroient être traités comme tels. L'expérience nous montre affez combien la guerre caufe de maux, même aux peuples qui n'y font point impliqués : elle trouble le commerce, elle détruit la fubfiftance des hommes, elle fait hauffer le prix des chofes les plus néceffaires, elle répand de juftes alarmes, & oblige toutes les nations à fe mettre fur leurs gardes, à fe tenir armées. Quiconque rompt la paix fans fujet, nuit donc néceffairement aux nations même qui ne font pas l'objet de fes armes ; & il attaque effentiellement le bonheur & la fûreté de tous les peuples de la terre, par l'exemple pernicieux qu'il donne. Il les autorife à fe réunir pour le réprimer, pour le châtier, & pour lui ôter une puiffance dont il abufe. Quels maux ne fait-il pas à fa propre nation, dont il prodigue indignement le fang pour affouvir fes paffions déréglées, & qu'il expofe fans néceffité au reffentiment d'une foule d'ennemis ! Un miniftre fameux du dernier fiecle n'a mérité que l'indignation de fa nation, qu'il entraînoit dans des guerres continuelles, fans juftice, ou fans néceffité. Si par fes talens, par fon travail infatigable, il lui procura des fuccès brillans dans le champ de Mars, il lui attira, au moins pour un tems, la haine de l'Europe entiere.

L'amour de la paix doit empêcher également & de commencer la guerre fans néceffité, & de la continuer lorfque cette néceffité vient à ceffer. Quand un fouverain a été réduit à prendre les armes pour un fujet jufte & important, il peut pouffer les opérations de la guerre jufqu'à ce qu'il en ait atteint le but légitime, qui eft d'obtenir juftice & fûreté (liv. III, §. 28).

§. 6.
Jufqu'où on peut continuer la guerre.

Si la caufe eft douteufe, le jufte but de la guerre ne peut être que d'amener l'ennemi à une tranfaction équitable (liv. III, §. 38), & par conféquent elle ne peut être continuée que jufques-là. Auffi-tôt que l'ennemi offre ou accepte cette tranfaction, il faut pofer les armes.

Mais fi l'on a affaire à un ennemi perfide, il feroit imprudent de fe fier à fa parole & à fes fermens. On peut très-juftement , & la prudence le demande , profiter d'une guerre heureufe, & pouffer fes avantages jufqu'à ce qu'on ait brifé une puiffance exceffive & dangereufe , ou réduit cet ennemi à donner des fûretés fuffifantes pour l'avenir.

Enfin , fi l'ennemi s'opiniâtre à rejetter des conditions équitables , il nous contraint lui-même à pouffer nos progrès jufqu'à la victoire entiere & définitive , qui le réduit & le foumet. Nous avons vu ci-deffus (liv. III, chap. 8, 9 & 13) comment on doit ufer de la victoire.

§. 7.
Paix, fin de
la guerre.

Lorfque l'un des partis eft réduit à demander la paix, ou que tous les deux font las de la guerre, on penfe enfin à s'accommoder , & l'on convient des conditions. La paix vient mettre fin à la guerre.

§. 8.
Effets gé-
néraux de
la paix.

Les effets généraux & néceffaires de la paix font de réconcilier les ennemis & de faire ceffer de part & d'autre toute hoftilité. Elle remet les deux nations dans leur état naturel.

CHAPITRE II.

Des traités de paix.

§. 9.
Ce que
c'eft que le
traité de
paix.

QUAND les puiffances qui étoient en guerre font convenues de pofer les armes, l'accord, ou le contrat, dans lequel elles ftipulent les conditions de la paix, & reglent la maniere dont elle doit être rétablie & entretenue, s'appelle le *traité de paix.*

La même puiſſance qui a le droit de faire la guerre, de la réſoudre, de la déclarer, & d'en diriger les opérations, a naturellement auſſi celui de faire la paix & d'en conclure le traité. Ces deux pouvoirs ſont liés enſemble, & le ſecond ſuit naturellement du premier. Si le conducteur de l'état eſt autoriſé à juger des cauſes & des raiſons pour leſquelles on doit entreprendre la guerre, du tems & des circonſtances où il convient de la commencer, de la maniere dont elle doit être ſoutenue & pouſſée, c'eſt donc à lui auſſi d'en borner le cours, de marquer quand elle doit finir, de faire la paix. Mais ce pouvoir ne comprend pas néceſſairement celui d'accorder ou d'accepter, en vue de la paix, toute ſorte de conditions. Quoique l'état ait confié en général à la prudence de ſon conducteur, le ſoin de réſoudre la guerre & la paix, il peut avoir borné ſes pouvoirs ſur bien des choſes par les loix fondamentales. C'eſt ainſi que FRANÇOIS I, roi de France, avoit la diſpoſition abſolue de la guerre & de la paix; & cependant l'aſſemblée de *Cognac* déclara qu'il ne pouvoit aliéner par le traité de paix aucune partie du royaume (voyez liv. I, §. 265).

§. 10.
Par qui il peut être conclu.

La nation qui diſpoſe librement de ſes affaires domeſtiques, de la forme de ſon gouvernement, peut confier à une perſonne ou à une aſſemblée, le pouvoir de faire la paix, quoiqu'elle ne lui ait pas abandonné celui de déclarer la guerre. Nous en avons un exemple en Suede depuis la mort de CHARLES XII. Le roi ne peut déclarer la guerre ſans le conſentement des états aſſemblés en diete ; il peut faire la paix de concert avec le ſénat. Il eſt moins dangereux à un peuple d'abandonner à ſes conducteurs ce dernier pouvoir, que le premier. Il peut raiſonnablement eſpérer qu'ils ne feront la paix que quand elle ſera convenable aux intéréts de l'état. Mais leurs paſſions, leurs intéréts propres, leurs vues particulieres influent trop ſouvent

dans leurs réfolutions , quand il s'agit d'entreprendre la
guerre. D'ailleurs il faudroit qu'une paix fût bien miférable , fi elle ne valoit pas mieux que la guerre ; au contraire , on hafarde toujours beaucoup , lorfqu'on quitte le
repos pour prendre les armes.

Quand une puiffance limitée a le pouvoir de faire la paix ,
comme elle ne peut accorder d'elle-même toutes fortes de conditions , ceux qui voudront traiter fûrement avec elle , doivent exiger que le traité de paix foit approuvé par la nation, ou par la puiffance qui peut en accomplir les conditions. Si quelqu'un , par exemple , traite de la paix avec la
Suede , & demande pour condition une alliance défenfive , une garantie, cette ftipulation n'aura rien de folide ,
fi elle n'eft approuvée & acceptée par la diete , qui
feule a le pouvoir de lui donner effet. Les rois d'Angleterre ont le droit de conclure des traités de paix & d'alliance ; mais ils ne peuvent aliéner , par ces traités , aucune
des poffeffions de la couronne , fans le confentement du
parlement. Ils ne peuvent non plus , fans le concours du
même corps , lever aucun argent dans le royaume. C'eft
pourquoi , quand ils concluent quelque traité de fubfides ,
ils ont foin de le produire au parlement, pour s'affurer qu'il
les mettra en état de le remplir. L'empereur CHARLES-QUINT,
voulant exiger de FRANÇOIS I, fon prifonnier, des conditions
que ce roi ne pouvoit accorder fans l'aveu de la nation,
devoit le retenir jufques à ce que le traité de *Madrid* eût
été approuvé par les état-généraux de France , & que la
Bourgogne s'y fût foumife : il n'eût pas perdu le fruit de
fa victoire , par une négligence fort furprenante dans un
prince fi habile.

§. II.
Des aliéna-
tions faites
par le trai-
té de paix.

Nous ne répéterons point ici ce que nous avons dit plus
haut de l'aliénation d'un partie de l'état (liv. I, §§. 263 &
fuiv.), ou de l'état entier (*ib.* §§. 68 & fuiv.). Remarquons

feulement que , dans le cas d'une néceffité preffante, telle
que l'impofent les événemens d'une guerre malheureufe,
les aliénations que fait le prince pour fauver le refte de
l'état, font cenfées approuvées & ratifiées par le feul filence
de la nation, lorfqu'elle n'a point confervé, dans la forme
du gouvernement, quelque moyen aifé & ordinaire de donner fon confentement exprès , & qu'elle a abandonné au
prince une puiffance abfolue. Les états généraux font abolis
en France par non ufage, & par le confentement tacite de
la nation. Lors donc que ce royaume fe trouve preffé,
c'eft au roi feul de juger des facrifices qu'il peut faire pour
acheter la paix, & fes ennemis traitent folidement avec lui.
En vain les peuples diroient-ils qu'ils n'ont fouffert que
par crainte l'abolition des états généraux. Ils l'ont foufferte
enfin, & par-là ils ont laiffé paffer entre le mains du roi
tous les pouvoirs néceffaires pour contracter au nom de la
nation, avec les nations étrangeres. Il faut néceffairement
qu'il fe trouve dans l'état une puiffance avec laquelle ces
nations puiffent traiter fûrement. Un hiftorien (*a*) dit,
que *les loix fondamentales empêchent les rois de France de re-*
noncer à aucun de leurs droits, au préjudice de leurs fucceffeurs,
par aucun traité, ni libre, ni forcé. Les loix fondamentales
peuvent bien refuter au roi le pouvoir d'aliéner ce qui appartient à l'état, fans le confentement de la nation : mais
elles ne peuvent rendre nulle une aliénation, ou une renonciation, faite avec ce confentement (*b*). Et fi la nation

(*a*) L'abbé DE CHOISY , hiftoire de Charles V, p. 492.

(*b*) La renonciation d'Anne d'Autriche, époufe de Louis XIII , étoit bonne &
valable, ayant été confirmée par l'affemblée générale des CORTEZ, & enregiftrée
dans trus les tribunaux. Il n'en étoit pas de même de celle de Marie Thérefe, qui
ne fut point revêtue de ces formalités & n'avoit pas par conféquent le fceau de l'ap-
probation de la nation, le caractere de loi de l'état. Les cardinaux qui examinérent
cette affaire par ordre du pape, que Charles II avoit confulté, ne tinrent aucun
compte de la renonciation de Marie Thérefe , la jugeant incapable d'annuller les fta-
tuts de la patrie & la force de la coutume. Mém. du M. de S. PHILIPPE, tom. I ,
pag. 29.

a laiſſé venir les choſes en tel état qu'elle n'a plus le moyen de déclarer expreſſément ſon conſentement, ſon ſilence ſeul dans ces occaſions eſt un vrai conſentement tacite. S'il en étoit autrement, perſonne ne pourroit traiter ſûrement avec un pareil état, & infirmer ainſi d'avance tous les traités futurs ; ce feroit agir contre le droit des gens, qui preſcrit aux nations de conſerver les moyens de traiter enſemble (liv. I, §. 262) & de garder leurs traités (liv. II, §§. 163. 219 & ſuiv.).

Il faut obſerver enfin, que quand nous examinons ſi le conſentement de la nation eſt requis pour l'aliénation de quelque partie de l'état, nous entendons parler des parties qui ſont encore ſous la puiſſance de la nation, & non pas de celles qui ſont tombées pendant la guerre au pouvoir de l'ennemi. Car celles-ci n'étant plus poſ-ſédées par la nation, c'eſt au ſouverain ſeul, s'il a l'adminiſ-tration pleine & abſolue du gouvernement, le pouvoir de la guerre & de la paix ; c'eſt, dis-je, à lui ſeul de juger s'il convient d'abandonner ces parties de l'état, ou de continuer la guerre pour les recouvrer. Et quand même on voudroit prétendre qu'il ne peut ſeul les aliéner validement, il eſt, dans notre ſuppoſition, c'eſt-à-dire, s'il jouit de l'em-pire plein & abſolu, il eſt, dis-je, en droit de promettre que jamais la nation ne reprendra les armes pour recouvrer ces terres, villes, ou provinces, qu'il abandonne : & cela ſuffit pour en aſſurer la poſſeſſion tranquille à l'ennemi, qui les a conquiſes.

§. 12.
Comment le ſouve-rain peut diſpoſer dans le trai-té de ce qui intereſſe les particu-liers.

La néceſſité de faire la paix autoriſe le ſouverain à diſ-poſer, dans le traité, des choſes mêmes qui appartiennent aux particuliers ; & le *domaine éminent* lui en donne le droit (liv. I, §. 244). Il peut même, juſqu'à un certain point, diſpoſer de leur perſonne, en vertu de la puiſſance qu'il a ſur tous ſes ſujets. Mais l'état doit dédommager les citoyens, qui

qui fouffrent de ces difpofitions, faites pour l’avantage commun (*ibid*).

Tout empêchement, qui met le prince hors d’état d’adminiftrer les affaires du gouvernement, lui ôte fans doute le pouvoir de faire la paix. Ainfi un roi en bas âge, ou en démence, ne peut traiter de la paix : cela n’a pas befoin de preuve. Mais on demande, fi un roi prifonnier de guerre peut faire la paix, en conclure validement le traité? Quelques auteurs célebres (a) diftinguent ici entre le roi dont le royaume eft *patrimonial*, & celui qui n’en a que l’ufufruit. Nous croyons avoir détruit cette idée fauffe & dangereufe, de royaume patrimonial (Liv. I. §§. 68 & fuiv.), & fait voir évidemment, qu’elle doit fe réduire au feul pouvoir confié au fouverain, de défigner fon fucceffeur, de donner un autre prince à l’état, & d’en démembrer quelques parties, s’il le juge convenable; le tout conftamment pour le bien de la nation, en vue de fon plus grand avantage. Tout gouvernement légitime, quel qu’il puiffe être, eft uniquement établi pour le bien & le falut de l’état. Ce principe inconteftable une fois pofé, la paix n’eft plus l’affaire propre du roi, c’eft celle de la nation. Or il eft certain qu’un prince captif ne peut’ adminiftrer l’empire, vacquer aux affaires du gouvernement. Celui qui n’eft pas libre, commandera-t-il à une nation? Comment la gouverneroit-il au plus grand avantage du peuple, & pour le falut public? Il ne perd pas fes droits, il eft vrai; mais fa captivité lui ôte fa faculté de les exercer, parce qu’il n’eft pas en état d’en diriger l’ufage à fa fin légitime : c’eft le cas d’un roi mineur, ou de celui dont la raifon eft altérée. Il faut alors que celui, ou ceux, qui font appellés à la régence, par les loix de l’état, prennent les rênes du gouvernement. C’eft à eux

§13.
Si un roi
prifonnier
de guerre
peut faire
la paix.

(a) *Vide* Wolf. Jus Gent. §. 982.

Tome II.   E e

de traiter de la paix, d'en arrêter les conditions, & de la conclure, fuivant les loix.

Le fouverain captif peut la négocier lui-même, & promettre ce qui dépend de lui perfonnellement, mais le traité ne devient obligatoire pour la nation, que quand il eft ratifié par elle-même, ou par ceux qui font dépofitaires de l'autorité publique, pendant la captivité du prince, ou enfin par lui-même, après fa délivrance.

Au refte, fi l'état doit, autant qu'il fe peut, délivrer le moindre des citoyens, qui a perdu fa liberté pour la caufe publique, à plus forte raifon eft-il tenu de cette obligation envers fon fouverain, envers ce conducteur, dont les foins, les veilles & les travaux font confacrés au bonheur & au falut commun. Le prince fait prifonnier à la guerre n'eft tombé dans un état, qui eft le comble de la mifere pour un homme d'une condition fi relevée, qu'en combattant pour fon peuple, ce même peuple héfitera-t-il à le délivrer au prix des plus grands facrifices ? Rien, fi ce n'eft le falut même de l'état, ne doit être ménagé, dans une fi trifte occafion. Mais le falut du peuple eft, en toute rencontre, la loi fuprême ; & dans cette dure extrêmité, un prince généreux imitera l'exemple de REGULUS. Ce héros citoyen, renvoyé à Rome fur fa parole, diffuada les Romains de le délivrer par un traité honteux, quoiqu'il n'ignorât pas les fupplices, que lui réfervoit la cruauté des Carthaginois (*a*).

§. 14.
Si l'on peut
faire la
paix avec
un ufurpa-
teur.

Lorfqu'un injufte conquérant, ou tout autre ufurpateur, a envahi le royaume, dès que les peuples fe font foumis à lui, & par un hommage volontaire, l'ont reconnu pour leur fouverain, il eft en poffeffion de l'empire. Les autres nations, qui n'ont aucun droit de s'ingérer dans les affaires domeftiques de celle-ci, de fe mêler de fon gouver-

(*a*) Voyez TIT. LIV. *Epitom. Lib.* XVIII, & les autres hiftoriens.

nement, doivent s’en tenir à fon jugement & fuivre la poffeffion. Elles peuvent donc traiter de la paix avec l’ufurpateur, & conclure avec lui. Par là elles ne bleffent point le droit du fouverain légitime. Ce n’eft point à elles d’examiner ce droit, & d’en juger; elles le laiffent pour ce qu’il eft, & s’attachent uniquement à la poffeffion, dans les affaires qu’elles ont avec ce royaume, fuivant leur propre droit & celui de l’état, dont la fouveraineté eft difputée. Mais cette regle n’empêche pas qu’elles ne puiffent époufer la querelle du roi dépouillé, fi elles la trouvent jufte, & lui donner du fecours : alors elles fe déclarent ennemies de la nation qui a reconnu fon rival, comme elles ont la liberté, quand deux peuples différens font en guerre, d’affifter celui qui leur paroît le mieux fondé.

La partie principale, le fouverain au nom de qui la guerre s’eft faite, ne peut avec juftice, faire la paix, fans y comprendre fes alliés, j’entens ceux qui lui ont donné du fecours, fans prendre part directement à la guerre. C’eft une précaution néceffaire pour les garantir du reffentiment de l’ennemi. Car bien que celui-ci ne doive pas s’offenfer contre des alliés de fon ennemi, qui engagés feulement à la défenfive, ne font autre chofe que remplir fidélement leurs traités (Liv. III. §. 181), il eft trop ordinaire que les paffions déterminent plutôt les démarches des hommes, que la juftice & la raifon. Si ces alliés ne le font que depuis la guerre, & à l’occafion de cette même guerre, quoiqu’ils ne s’y engagent pas de toutes leurs forces, ni directement, comme parties principales, ils donnent cependant à celui contre qui ils s’allient, un jufte fujet de les traiter en ennemis. Celui qu’ils ont affifté, ne peut négliger de les comprendre dans la paix.

§. 15.
Alliés compris dans le traité de paix.

Mais le traité de la partie principale n’oblige fes alliés. qu’autant qu’ils veulent bien l’accepter, à moins qu’ils ne lu ayent donné tout pouvoir de traiter pour eux. En les comprenant dans fon traité, elle acquiert feulement contre fon ennemi réconcilié, le droit d'exiger qu'il n'attaque point ces alliés, à raifon des fecours qu'ils ont donnés contre lui ; qu'il ne les molefte point & qu'il vive en paix avec eux, comme fi rien n'étoit arrivé.

§. 16.
Les affociés doivent traiter chacun pour foi.

Les fouverains qui fe font affociés pour la guerre, tous ceux qui y ont pris part directement, doivent faire leur traité de paix, chacun pour foi. C'eft ainfi que cela s'eft pratiqué à *Nimegue*, à *Rifvvick*, à *Utrecht*. Mais l'alliance les oblige à traiter de concert. De favoir en quels cas un affocié peut fe détacher de l'alliance, & faire fa paix particuliere ; c'eft une queftion, que nous avons examinée en traitant des fociétés de guerre (Liv. III, chap. 4), & des alliances en général (Liv. II, chap. 12 & 15).

§. 17.
De la médiation.

Souvent deux nations, également laffes de la guerre, ne laiffent pas de la continuer, par la feule raifon, que chacune craint de faire des avances, qui pourroient être imputées à foibleffe ; ou elles s'y opiniâtrent par animofité, & contre leurs véritables intérêts. Alors des amis communs interpofent avec fruit leurs bons offices, en s'offrant pour médiateurs. C'eft un office bien falutaire, & bien digne d'un grand prince, que celui de réconcilier deux nations ennemies & d'arrêter l'effufion du fang humain ; c'eft un devoir facré, pour ceux qui ont les moyens d'y réuffir. Nous nous bornons à cette feule réflexion, fur une matiere, que nous avons déjà traitée (Liv. II, §. 328).

§. 18.
Sur quelpied la paix peut fe conclure.

Le traité de paix ne peut être qu'une tranfaction. Si l'on devoit y obferver les regles d'une juftice exacte & rigoureufe, enforte que chacun reçut précifément tout ce qui lui appartient, la paix deviendroit impoffible. Premiérement, à l'égard du fujet même qui a donné lieu à la guerre, il faudroit que l'un des partis reconnut fon tort , & condamnât lui - même fes injuftes prétentions ; ce qu'il fera difficilement tant qu'il ne fera pas réduit aux dernieres extrêmités. Mais s'il avoue l'injuftice de fa caufe , il doit paffer condamnation fur tout ce qu'il a fait pour la foutenir : il faut qu'il rende ce qu'il a pris injuftement , qu'il rembourfe les fraix de la guerre , qu'il répare les dommages ? Et comment faire une jufte eftimation de tous les dommages ? A quoi taxera-t-on le fang répandu , la perte d'un grand nombre de citoyens, la défolation des familles ? Ce n'eft pas tout encore. La juftice rigoureufe exigeroit de plus , que l'auteur d'une guerre injufte fut foumis à une peine proportionnée aux injures , dont il doit une fatisfaction , & capable de pourvoir à la fûreté future de celui qu'il a attaqué. Comment déterminer la nature de cette peine, en marquer précifément le dégré ? Enfin celui- même , de qui les armes font juftes , peut avoir paffé les bornes d'une jufte défenfe , porté à l'excès des hoftilités , dont le but étoit légitime ; autant de torts , dont la juftice rigoureufe demanderoit la réparation. Il peut avoir fait des conquêtes & un butin , qui excédent la valeur de ce qu'il avoit à prétendre. Qui en fera le calcul exact, la jufte eftimation ? Puis donc qu'il feroit affreux de perpétuer la guerre , de la pouffer jufqu'à la ruine entiere de l'un des partis , & que dans la caufe la plus jufte, on doit penfer enfin à rétablir la paix , & tendre conftamment à cette fin falutaire ; il ne refte d'autre moyen que de tranfiger fur toutes les prétentions , fur tous les griefs de part & d'autre , & d'anéantir tous les différends, par une convention , la plus équitable qu'il foit poffible. On n'y décide point la caufe même de la guerre , ni les controverfes, que les divers actes d'hoftilité pourroient exciter ; ni l'une, ni l'autre des parties n'y eft condamnée comme injufte ; il n'en eft gueres qui voulut le fouffrir : mais on y convient de ce que chacun doit avoir, en extinction de toutes fes prétentions.

§. 19.
Effet général du traité de paix.

L'effet du traité de paix eſt de mettre fin à la guerre, & d'en abolir le ſujet. Il ne laiſſe aux parties contractantes aucun droit de commettre des actes d'hoſtilité, ſoit pour le ſujet même qui avoit allumé la guerre, ſoit pour tout ce qui s'eſt paſſé dans ſon cours. Il n'eſt donc plus permis de reprendre les armes pour le même ſujet. Auſſi voyons-nous que dans ces traités, on s'engage réciproquement à une *paix perpétuelle*. Ce qu'il ne faut pas entendre comme ſi les contractans promettoient de ne ſe faire jamais la guerre, pour quelque ſujet que ce ſoit. La paix ſe rapporte à la guerre qu'elle termine, & cette paix eſt réellement perpétuelle, ſi elle ne permet pas de réveiller jamais la même guerre, en reprenant les armes pour la cauſe qui l'avoit allumée.

Au reſte, la tranſaction ſpéciale ſur une cauſe, n'éteint que le moyen ſeul, auquel elle ſe rapporte, & elles n'empêcheroit point qu'on ne pût dans la ſuite, ſur d'autres fondemens, former de nouvelles prétentions à la choſe même. C'eſt pourquoi on a communément ſoin d'exiger une tranſaction générale, qui ſe rapporte à la choſe même controverſée, & non pas ſeulement à la controverſe préſente; on ſtipule une renonciation générale à toute prétention quelconque ſur la choſe dont il s'agit. Et alors, quand même, par de nouvelles raiſons, celui qui a renoncé ſe verroit un jour en état de démontrer, que cette choſe-là lui appartenoit, il ne ſeroit plus reçu à la reclamer.

§. 20.
De l'amniſtie.

L'*amniſtie* eſt un oubli parfait du paſſé; & comme la paix eſt deſtinée à mettre à néant tous les ſujets de diſcorde, ce doit être là le premier article du traité. C'eſt auſſi à quoi on ne manque pas aujourd'hui. Mais quand le traité n'en diroit pas un mot, l'*amniſtie* y eſt néceſſairement compriſe, par la nature même de la paix.

§. 21.
Des choſes

Chacune des puiſſances qui ſe font la guerre prétendant

être fondée en juſtice, & perſonne ne pouvant juger de cette ^{dont le} prétention (Liv. III , §. 188); l'état où les choſes ſe trou- ^{traité ne} vent, au moment du traité, doit paſſer pour légitime , & ſi ^{dit rien.} l'on veut y apporter du changement, il faut que le traité en faſſe une mention expreſſe. Par conſéquent, toutes les choſes dont le traité ne dit rien, doivent demeurer dans l'état, où elles ſe trouvent lors de ſa concluſion. C'eſt auſſi une conſéquence de l'amniſtie promiſe. Tous les dommages cauſés pendant la guerre , ſont pareillement mis en oubli ; & l'on n'a aucune action pour ceux, dont la réparation n'eſt pas ſtipulée dans le traité : ils ſont regardés comme non avenus.

Mais on ne peut étendre l'effet de la tranſaction , ou de l'amniſtie, à des choſes , qui n'ont aucun rapport à la guerre §. 22. terminée par le traité. Ainſi des répétitions fondées ſur une Des choſes dette, ou ſur une injure antérieure à la guerre , qui n'a eu qui ne ſont pas com- aucune part aux raiſons qui l'ont fait entreprendre , demeu- priſes dans la tranſac- rent en leur entier , & ne ſont point abolies prr le traité, tion , ou à moins qu'on ne l'ait expreſſément étendu à l'anéantiſſement dans l'am- de toute prétention quelconque. Il en eſt de même des dettes, niſtie. contractées pendant la guerre , mais pour des ſujets qui n'y ont aucun rapport , ou des injures , faites auſſi pendant ſa durée, mais ſans rélation à l'état de guerre.

Les dettes contractées envers des particuliers , ou les torts qu'ils peuvent avoir reçus d'ailleurs , ſans rélation à la guerre, ne ſont point abolis non plus par la tranſaction & l'amniſtie, qui ſe rapportent uniquement à leur objet, ſavoir à la guerre, à ſes cauſes & à ſes effets. Ainſi deux ſujets de puiſſances ennemies contractant enſemble en pays neutre, ou l'un y recevant quelque tort de l'autre , l'accompliſſement du contract , ou la réparation de l'injure & du dommage pourra être pourſuivie après la concluſion du traité de paix.

Enfin , ſi le traité porte que toutes choſes ſeront rétablies dans l'état où elles étoient avant la guerre ; cette claufe ne s'entend que des immeubles, & elle ne peut s'étendre aux chofes mobiliaires, au butin, dont la propriété paffe d'abord à ceux qui s'en emparent, & qui eft cenfé abandonné par l'ancien maître, à caufe de la difficulté de le reconnoître, & du peu d'efpérance de le recouvrer.

§. 23.
Les traités anciens rappellés & confirmés dans le nouveau, en font partie.

Les traités anciens, rappellés & confirmés dans le dernier, font partie de celui-ci, comme s'ils y étoient renfermés & tranfcrits de mot à mot : & dans les nouveaux articles qui fe rapportent aux anciennes conventions, l'interprétation doit fe faire fuivant les regles données ci-deffus, (Liv. II, chap. 17) & en particulier au paragraphe 286.

CHAPITRE III.

De l'exécution du traité de paix.

§. 24.
Quand le traité commence à obliger.

LE traité de paix oblige les parties contractantes du moment qu'il eft conclu ; auffi-tôt qu'il a reçu toute fa forme ; & elles doivent en procurer inceffamment l'exécution (a). Il faut que toutes les hoftilités ceffent dès-lors, à moins que l'on n'ait marqué un jour, auquel la paix doit

(a) Il eft effentiel de ne négliger aucune des formalités qui peuvent affurer l'exécution d'un traité & prévenir de nouvelles brouilleries. C'eft ainfi qu'on doit le faire enregiftrer par tout où il convient. M. Van Beuningen écrivoit au grand penfionnaire de Witt en 1662 : *Les articles & conditions de cette alliance, contiennent plufieurs affaires de différente nature, dont la plûpart font du reffort du confeil du roi, plufieurs de celui de l'amirauté & d'autres des tribunaux civils, des parlemens &c. par ex. le droit d'aubaine qui eft du reffort de la chambre de Camptes. Ainfi ce traité doit être enregiftré dans tous ces endroits.* Cet avis fut fuivi & les états généraux exigerent que le traité de la même année fut vérifié dans tous les parlemens du royaume. Voyez ce que répond le roi fur ce fujet dans fa lettre au comte d'Eftrades, pag. 399.

commencer

commencer. Mais ce traité n’oblige les fujets, que du moment qu’il leur eft notifié. Il en eft ici comme de la treve (Liv. III. §. 239). S’il arrive que des gens de guerre commettent, dans l’étendue de leurs fonctions & en fuivant les regles de leurs devoirs, quelques hoftilités, avant que le traité de paix foit duement venu à leur connoiffance; c’eft un malheur, dont ils ne peuvent être punis; mais le fouverain, déjà obligé à la paix, doit faire reftituer ce qui a été pris depuis qu’elle eft conclue, il n’a aucun droit de le retenir.

Et afin de prévenir ces funeftes accidens, qui peuvent coûter la vie à plufieurs innocens, on doit publier la paix fans délai, au moins pour les gens de guerre. Mais aujourd’hui, que les peuples ne peuvent entreprendre d’euxmêmes aucun acte d’hoftilité, & qu’ils ne fe mêlent pas de la guerre, la publication folemnelle de la paix peut fe différer, pourvu que l’on mette ordre à la ceffation des hoftilités; ce qui fe fait aifément, par le moyen des généraux, qui dirigent toutes les opérations, ou par un armiftice publié à la tête des armées. La paix faite en 1735 entre l’empereur & la France, ne fut publiée que long tems après. On attendit que le traité en fut digéré à loifir; les points les plus importans ayant été réglés dans les préliminaires. La publication de la paix remet les deux nations dans l’état où elles fe trouvoient avant la guerre : elle rouvre entr’elles un libre commerce, & permet de nouveau aux fujets de part & d’autre, ce qui leur étoit interdit par l’état de guerre. Le traité devient par la publication, une loi pour les fujets, & ils font obligés de fe conformer déformais aux difpofitions dont on y eft convenu. Si, par exemple, le traité porte que l’une des deux nations s’abftiendra d’un certain commerce, tous les membres de cette nation feront obligés de renoncer à ce commerce, du moment que le traité fera publié.

§. 25.
Publication
de la paix.

§. 26.
Du tems de
l'exécu-
tion.

Lorfqu'on n'a point marqué de terme , pour l'accompliffe-ment du traité , & pour l'exécution de chacun des articles ; le bon fens dit que chaque point doit être exécuté auffi-tôt qu'il eft poffible : c'eft fans doute ainfi qu'on l'a entendu. La foi des traités exclut également , dans leur exécution , toute négligence, toute lenteur, & tous délais affectés.

§. 27.
Une excufe
légitime
doit être
admife.

Mais, en cette matiere comme en toute autre , une ex-cufe légitime , fondée fur un empêchement réel & infur-montable , doit être admife ; car perfonne n'eft tenu à l'im-poffible. L'empêchement, quand il n'y a point de la faute du promettant , anéantit une promeffe qui ne peut être remplie par un équivalent , & dont l'exécution ne peut fe remettre à un autre tems. Si la promeffe peut être remplie en une autre occafion , il faut accorder un délai convenable. Suppo-fons que , par le traité de paix , l'une des parties ait promis à l'autre un corps de troupes auxiliaires : elle ne fera point tenue à le fournir , s'il arrive qu'elle en ait un befoin preffant , pour fa propre défenfe : qu'elle ait promis une certaine quantité de bled par année ; on ne pourra les exiger , lorf-qu'elle fouffre la difette : mais quand elle fe retrouvera dans l'abondance , elle devra livrer, fi on l'exige , ce qui eft de-meuré en arriere.

§. 28.
La promef-
fe tombe,
quand l'ac-
ceptant en
a lui-même
empêché
l'exécu-
tion.

L'on tient encore pour maxime , que le promettant eft dégagé de fa promeffe , lorfque s'étant mis en devoir de la remplir , aux termes de fon engagement , celui à qui elle étoit faite , l'a empêché lui-même de l'accomplir. On eft cenfé remettre une promeffe , dont on empêche foi-même l'exé-cution. Difons donc encore, que fi celui qui a promis une chofe par le traité de paix , étoit prêt à l'effectuer dans le tems convenu , ou tout de fuite & en tems convenable , s'il n'y a point de terme marqué , & que l'autre partie ne l'ait pas voulu ; le promettant eft quitte de fa promeffe. Car l'acceptant ne s'étant pas réfervé le droit d'en fixer l'exécution à fa volonté, il eft cenfé y renoncer, lorfqu'il ne l'accepte pas dans le tems convenable, & pour lequel la promeffe a été faite. S'il demande que la preftation foit remife à un autre tems; la bonne foi exige que le promettant confente au délai, à moins qu'il ne faffe voir par de bonnes raifons, que la promeffe lui deviendroit alors plus onéreufe.

Lever des contributions eft un acte d'hoftilité, qui doit ceffer dès que la paix eft conclue (§. 24). Celles qui font déja promifes, & non encore payées, font dues, & fe peuvent exiger à titre de chofe due. Mais pour éviter toute difficulté, il faut s'expliquer nettement & en détail, fur ces fortes d'articles; & on a foin ordinairement de le faire. §. 29. Ceffation des contributions

Les fruits des chofes reftituées à la paix font dus dès l'inftant marqué pour l'exécution : s'il n'y a point de terme fixé, les fruits font dus dès le moment que la reftitution des chofes a été accordée ; mais on ne rend pas ceux qui étoient échûs, ou cueillis, avant la conclufion de la paix. Car les fruits font au maître du fonds ; & ici la poffeffion eft tenue pour un titre légitime. Par la même raifon, en cédant un fonds, on ne céde pas en même tems les fruits qui font déjà dus. C'eft ce qu'AUGUSTE foutint avec raifon, contre SEXTUS POMPE'E, qui prétendoit, lorfqu'on lui eut donné le Péloponefe, fe faire payer les impôts des années précédentes (a). §. 30. Des fruits de la chofe reftituée ou cédée.

Les chofes dont la reftitution eft fimplement ftipulée dans le traité de paix, fans autre explication, doivent être rendues dans l'état où elles ont été prifes ; car le terme de reftitution fignifie naturellement le rétabliffement de toutes chofes dans leur premier état. Ainfi, en reftituant une chofe, on doit rendre en même tems tous les droits, qui y étoient attachés lorfqu'elle a été prife. Mais il ne faut pas comprendre fous cette regle, les changemens qui peuvent avoir été §. 31. En quel état les chofes doivent être rendues.

____

(a) APPIAN. de Bell. civ. Lib. V, cité par GROTIUS, Lib. II, cap. 20. §. 22.

une fuite naturelle , un effet de la guerre même & de fes opérations. Une place fera rendue dans l'état où elle étoit quand on l'a prife , autant qu'elle fe trouvera encore dans ce même état , à la conclufion de la paix. Mais fi la place a été rafée , ou démantelée , pendant la guerre ; elle l'a été par le droit des armes , & l'amniftie met à néant ce dommage. On n'eft pas tenu à rétablir un pays ravagé , que l'on rend à la paix : on le rend tel qu'il fe trouve. Mais comme ce feroit une infigne perfidie que de dévafter ce pays , après la paix faite , & avant que de le rendre ; il en eft de même d'une place , dont la guerre a épargné les fortifications : la démanteler , pour la rendre, feroit un trait de mauvaife foi. Si le vainqueur en a réparé les breches, s'il l'a rétablie dans l'état où elle étoit avant le fiege, il doit la rendre dans ce même état. Mais s'il y a ajouté quelques ouvrages , il peut les démolir. Que s'il a rafé les anciennes fortifications , pour en conftruire de nouvelles , il fera néceffaire de convenir fur cette amélioration , ou de marquer précifément en quel état la place doit être rendue. Il eft bon même , pour prévenir toute chicane & toute difficulté, de ne jamais négliger cette derniere précaution. Dans un inftrument deftiné à rétablir la paix , on ne doit , s'il fe peut, laiffer aucune ambiguité , rien qui foit capable de rallumer la guerre. Ce n'eft point là , je le fais , la méthode de ceux qui s'eftiment aujourd'hui les plus habiles négociateurs. Ils s'étudient, au contraire , à gliffer dans un traité de paix, des claufes obfcures, ou ambigues , afin de referver à leur maître un prétexte de brouiller de nouveau , & de reprendre les armes , à la premiere occafion favorable. Nous avons déja remarqué ci-deffus (Liv. II , §. 231), combien cette miférable fineffe eft contraire à la foi des traités. Elle eft indigne de la candeur & de la nobleffe , qui doivent éclater dans toutes les actions d'un grand prince.

Mais comme il eſt bien difficile qu'il ne ſe trouve quelque ambiguité dans un traité, dreſſé même avec tout le ſoin & toute la bonne foi poſſible, ou qu'il ne ſurvienne quelque difficulté dans l'application de ſes clauſes aux cas particuliers; il faudra ſouvent recourir aux regles d'interprétation. Nous avons conſacré un chapitre entier à l'expoſition de ces regles importantes (*a*) , & nous ne nous jetterons point ici dans des répétitions ennuyeuſes. Bornons-nous à quelques regles , qui conviennent plus particuliérement à l'eſpece, aux traités de paix. 1°. En cas de doute, l'interprétation ſe fait contre celui qui a donné la loi dans le traité. Car c'eſt lui, en quelque façon, qui l'a dicté : c'eſt ſa faute , s'il ne s'eſt pas énoncé plus clairement ; & en étendant, ou reſſerrant la ſignification des termes, dans le ſens qui lui eſt le moins favorable , ou on ne lui fait aucun tort, ou on ne lui fait que celui auquel il a bien voulu s'expoſer ; mais par une interprétation contraire , on riſqueroit de toûrner des termes vagues , ou ambigus, en pieges pour le plus foible contractant, qui a été obligé de recevoir ce que le plus fort a dicté.

2°. Le nom des pays cédés par traité doit s'entendre ſuivant l'uſage reçu alors par les perſonnes habiles & intelligentes. Car on ne préſume point que des ignorans ou des ſots ſoient chargés d'une choſe auſſi importante que l'eſt un traité de paix, & les diſpoſitions d'un contrat doivent s'entendre de ce que les contractans ont eu vraiſemblablement dans l'eſprit, puiſque c'eſt ſur ce qu'ils ont dans l'eſprit qu'ils contractent.

3°. Le traité de paix ne ſe rapporte naturellement & de lui-même qu'à la guerre, à laquelle il met fin. Ses clauſes vagues ne doivent donc s'entendre que dans cette rélation. Ainſi la ſimple ſtipulation du rétabliſſement des choſes dans

(*a*) Liv. II , chap. 17.

§. 32.
De l'inter-
prétation
du traité
de paix :
qu'elle ſe
fait contre
celui qui a
donné la
loi.

§. 33.
Du nom
des pays
cédés.

§. 34.
La reſtitu-
tion ne
s'entend
pas de
ceux qui ſe
ſont don-
nés volon-
tairement.

leur état, ne fe rapporte point à des changemens, qui n'ont pas été opérés par la guerre même. Cette claufe générale, ne pourra donc obliger l'une des parties à remettre en liberté un peuple libre, qui fe fera donné volontairement à elle, pendant la guerre. Et comme un peuple abandonné par fon fouverain devient libre, & maître de pourvoir à fon falut comme il l'entend (Liv. I, §. 202), fi ce peuple, dans le cours de la guerre, s'eft donné & foumis volontairement à l'ennemi de fon ancien fouverain, fans y être contraint par la force des armes, la promeffe générale de rendre les conquétes ne s'étendra point jufqu'à lui. En vain dira-t-on que celui qui demande le rétabliffement de toutes chofes fur l'ancien pied, peut avoir intérêt à la liberté du premier des peuples dont nous parlons, & qu'il en a vifiblement un très-grand à la reftitution du fecond. S'il vouloit des chofes, que la claufe générale ne comprend point d'elle-même, il devoit s'en expliquer clairement & fpécialement. On peut inférer toutes fortes de conventions dans un traité de paix, mais fi elles n'ont aucun rapport à la guerre qu'il s'agit de terminer, il faut les prononcer bien expreffément, car le traité ne s'entend naturellement que de fon objet.

CHAPITRE IV.

De l'obfervation & de la rupture du traité de paix.

LE traité de paix, conclu par une puiffance légitime, eft fans-doute un traité public, qui oblige toute la nation (Liv. II, §. 154). Il eft encore, par fa nature, un traité réel; car s'il n'étoit fait que pour la vie du prince, ce feroit un traité de treve, & non pas de paix. D'ailleurs

tout traité, qui, comme celui-ci, eſt fait en vue du bien
public, eſt un traité réel (Liv. II , §. 189). Il oblige donc
les ſucceſſeurs auſſi fortement que le prince même qui l'a
ſigné; puiſqu'il oblige l'état même, & que les ſucceſſeurs ne
peuvent jamais avoir, à cet égard, d'autres droits que ceux
de l'état.

Après tout ce que nous avons dit de la foi des traités, §. 36.
de l'obligation indiſpenſable qu'ils impoſent, il ſeroit ſuperflu Il doit être
de s'étendre à montrer en particulier, combien les ſouve- fidélement]
rains & les peuples doivent être religieux obſervateurs des obſervé.
traités de paix. Ces traités intéreſſent & obligent les nations
entieres; ils ſont de la derniere importance, leur rupture
rallume infailliblement la guerre : toutes raiſons, qui donnent
une nouvelle force à l'obligation de garder la foi, de remplir fidélement ſes promeſſes.

On ne peut ſe dégager d'un traité de paix, en alléguant §. 37.
qu'il a été extorqué par la crainte, ou arraché de force. Pre- L'excep-
miérement, ſi cette exception étoit admiſe, elle ſapperoit tion priſe
par les fondemens toute la ſûreté des traités de paix, car il de la crain-
en eſt peu contre leſquels on ne pût s'en ſervir, pour cou- te, ou de
vrir la mauvaiſe foi. Autoriſer une pareillé défaite, ce ſeroit la force, ne
attaquer la ſûreté commune & le ſalut des nations : la maxime peut en dé-
feroit exécrable, par les mêmes raiſons, qui rendent la gager.
foi des traités ſacrée dans l'univers (Livre II, §. 220).
D'ailleurs, il ſeroit preſque toujours honteux & ridicule,
d'alléguer une pareille exception. Il n'arrive gueres aujour-
d'hui que l'on attende les dernieres extrêmités pour faire la
paix : une nation, bien que vaincue en pluſieurs batailles,
peut encore ſe défendre, elle n'eſt pas ſans reſſource, tant
qu'il lui reſte des hommes & des armes. Si, par un traité
déſavantageux, elle trouve à propos de ſe procurer une paix
néceſſaire, ſi elle ſe rachette d'un danger imminent, d'une
ruine entiere, par de grands ſacrifices, ce qui lui reſte eſt

encore un bien, qu'elle doit à la paix, elle s'eſt déterminée librement à préférer une perte certaine & préſente, mais bornée, à l'attente d'un mal encore à venir, mais trop probable, & terrible.

Si jamais l'exception de la contrainte peut être alléguée, c'eſt contre un acte, qui ne mérite pas le nom de traité de paix, contre une ſoumiſſion forcée à des conditions', qui bleſſent également la juſtice & tous les devoirs de l'humanité. Qu'un avide & injuſte conquérant ſubjugue une nation, qu'il la force à accepter des conditions dures, honteuſes, inſupportables, la néceſſité la contraint à ſe ſoumettre. Mais ce repos apparent n'eſt pas une paix : c'eſt une oppreſſion, que l'on ſouffre, tandis qu'on manque de moyens pour s'en délivrer, & contre laquelle des gens de cœur ſe ſoulevent à la premiere occaſion favorable. Lorſque FERNAND CORTEZ attaquoit l'empire du Mexique, ſans aucune ombre de raiſon, ſans le moindre prétexte apparent, ſi l'infortuné MONTE-ZUMA eût pu racheter ſa liberté en ſe ſoumettant à des conditions également dures & injuſtes, à recevoir garniſon dans ſes places & dans ſa capitale, [à payer un tribut immenſe, à obéir aux ordres du roi d'Eſpagne ; de bonne foi, dira-t-on qu'il n'eût pu avec juſtice ſaiſir une occaſion favorable, pour rentrer dans ſes droits & délivrer ſon peuple ; pour chaſſer, pour exterminer des uſurpateurs avides, inſolens & cruels ? Non, non ; on n'avancera pas ſérieuſement une ſi grande abſurdité. Si la loi naturelle veille au ſalut & au repos des nations, en recommandant la fidélité dans les promeſſes, elle ne favoriſe pas les oppreſſeurs. Toutes ſes maximes vont au plus grand bien de l'humanité : c'eſt la grande fin des loix & du droit. Celui qui rompt lui-même tous les liens de la ſociété humaine pourra-t-il les reclamer ? S'il arrive qu'un peuple abuſe de cette maxime, pour ſe ſoulever injuſtement & recommencer la guerre, il vaut

mieux

mieux s'expoſer à cet inconvénient, que de donner aux uſurpateurs un moyen aiſé d'éternifer leurs injuſtices, & d'aſſeoir
leur uſurpation ſur un fondement ſolide. Mais quand vous vou-
driez prêcher une doctrine, qui s'oppoſe à tous les mouvemens de la nature, à qui la perſuaderez-vous.

Les accommodemens équitables, ou au moins ſuppor-
tables, méritent donc ſeuls le nom de traités de paix : ce ſont
ceux-là, où la foi publique eſt engagée, & que l'on doit
gàrder fidélement, bien qu'on les trouve durs & onéreux,
à divers égards. Puiſque la nation y a conſenti, il faut
qu'elle les ait regardés encore comme un bien, dans l'état
où étoient les choſes, & elle doit reſpecter ſa parole. Si
l'on pouvoit défaire dans un tems, ce que l'on a été bien-
aiſe de faire dans un autre, il n'y auroit rien de ſtable parmi
les hommes.

§. 38.
En com-
bien de
manieres
un traité
de paix
peut ſe
rompre.

Rompre le traité de paix, c'eſt en violer les engagemens, ſoit en faiſant ce qu'il défend, ſoit en ne faiſant pas
ce qu'il preſcrit. Or on peut manquer aux engagemens du
traité en trois manieres différentes : ou par une conduite
contraire à la nature & à l'eſſence de tout traité de paix en
général, ou par des procédés incompatibles avec la nature
particuliere du traité, ou enfin en violant quelqu'un de ſes
articles exprès.

1º. On agit contre la nature & l'eſſence de tout traité
de paix, contre la paix elle-même, quand on la trouble ſans
ſujet, ſoit en prenant les armes & recommençant la guerre,
quoiqu'on ne puiſſe alléguer même un prétexte tant ſoit peu
plauſible, ſoit en offenſant de gaieté de cœur celui avec qui
on a fait la paix, & en le traitant, lui ou ſes ſujets, d'une
maniere incompatible avec l'état de paix, & qu'il ne peut
ſouffrir, ſans ſe manquer à ſoi-même. C'eſt encore agir contre la nature de tout traité de paix, que de reprendre les ar-

§. 39.
1º. Par
une con-
duite con-
traire à la
nature de
tout traité
de paix.

mes pour le même fujet qui avoit allumé la guerre, ou par reffentiment de quelque chofe, qui s'eft paffée dans le cours des hoftilités. Si l'on ne peut fe couvrir au moins d'un prétexte fpécieux, emprunté de quelque fujet nouveau, on reffufcite manifeftement la guerre qui avoit pris fin, & on rompt le traité de paix.

§. 40.
Prendre les armes pour un fujet nouveau, ce n'eft pas rompre le traité de paix.

Mais prendre les armes pour un fujet nouveau, ce n'eft pas rompre le traité de paix. Car bien que l'on ait promis de vivre en paix, on n'a pas promis pour cela, de fouffrir l'injure & toute forte d'injuftices, plutôt que de s'en faire raifon par la voie des armes. La rupture vient de celui, qui, par fon injuftice obftinée, rend cette voie néceffaire.

Mais il faut fe fouvenir ici de ce que nous avons obfervé plus d'une fois, favoir, que les nations ne reconnoiffent point de juge commun fur la terre, qu'elles ne peuvent fe condamner mutuellement fans appel, & qu'elles font enfin obligées d'agir dans leurs querelles, comme fi l'une & l'autre étoit également dans fes droits. Sur ce pied-là, que le fujet nouveau, qui donne lieu à la guerre, foit jufte, ou qu'il ne le foit pas, ni celui qui en prend occafion de courir aux armes, ni celui qui refufe fatisfaction, n'eft réputé rompre le traité de paix, pourvû que le fujet de plainte, & le refus de fatisfaction aient de part & d'autre au moins quelque couleur, enforte que la queftion foit litigieufe. Il ne refte aux nations d'autre voie que les armes, quand elles ne peuvent convenir de rien, fur une queftion de cette nature. C'eft alors une guerre nouvelle, qui ne touche point au traité.

§. 41.
S'allier dans la fuite avec un ennemi, ce n'eft pas non plus rompre le traité.

Et comme en faifant la paix, on ne renonce point par cela même au droit de faire des alliances & d'affifter fes amis, ce n'eft pas non plus rompre le traité de paix, que de s'allier dans la fuite & de fe joindre aux ennemis de celui avec qui on l'a conclu, d'époufer leur querelle & d'unir fes armes

aux leurs, à moins que le traité des paix ne le défende expreſſément : c'eſt tout au plus commencer une guerre nouvelle,
pour la cauſe d'autrui.

Mais je ſuppoſe que ces nouveaux alliés ont quelque ſujet
plauſible de prendre les armes, & qu'on a de bonnes & juſtes
raiſons de les ſoutenir, car s'il en étoit autrement, s'allier avec
eux, juſtement lorſqu'ils vont entrer en guerre, ou lorſqu'ils
l'ont commencée, ce feroit manifeſtement chercher un prétexte pour éluder le traité de paix, ce feroit le rompre avec
une artificieuſe perfidie.

Il eſt très-important de bien diſtinguer entre une guerre
nouvelle & la rupture du traité de paix, parceque les droits
acquis pas ce traité ſubſiſtent, malgré la guerre nouvelle ;
au lieu qu'ils ſont éteints par la rupture du traité, ſur lequel
ils étoient fondés. Il eſt vrai que celui qui avoit accordé ces
droits, en ſuſpend ſans-doute l'exercice pendant la guerre,
autant qu'il eſt en ſon pouvoir, & peut même en dépouiller
entiérement ſon ennemi, par le droit de la guerre, comme
il peut lui ôter ſes autres biens. Mais alors il tient ces droits
comme choſes priſes ſur l'ennemi, & celui-ci peut en preſſer
la reſtitution, au nouveau traité de paix. Il y a bien de la
différence, dans ces ſortes de négociations, entre exiger la
reſtitution de ce qu'on poſſédoit avant la guerre, & demander des conceſſions nouvelles : un peu d'égalité dans les
ſuccès ſuffit pour inſiſter ſur le premier, le ſecond ne s'obtient que par une ſupériorité décidée. Il arrive ſouvent, quand
les armes ſont à peu près égales, que l'on convient de rendre les conquêtes & de rétablir toutes choſes dans leur état :
& alors, ſi la guerre étoit nouvelle, les anciens traités ſubſiſtent, mais s'ils ont été rompus par la repriſe d'armes, &
la premiere guerre reſſuſcitée, ces traités demeurent anéantis,
& ſi l'on veut qu'ils regnent encore, il faut que le nouveau
traité les rappelle & les rétabliſſe expreſſément.

§. 42.
Pourquoi il
faut diſtin-
guer entre
une guerre
nouvelle &
la rupture
du traité.

G g 2

La queftion dont nous traitons eft encore très-importante par rapport aux autres nations, qui peuvent être intéreffées au traité, invitées par leurs propres affaires à en maintenir l'obfervation. Elle eft effentielle pour les garants du traité, s'il y en a, & pour des alliés, qui ont à reconnoître le cas, où ils doivent des fecours. Enfin celui qui rompt un traité folemnel, eft beaucoup plus odieux que cet autre, qui forme & foutient par les armes une prétention mal fondée. Le prémier ajoute à l'injuftice la perfidie : Il attaque le fondement de la tranquillité publique, & bleffant par-là toutes les nations, il leur donne fujet de fe réunir contre lui, pour le réprimer. C'eft pourquoi, comme on doit être réfervé à imputer ce qui eft plus odieux, G r o t i u s obferve avec raifon, qu'en cas de doute, & lorfque la prife d'armes peut s'appuyer de quelque prétexte plaufible, fondé fur une caufe nouvelle ; *il vaut mieux préfumer dans* le *fait* de celui qui reprend les armes, *de l'injuftice fans perfidie que le regarder comme coupable en même tems de mauvaife foi & d'injuftice* (a).

§. 43.
La jufte défenfe de foi-même ne rompt point le traité de paix.

La jufte défenfe de foi-même ne rompt point le traité de paix. C'eft un droit naturel, auquel on ne peut renoncer, & en promettant de vivre en paix, on promet feulement de ne point attaquer fans fujet, de s'abftenir d'injure & de violence. Mais il y a deux manieres de fe défendre foi-même, ou fes biens : quelquefois la violence ne permet d'autre remede que la force, & alors, on en fait ufage très-légitimement. En d'autres occafions, il y a des moyens plus doux d'obtenir la réparation du dommage & de l'injure : il faut toujours préférer ces derniers moyens. Telle eft la regle de la conduite que doivent tenir deux nations foigneufes de conferver la paix, quand il arrive que les fujets, de part ou d'autre, s'échappent à quelque violence. La force préfente fe repouffe & fe réprime par la force : mais s'il eft queftion de pourfui-

(a) Liv. III, chap. 20. §. 28.

vre la réparation du dommage & une jufte fatisfaction, il faut s'adreſſer au fouverain des coupables, on ne peut les aller chercher dans fes terres, & recourir aux armes, que dans le cas d'un déni de juſtice. Si l'on a lieu de craindre que les coupables n'échappent; fi, par exemple, des inconnus, d'un pays voifin, ont fait irruption fur nos terres, nous fommes en droit de les pourfuivre chez eux à main armée, jufques-à-ce qu'ils foient faifis, & leur fouverain ne pourra regarder notre action que comme une jufte & légitime défenfe, pourvû que nous ne commettions aucune hoftilité contre des innocens.

Quand la partie principale contractante a compris fes alliés dans fon traité, leur claufe lui eft commune à cet égard, & ces alliés doivent jouir comme elle de toutes les conditions effentielles à un traité de paix, enforte que tout ce qui eft capable de rompre le traité étant commis contre elle-même, ne le rompt pas moins, s'il a pour objet les alliés qu'elle a fait comprendre dans fon traité. Si l'injure eft faite à un allié nouveau, ou non-compris dans le traité, elle peut bien fournir un nouveau fujet de guerre, mais elle ne donne pas atteinte au traité de paix.

§. 44.
Des fujets de rupture qui ont pour objet des alliés.

La feconde maniere de rompre un traité de paix eft de faire quelque chofe de contraire à ce que demande la nature particuliere du traité. Ainfi tout procédé contraire à l'amitié rompt un traité de paix fait fous la condition expreffe de vivre déformais en bons amis. Favorifer les ennemis d'une nation, traiter durement fes fujets, la gêner fans raifon dans fon commerce; lui préférer, auffi fans raifon, une autre nation, lui refufer des fecours de vivres, qu'elle veut payer, & dont on a de refte, protéger fes fujets factieux, ou rebelles, leur donner retraite : ce font-là tout autant de procédés évidemment contraires à l'amitié. On peut, felon les circonftances, y joindre les fuivans : conftruire des forte-

§. 45.
2°. Le traité fe rompr par ce qui eft oppofé à fa nature particuliere.

reſſes ſur les frontieres d'un état, lui témoigner de la défiance, faire des levées de troupes, ſans vouloir lui en déclarer le ſujet &c. Mais donner retraite aux exilés, recevoir
des ſujets, qui veulent quitter leur patrie ſans prétendre
lui nuire par leur départ, mais ſeulement pour le bien de leurs
affaires particulieres, accueillir charitablement des émi-
grans, qui ſortent de leur pays pour ſe procurer la liberté
de conſcience : il n'y a rien dans tout cela qui ſoit incompatible avec la qualité d'ami. Les loix particulieres de l'amitié ne nous diſpenſent point, ſelon le caprice de nos amis,
des devoirs communs de l'humanité envers le reſte des
hommes.

§. 46.
3°. Par la
violation
de quelque
article.

Enfin la paix ſe rompt par la violation de quelqu'un des
articles exprès du traité. Cette troiſieme maniere de la rompre eſt la plus expreſſe, la moins ſuſceptible d'évaſions & de
chicanes. Quiconque manque à ſes engagemens annulle le
contrat, autant qu'en lui eſt; cela n'eſt pas douteux.

§. 47.
La viola-
tion d'un
ſeul article
rompt le
traité en-
tier.

Mais on demande, ſi la violation d'un ſeul article du traité
peut en opérer la rupture entiere ? Quelques-uns (a) diftinguent ici entre les articles qui ſont liés enſemble (*connexi*),
& les articles divers (*diverſi*), & prononcent, que ſi le traité
eſt violé dans les articles *divers*, la paix ſubſiſte à l'égard
des autres. Mais le ſentiment de GROTIUS me paroit évidemment fondé ſur la nature & l'eſprit des traités de paix. Ce
grand homme dit, que „ tous les articles d'un ſeul & même
„ traité ſont renfermés l'un dans l'autre, en forme de con-
„ dition, comme ſi l'on avoit dit formellement : je ferai telle
„ ou telle choſe, pourvû que de votre côté vous faſſiez
„ ceci ou cela (b) ”. Et il ajoute avec raiſon, que quand on
„ veut empêcher que l'engagement ne demeure par là ſans
„ effet, on ajoute cette clauſe expreſſe, qu'encore, qu'on

(a) *Vide* WOLF. *Jus Gent.* §§. 1022. 1023.
(b) Liv. III, chap. 19. §. 14.

„ vienne à enfreindre quelqu'un des articles du traité, les au-
„ tres ne laifferont pas de fubfifter dans toute leur force ".
On peut fans doute convenir de cette maniere : on peut encore convenir que la violation d'un article ne pourra opérer
que la nullité de ceux qui y répondent, & qui en font comme l'équivalent. Mais fi cette claufe ne fe trouve pas expreffément dans le traité de paix, un feul article violé donne atteinte au traité entier, comme nous l'avons prouvé ci-deffus,
en parlant des traités en général (Liv. II, §. 202).

Il n'eft pas moins inutile de vouloir diftinguer ici entre les articles de grande importance & ceux qui font de peu d'importance. A rigueur de droit, la violation du moindre article difpenfe la partie léfée de l'obfervation des autres, puifque tous, comme nous venons de le voir, font liés les uns aux autres, en forme de conditions. D'ailleurs, quelle fource de difputes qu'une pareille diftinction! Qui décidera de l'importance de cet article violé? Mais il eft très-vrai qu'il ne convient nullement aux devoirs mutuels des nations, à la charité, à l'amour de la paix, qui doit les animer, de rompre toujours un traité, pour le moindre fujet de plainte.
§. 48. Si l'on peut diftinguer à cet égard entre les articles plus ou moins importans.

Dans la vue de prévenir un fi fâcheux inconvénient, on convient fagement d'une peine que devra fubir l'infrac-teur de quelqu'un de ces articles de moindre importance, & alors, en fatisfaifant à la peine, le traité fubfifte dans toute fa force. On peut de même attacher à la violation de cha-que article, une peine proportionnée à fon importance. Nous avons traité cette matiere en parlant de la treve (Liv. III, §. 243) : on peut recourrir à ce paragraphe.
§. 49. De la peine attachée à la violation d'un arti-cle.

Les délais affectés font équivalens à un refus exprès & ils n'en différent que par l'artifice, avec lequel celui qui en ufe voudroit couvrir fa mauvaife foi. Il joint la fraude
§. 50. Des délais affectés.

fraude à la perfidie, & viole réellement l'article qu'il doit accomplir.

§. 51.
Des empê-
chemens
infurmon-
tables.

Mais fi l'empêchement eft réel, il faut donner du tems,
car nul n'eft tenu à l'impoffible. Et par cette même raifon,
fi quelque obftacle infurmontable rend l'exécution d'un article non-feulement impraticable pour le préfent, mais impoffible à jamais, celui qui s'y étoit engagé n'eft point coupable, & l'autre partie ne peut prendre occafion de fon impuiffance, pour rompre le traité; mais elle doit accepter un
dédommagement, s'il y a lieu à dédommagement, & s'il eft
praticable. Toutefois, fi la chofe qui devoit fe faire en vertu
de l'article en queftion, eft de telle nature, que le traité
paroiffe évidemment n'avoir été fait qu'en vue de cette même
chofe, & non d'aucun équivalent, l'impoffibilité furvenue annulle fans doute le traité. C'eft ainfi qu'un traité de protection
devient nul, quand le protecteur fe trouve hors d'état d'effec-
ter la protection, quoiqu'il s'en trouve incapable fans qu'il
y ait de fa faute. De même quelque chofe qu'un fouverain
ait pu promettre, à condition qu'on lui procurera la reftitution
d'une place importante, fi on ne peut le faire rentrer en poffeffion de cette place, il eft quitte de tout ce qu'il avoit promis
pour la ravoir. Telle eft la regle invariable du droit. Mais le
droit rigoureux ne doit pas toujours être preffé : la paix eft
une matiere fi favorable, les nations font fi étroitement obligées à la cultiver, à la procurer, à la rétablir, quand elle eft
troublée, que fi de pareils obftacles fe rencontrent dans l'exécution d'un traité de paix, il faut fe prêter de bonne foi à
tous les expédiens raifonnables, accepter des équivalens, des
dédommagemens, plutôt que de rompre une paix déjà arrêtée & de reprendre les armes.

§. 52.
Des attein-
tes don-
nées au
traité de
paix par les
fujets.

Nous avons recherché ci-deffus, dans un chapitre exprès (Liv. II, chap. 6), comment & en quelles occafions
les actions des fujets peuvent être imputées au fouverain &
à la

à la nation. C'eſt là-deſſus qu'il faut ſe régler, pour voir comment les faits des ſujets peuvent rompre un traité de paix. Ils ne ſauroient produire cet effet, qu'autant qu'on peut les imputer au ſouverain. Celui qui eſt léſé par les ſujets d'autrui, s'en fait raiſon lui-même, quand il attrape les coupables dans ſes terres, ou en lieu libre, en pleine mer, par exemple ; ou s'il l'aime mieux, il demande juſtice à leur ſouverain. Si les coupables ſont des ſujets déſobéiſſans, on ne peut rien demander à leur ſouverain ; mais quiconque vient à les ſaiſir, même en lieu libre, en fait juſtice lui-même. C'eſt ainſi qu'on en uſe à l'égard des pirates. Et pour éviter toute difficulté, on eſt convenu de traiter de même tous particuliers qui commettent des actes d'hoſtilité, ſans pouvoir montrer une commiſſion de leur ſouverain.

§. 53.
Ou par des alliés.

Les actions de nos alliés peuvent encore moins nous être imputées, que celles de nos ſujets. Les atteintes données au traité de paix par des alliés, même par ceux qui y ont été compris, ou qui y ſont entrés comme parties principales contractantes, ne peuvent donc en opérer la rupture que par rapport à eux-mêmes, & point du tout en ce qui touche leur allié, qui de ſon côté obſerve religieuſement ſes engagemens. Le traité ſubſiſte pour lui dans toute ſa force, pourvu qu'il n'entreprenne point de ſoutenir la cauſe de ces alliés perfides. S'il leur donne un ſecours qu'il ne peut leur devoir en pareille occaſion, il épouſe leur querelle & prend part à leur manque de foi. Mais s'il eſt intéreſſé à prévenir leur ruine, il peut intervenir, & en les obligeant à toutes les réparations convenables, les garantir d'une oppreſſion dont il ſentiroit le contre-coup. Leur défenſe devient même juſte contre un ennemi implacable, qui ne veut pas ſe contenter d'une juſte ſatisfaction.

§. 54.
Droits de la partie léſée contre celle qui a violé le traité.

Quand le traité de paix eſt violé par l'un des contractans, l'autre eſt le maître de déclarer le traité rompu, ou de le laiſſer ſubſiſter. Car il ne peut être lié par un contrat, qui contient des engagemens réciproques envers celui qui ne reſpecte pas ce même contrat. Mais s'il aime mieux ne pas rompre, le traité demeure valide & obligatoire. Il ſeroit abſurde que celui qui l'a violé, le prétendît annullé par ſa propre infidélité : moyen facile de ſe débarraſſer de ſes engagemens, & qui réduiroit tous les traités à de vaines formalités! Si la partie léſée veut laiſſer ſubſiſter le traité, elle peut pardonner l'atteinte qui y a été donnée, ou exiger un dédommagement, une juſte ſatisfaction, ou ſe libérer elle-même des engagemens qui répondent à l'article violé, de ce qu'elle avoit promis en conſidération d'une choſe que l'on n'a point accomplie. Que ſi elle ſe détermine à demander un juſte dédommagement, & que la partie coupable le refuſe, le traité ſe rompt alors de néceſſité, & le contractant léſé a un très-juſte ſujet de reprendre les armes. C'eſt auſſi ce qui arrive le plus ſouvent; car il ne ſe trouve guere que le coupable veuille reconnoître ſa faute, en accordant une réparation.

CHAPITRE V.

Du droit d'ambaſſade, ou du droit d'envoyer & de recevoir des miniſtres publics.

IL eſt néceſſaire que les nations traitent & communiquent enſemble, pour le bien de leurs affaires, pour éviter de ſe nuire réciproquement, pour ajuſter & terminer leurs différends. Et comme toutes ſont dans l'obligation indiſpenſable de ſe prêter & de concourir à ce qui eſt du bien & du ſalut commun (Prélim. §. 13); de ſe ménager les moyens d'accommoder & de terminer leurs différends (Liv. II, §§. 323 & ſuiv.); & que chacune a droit à tout ce qu'exige ſa confervation (Liv. I, §. 18) , à tout ce qui peut contribuer à fa perfection , fans faire tort aux autres (ibid. §. 23) , de même qu'aux moyens néceffaires pour remplir fes devoirs : il réfulte de tout cela , que chaque nation réunit en elle le droit de traiter & de communiquer avec les autres , & l'obligation réciproque de fe prêter à cette communication autant que l'état de fes affaires peut le lui permettre.

Mais les nations , ou états fouverains , ne traitent point enfemble immédiatement ; & leurs conducteurs , ou les fouverains , ne peuvent guere s'aboucher eux - mêmes pour traiter enfemble de leurs affaires. Souvent ces entre-vues feroient impraticables ; & fans compter les longueurs , les embarras , la dépenfe , & tant d'autres inconvéniens , rarement , fuivant la remarque de Philippes de Commines , pourroit-on s'en promettre un bon effet. Il ne refte donc aux nations & aux fouverains , que de communiquer & traiter enfemble , par l'entremife de procureurs , ou mandataires , de délégués , chargés de leurs ordres & munis de leurs pouvoirs ; c'eft- à-dire , de *miniftres publics*. Ce terme , dans fa plus grande généralité , défigne toute perfonne chargée des affaires publiques ; on l'entend plus particuliérement de celle qui en eft chargée auprès d'une puiffance étrangere.

§. 56. Elles le font par le moyen des miniftres publics.

On connoît aujourd'hui divers ordres de miniftres publics , & nous en parlerons ci - après. Mais quelque différence que l'ufage ait introduite entr'eux , le caractere effentiel leur eft commun à tous ; c'eft celui de *miniftre* , & en quelque façon de *répréfentant* d'une puiffance étrangere , de perfonne chargée de fes affaires & de fes ordres ; & cette qualité nous fuffit ici.

Tout état fouverain eft donc en droit d'envoyer & de recevoir des miniftres publics. Car ils font les inftrumens néceffaires des affaires que les fouverains ont entr'eux , & de

§. 57. Tout état fouverain eft en droit d'envoyer

la correfpondance qu'ils font en droit d'entretenir. On peut
voir dans le premier chapitre de cet ouvrage, quels font les
fouverains & les états indépendans, qui figurent enfemble
dans la grande fociété des nations. Ce font là les puiffances
qui ont le droit d'ambaffade.

Une alliance inégale, ni même un traité de protection,
n'étant pas incompatibles avec la fouveraineté (Liv. I, §§.
5 & 6), ces fortes de traités ne dépouillent point par eux-
mêmes un état, du droit d'envoyer & de recevoir des miniftres publics. Si l'allié inégal, ou le protégé, n'a pas renoncé expreffément au droit d'entretenir des relations & de
traiter avec d'autres puiffances, il conferve néceffairement
celui de leur envoyer des miniftres & d'en recevoir de leur
part. Il en faut dire autant des vaffaux & des tributaires,
qui ne font point fujets (voyez Liv. I, §§. 7 & 8).

Bien plus : ce droit peut fe trouver même chez des princes,
ou des communautés, qui ne font pas fouverains. Car les
droits, dont l'affemblage conftitue la pleine fouveraineté, ne
font pas indivifibles; & fi, par la conftitution de l'état, par
la conceffion du fouverain, ou par les réferves que les fujets
ont faites avec lui, un prince, ou une communauté fe trouve
en poffeffion de quelqu'un de ces droits, qui appartiennent
ordinairement au fouverain feul, il peut l'exercer, & le faire
valoir dans tous fes effets & dans toutes fes conféquences
naturelles ou néceffaires, à moins qu'elles n'aient été formellement exceptées. Quoique les princes & états de l'empire
relevent de l'empereur & de l'empire, ils font fouverains à
bien des égards : & puifque les conftitutions de l'empire leur
affurent le droit de traiter avec les puiffances étrangeres &
de contracter avec elles des alliances, ils ont inconteftable-
ment celui d'envoyer & de recevoir des miniftres publics. Les
empereurs le leur ont quelquefois contefté, quand ils fe font
vus en état de porter fort haut leurs prétentions, ou du moins

ils ont voulu en foumettre l'exercice à leur autorité fuprême, prétendant que leur permiffion devoit y intervenir. Mais depuis la paix de *Weftphalie*, & par le moyen des capitulations impériales , les princes & états d'Allemagne ont fu fe maintenir dans la poffeffion de ce droit ; & ils s'en font affuré tant d'autres , que l'empire eft confidéré aujourd'hui comme une république de fouverains.

Il eft même des villes fujettes, & qui fe reconnoiffent pour telles , qui ont droit de recevoir les miniftres des puiffances étrangeres , & de leur envoyer des députés ; puifqu'elles ont droit de traiter avec elles. C'eft de là que dépend toute la queftion ; car celui qui a droit à la fin , a droit aux moyens. Il feroit abfurde de reconnoître le droit de négocier & de traiter , & d'en contefter les moyens néceffaires. Les villes de Suiffe , telles que Neuchatel & Bienne , qui jouiffent du *droit de banniere* , ont par - là le droit de traiter avec les puiffances étrangeres , quoique ces villes foient fous la domination d'un prince. Car le droit de *banniere* , ou des armes, comprend celui d'accorder des fecours de troupes (*a*) , pourvu que ce ne foit pas contre le fervice du prince. Si ces villes peuvent accorder des troupes , elles peuvent écouter la demande que leur en fait une puiffance étrangere , & traiter des conditions. Elles peuvent donc encore lui députer quelqu'un dans cette vue , ou recevoir fes miniftres ; & comme elles ont en même tems l'exercice de la police , elles font en état de faire refpecter les miniftres étrangers qui viennent auprès d'elles. Un ancien & conftant ufage confirme ce que nous difons des droits de ces villes - là. Quelque éminens & extraordinaires que foient de pareils droits , on ne les trouvera pas étranges , fi l'on confidere que ces mêmes villes poffédoient déjà de grands privileges dans le tems que leurs princes relevoient eux - mêmes des empereurs, ou d'autres feigneurs,

§. 60.
Des villes
qui ont le
droit de
banniere.

____

(*a*) Voyez l'hiftoire de la confédération Helvétique , par M, DE WATTEVILLE.

raffaux immédiats de l'empire. Lorfqu'ils fecouerent le joug & fe mirent dans une parfaite indépendance, les villes confidérables de leur territoire firent leurs conditions; & loin d'empirer leur état, il étoit bien naturel qu'elles profitaffent des conjonctures, pour le rendre plus libre encore & plus heureux. Les fouverains ne pourroient aujourd'hui réclamer contre des conditions auxquelles ces villes ont bien voulu fuivre leur fortune & les reconnoître pour leurs feuls fupérieurs.

§. 61.
Miniftres des vice-rois.

Les vice-rois & les gouverneurs en chef d'une fouveraineté, ou d'une province éloignée, ont fouvent le droit d'envoyer & de recevoir des miniftres publics, agiffant en cela au nom & par l'autorité du fouverain qu'ils repréfentent, & dont ils exercent les droits. Cela dépend entiérement de la volonté du maître qui les établit. Les vice-rois de Naples, les gouverneurs de Milan, les gouverneurs généraux des Pays - Bas pour l'Efpagne, étoient revêtus de ce pouvoir.

§. 62.
Miniftres de la nation, ou des régens, dans l'interregne.

Le droit d'ambaffade, ainfi que tous les autres droits de la fouveraineté, réfide originairement dans la nation, comme dans fon fujet principal & primitif. Dans l'interregne, l'exercice de ce droit retombe à la nation, ou il eft dévolu à ceux à qui les loix ont commis la régence de l'état. Ils peuvent envoyer des miniftres, tout comme le fouverain avoit accoutumé de faire, & ces miniftres ont les mêmes droits qu'avoient ceux du fouverain. Quand le trône eft vacant, la république de Pologne envoie des ambaffadeurs, & elle ne fouffriroit pas qu'ils fuffent moins confidérés que ne le font ceux qui s'envoient quand elle a un roi. CROMWEL fut maintenir les ambaffadeurs d'Angleterre dans la même confidération où il étoient fous l'autorité des rois.

§. 63.
De celui qui trouble un autre

Tels étant les droits des nations, le fouverain qui entreprend d'empêcher qu'un autre ne puiffe envoyer & recevoir des miniftres publics, lui fait injure & bleffe le droit des gens.

C'eſt attaquer une nation dans un de ſes droits les plus précieux, & lui diſputer ce que la nature elle-même donne à toute
ſociété indépendante, c'eſt rompre les liens qui uniſſent les
peuples, & les offenſer tous.

dans l'exer-
cice du
droit d'am-
baſſade.

Mais cela ne doit s'entendre que d'un tems de paix : la guerre donne lieu à d'autres droits. Elle permet d'ôter à l'ennemi toutes ſes reſſources, d'empêcher qu'il ne puiſſe envoyer ſes miniſtres, pour ſolliciter des ſecours. Il eſt même des occaſions, où l'on peut refuſer le paſſage aux miniſtres des nations neutres qui voudroient aller chez l'ennemi. On n'eſt point obligé de ſouffrir qu'ils lui portent peut-être des avis ſalutaires, qu'ils aillent concerter avec lui les moyens de l'aſſiſter, &c. Cela ne ſouffre nul doute, par exemple, dans le cas d'une ville aſſiégée. Aucun droit ne peut autoriſer le miniſtre d'une puiſſance neutre, ni qui que ce ſoit, à y entrer malgré l'aſſiégeant. Mais pour ne point offenſer les ſouverains, il faut leur donner de bonnes raiſons du refus que l'on fait de laiſſer paſſer leurs miniſtres ; & ils doivent s'en contenter, s'ils prétendent demeurer neutres. On re-fuſe même quelquefois le paſſage à des miniſtres ſuſpects, dans des tems ſoupçonneux & critiques, quoiqu'il n'y ait point de guerre ouverte. Mais la démarche eſt délicate, & ſi on ne la juſtifie pas par des raiſons tout-à-fait ſatisfai-ſantes, elle produit une aigreur qui dégénere aiſément en rupture ouverte.

§. 64.
De ce qui
eſt permis
à cet égard
en tems de
guerre.

Puiſque les nations ſont obligées de communiquer en-ſemble, d'écouter les propoſitions & les demandes qui leur ſont faites, de maintenir un moyen libre & ſûr de s'enten-dre & de ſe concilier dans leurs différends, un ſouverain ne peut, ſans des raiſons très-particulieres, refuſer d'admettre & d'entendre le miniſtre d'une puiſſance amie, ou avec laquelle il eſt en paix. Mais s'il a des raiſons de ne point le recevoir dans l'intérieur du pays, il peut lui marquer un lieu ſur la fron-

§. 65.
On doit re-
cevoir le
miniſtre
d'une puiſ-
ſance amie.

tiere , où il enverra pour entendre fes propofitions , & le miniftre étranger doit s'y arrêter : il fuffit qu'on l'entende ; c'eft tout ce qu'il peut prétendre.

§. 66.
Des minif-
tres réfi-
dens.

L'obligation ne va point jufqu'à fouffrir en tout tems des miniftres perpétuels, qui veulent réfider auprès du fou-verain, bien qu'ils n'aient rien à négocier. Il eft naturel , à la vérité, & très-conforme aux fentimens que fe doivent mutuellement les nations, de recevoir avec amitié ces minif-tres réfidens, lorfqu'on n'a rien à craindre de leur féjour. Mais fi quelque raifon folide s'y oppofe, le bien de l'état prévaut fans difficulté ; & le fouverain étranger ne peut s'offenfer, fi l'on prie fon miniftre de fe retirer, quand il a terminé les affaires qui l'avoient amené, ou lorfqu'il n'en a aucune à traiter. La coutume d'entretenir par-tout des miniftres continuellement réfidens , eft aujourd'hui fi bien établie, qu'il faut alléguer de très-bonnes raifons pour refufer de s'y prêter fans of-fenfer perfonne. Ces raifons peuvent être fournies par des con-jonctures particulieres : mais il y en a auffi d'ordinaires, qui fub-fiftent toujours, & qui fe rapportent à la conftitution du gou-vernement, à l'état d'une nation. Les républiques en auroient fouvent de très - bonnes de cette derniere efpece, pour fe difpenfer de fouffrir continuellement chez elles des miniftres étrangers, qui corrompent les citoyens, qui les attachent à leurs maîtres, au grand préjudice de la république, qui y forment & y fomentent des partis , &c. Et quand ils ne fe-roient que répandre chez une nation, anciennement fimple, frugale & vertueufe, le goût du luxe, la foif de l'or, les mœurs des cours, en voilà de refte pour autorifer un ma-giftrat fage & prévoyant à les congédier. La nation Polo-noife ne fouffre pas volontiers les miniftres réfidens, & leurs pratiques auprès des membres qui compofent la diete , n'ont fourni que trop de raifons de les éloigner. L'an 1666, un nonce fe plaignit en pleine diete de ce que l'ambaffadeur de
France

France prolongeoit fans néceſſité fon féjour en Pologne, &
dit qu’il falloit le regarder comme un eſpion. D’autres, en
1668, firent inſtance à ce qu’on reglât par une loi, le tems
du féjour que les ambaſſadeurs pourroient faire dans le
royaume (a).

Plus la guerre eſt un fléau terrible, & plus les nations
font obligées de ſe réſerver des moyens pour y mettre fin. Il
eſt donc néceſſaire qu’elles puiſſent s’envoyer des miniſtres,
au milieu même des hoſtilités, pour faire quelques ouver-
tures de paix, ou quelques propoſitions tendantes à adoucir
la fureur des armes. Il eſt vrai que le miniſtre d’un ennemi
ne peut venir ſans permiſſion, auſſi fait-on demander pour
lui un paſſeport, ou ſauf-conduit, ſoit par un ami commun,
ſoit par un de ces meſſagers privilégiés par les loix de la
guerre, & dont nous parlerons plus bas; je veux dire par un
trompette ou un tambour. Il eſt vrai encore que l’on peut refuſer
le ſaufconduit, & ne point admettre le miniſtre. Mais cette liberté, fondée ſur le ſoin que chaque nation doit à ſa propre ſûreté, n’empêche point que l’on ne puiſſe poſer comme une maxime
générale, qu’on ne doit pas refuſer d’admettre & d’entendre
le miniſtre d’un ennemi. C’eſt-à-dire, que la guerre ſeule,
& par elle-même, n’eſt pas une raiſon ſuffiſante, pour refuſer d’entendre toute propoſition venant d’un ennemi : il
faut que l’on y ſoit autoriſé par quelque raiſon particuliere
& bien fondée. Telle feroit, par exemple, une crainte raiſonnable & juſtifiée par la conduite même d’un ennemi artifi-
cieux, qu’il ne penſe à envoyer ſes miniſtres, à faire des propoſitions, que dans la vue de déſunir des alliés, de les endormir par des apparences de paix, de les ſurprendre.

§. 67.
Comment
on doit ad-
mettre les
miniſtres
d’un enne-
mi.

Avant que de finir ce chapitre, nous devons examiner
une queſtion célebre & ſouvent agitée : on demande, ſi les
nations étrangeres peuvent recevoir les ambaſſadeurs & au-

§. 68.
Si l’on peut
recevoir les
miniſtres
d’un uſur-
pateur, &
lui en en-
voyer.

tres miniſtres d'un uſurpateur, & lui envoyer les leurs? Les puiſſances étrangeres ſuivent ici la poſſeſſion, ſi le bien de leurs affaires les y convie. Il n'y a point de regle plus ſûre, plus conforme au droit des gens & à l'indépendance des nations. Puiſque les étrangers ne ſont pas en droit de ſe mêler des affaires domeſtiques d'un peuple, ils ne ſont pas obligés d'examiner & d'approfondir ſa conduite dans ces mêmes affaires, pour en peſer la juſtice ou l'injuſtice; ils peuvent, s'ils le jugent à propos, ſuppoſer que le droit eſt joint à la poſſeſſion. Lorſqu'une nation a chaſſé ſon ſouverain, les puiſ-ſances qui ne veulent pas ſe déclarer contre elle & s'attirer ſes armes ou ſon inimitié, la conſiderent déſormais comme un état libre & ſouverain, ſans prendre ſur elles de juger ſi c'eſt avec juſtice qu'elle s'eſt ſouſtraite à l'empire du prince qui la gouvernoit. Le cardinal Mazarin fit recevoir Loccard, envoyé par Cromwel, comme ambaſſadeur de la républi-que d'Angleterre, & ne voulut voir ni le roi Charles II, ni ſes miniſtres. Si la nation, après avoir chaſſé ſon prince, ſe ſoumet à un autre, ſi elle change l'ordre de la ſuccceſ-ſion, & reconnoît un ſouverain, au préjudice de l'héritier naturel & déſigné, les puiſſances étrangeres ſont encore fondées à tenir pour légitime ce qui s'eſt fait; ce n'eſt pas leur querelle, ni leur affaire. Au commencement du ſiecle der-nier, Charles duc de Sudermanie s'étant fait couronner roi de Suede, au préjudice de Sigismond roi de Pologne ſon neveu, il fut bientôt reconnu par la plupart des ſouve-rains. Villeroy, miniſtre de Henri IV roi de France, di-ſoit nettement au préſident Jeannin, dans une dépêche du 8 d'avril 1608 : *Toutes ces raiſons & conſidérations n'empêche-ront point le roi de traiter avec* Charles, *s'il y trouve ſon in-térêt & celui de ſon royaume.* Ce diſcours étoit ſenſé. Le roi de France n'étoit ni le juge, ni le tuteur de la nation Sué-doiſe, pour refuſer, contre le bien dé ſon royaume, de re-connoître le roi qu'elle s'étoit choiſi, ſous prétexte qu'un compétiteur traitoit CHARLES d’ufurpateur. Fût-ce même avec raifon, les étrangers ne font pas appellés à en juger.

Lors donc que des puiffances étrangeres ont admis les miniftres d’un ufurpateur, & lui ont envoyé les leurs, le prince légitime, venant à remonter fur le trône, ne peut fe plaindre de ces démarches comme d’une injure, ni en faire un jufte fujet de guerre, pourvu que ces puiffances ne foient pas allées plus avant, & n’aient point donné de fecours contre lui. Mais reconnoître le prince détrôné, ou fon héritier, après qu’on a folemnellement reconnu celui qui l’a remplacé, c’eft faire injure à ce dernier, & fe déclarer ennemi de la nation qui l’a choifi. Le roi GUILLAUME III & la nation Angloife firent d’une pareille démarche, hafardée en faveur du fils de JACQUES II, l’un des principaux fujets de la guerre que l’Angleterre déclara bientôt après à la France. Tous les ménagemens, toutes les proteftations de LOUIS XIV n’empêcherent pas que la reconnoiffance du prince STUARD, en qualité de roi d’Angleterre, d’Ecoffe & d’Irlande, fous le nom de JACQUES III, ne fût regardée en Angleterre comme une injure faite au roi & à la nation.

CHAPITRE VI.

Des divers ordres de miniftres publics, du caractere répréfentatif,

& des honneurs qui font dus aux miniftres.

ANciennement on ne connoiffoit guere qu’un feul ordre de miniftres publics, en latin *legati*; mot que l’on traduit en françois par celui d’ambaffadeurs. Mais depuis que l’on fut devenu plus faftueux, & en même tems plus

§. 69.
Origine
des divers
ordres de
miniftres
publics.

I i 2

difficile fur le cérémonial, & fur-tout depuis que l'on fe fut
avifé d'étendre la repréfentation du miniftre jufqu'à la dignité
de fon maître; on imagina, pour éviter les difficultés, l'embarras & la dépenfe, d'employer en certaines occafions, des
commiffionaires moins relevés. LOUIS XI, roi de France, eft
peut-être celui qui en a donné l'exemple. Et en établif-
fant ainfi divers ordres de miniftres, on attacha plus ou moins
de dignité à leur caractere, & on exigea pour eux des honneurs proportionnés.

§. 70.
Du caracte-
re repié-
fentatif.

Tout miniftre repréfente en quelque façon fon maître,
comme tout procureur, ou mandataire, répréfente fon conf-
tituant. Mais cette repréfentation eft relative aux affaires,
le miniftre repréfente le fujet dans lequel réfident les droits
qu'il doit manier, conferver & faire valoir, les droits dont
il doit traiter, en tenant la place du maître. Dans la généralité, & pour l'effentiel des affaires, en admettant cette
repréfentation, on fait abftraction de la dignité du confti-
tuant. Les fouverains ont voulu enfuite fe faire repréfenter, non-feulement dans leurs droits & pour leurs affaires,
mais encore dans leur dignité, leur grandeur & leur préé-
minence; & fans doute que ces occafions d'état, ces céré-
rémonies, pour lefquelles on envoie des ambaffadeurs, les
mariages, par exemple, ont donné naiffance à cet ufage.
Mais un fi haut degré de dignité dans le miniftre eft fort in-
commode dans les affaires, & il en naît fouvent, outre l'embarras, des difficultés & des conteftations De-là font nés les
divers ordres de miniftres publics, les différens degrés de
repréfentation. L'ufage a établi trois degrés principaux. Ce
qu'on appelle le *caractere repréfentatif* par excellence, eft la
faculté qu'a le miniftre de repréfenter fon maître, quant à
fa perfonne même & à fa dignité.

§. 71.
De l'am-
baffadeur.

Le caractere repréfentatif, ainfi dit par excellence, ou
en oppofition avec les autres fortes de repréfentations, conftitue le miniftre du premier ordre, *l'ambaffadeur* : il le tire

du pair d'avec tous les autres miniſtres, qui ne ſont pas revêtus du même caractere, & ne permet point à ceux-ci d'entrer en concurrence avec l'ambaſſadeur. Il y a aujourd'hui des *ambaſſadeurs ordinaires* & des *ambaſſadeurs extraordinaires*. Mais ce n'eſt qu'une diſtinction accidentelle & relative au ſujet de leur miſſion. Cependant on met preſque par-tout quelque différence dans le traitement que l'on fait à ces divers ambaſſadeurs. Cela eſt purement d'uſage.

Les *envoyés* ne ſont point revêtus du caractere repréſentatif proprement dit, ou au premier degré. Ce ſont des miniſtres du ſecond ordre, que leur maître a voulu décorer d'un degré de dignité & de conſidération, lequel, ſans faire comparaiſon avec le caractere d'ambaſſadeur, le ſuit immédiatement, & ne cede à aucun autre. Il y a auſſi des envoyés *ordinaires* & *extraordinaires*, & il paroît que l'intention des princes eſt de rendre ceux-ci plus conſidérables. C'eſt encore affaire d'uſage. §. 72.
Des envo-
yés.

Le terme de *réſident* ne ſe rapportoit autrefois qu'à la continuité du ſéjour d'un miniſtre, & l'on voit dans l'hiſtoire, des ambaſſadeurs ordinaires déſignés par le titre ſeul de réſidens. Mais depuis que l'uſage des différens ordres de miniſtres s'eſt généralement établi, le nom de *réſident* eſt demeuré à des miniſtres d'un troiſieme ordre, au caractere deſquels on attache, par un uſage généralement reçu, un moindre degré de conſidération. Le réſident ne repréſente pas la perſonne du prince dans ſa dignité, mais ſeulement dans les affaires. Au fonds, ſa repréſentation eſt de la même nature que celle de l'envoyé : c'eſt pourquoi on le dit ſouvent miniſtre du ſecond ordre, comme l'envoyé, ne diſtinguant ainſi que deux ordres de miniſtres publics, les ambaſſadeurs, qui ont le caractere repréſentatif par excellence, & tous les miniſtres qui ne ſont pas revêtus de ce caractere éminent. C'eſt la diſtinction la plus néceſſaire, & la ſeule eſſentielle. §. 73.
Des réſi-
dens.

Enfin, un uſage encore plus moderne a établi une nou- §. 74.
Des miniſ-
tres.

velle efpece de miniftres publics, qui n'ont aucune détermination particuliere de caractere. On les appelle fimplement *miniftres*, pour marquer qu'ils font revêtus de la qualité générale de mandataires d'un fouverain, fans aucune attribution particuliere de rang & de caractere. C'eft encore le cérémonial pointilleux, qui a donné lieu à cette nouveauté. L'ufage avoit établi des traitemens particuliers pour l'ambaffadeur, pour l'envoyé, & pour le réfident: il naiffoit fouvent des difficultés à ce fujet, & fur-tout pour le rang, entre les miniftres des différens princes. Pour éviter tout embarras, en certaines occafions où on auroit lieu de le craindre, on s'eft avifé d'envoyer des miniftres, fans leur donner aucun des trois caracteres connus. Dès-lors, ils ne font affujettis à aucun cérémonial réglé, & ils n'ont à prétendre aucun traitement particulier. Le *miniftre* repréfente fon maître d'une maniere vague & indéterminée, qui ne peut aller jufqu'au premier degré, & part conféquent il cede fans difficulté à l'ambaffadeur. Il doit jouir en général de la confidération que mérite une perfonne de confiance, à qui un fouverain commet le foin de fes affaires, & il a tous les droits effentiels au caractere de miniftre public. Cette qualité indéterminée eft telle, que le fouverain peut la donner à tel de fes ferviteurs qu'il ne voudroit pas revêtir du caractere d'ambaffadeur; & que, d'un autre côté, elle peut être acceptée par un homme de condition, qui ne voudroit pas fe contenter de l'état de réfident & du traitement deftiné aujourd'hui à cet état. Il y a auffi des *minitres plénipotentiaires*, beaucoup plus diftingués que les fimples *miniftres*. Ils n'ont pas non plus aucune attribution particuliere de rang & de caractere: mais l'ufage paroît déformais les placer immédiatement après l'ambaffadeur, ou avec l'envoyé extraordinaire.

Nous avons parlé des *confuls*, en traitant du commerce (Livre II, §. 34). Autrefois les *agens* étoient une efpece de miniftres publics: mais aujourd'hui, que les titres font multipliés & prodigués, celui-ci eft donné à de fimples com miffionnaires des princes, pour leurs affaires particulieres. Souvent même ce font des fujets du pays où ils réfident. Ils ne font pas miniftres publics, ni par conféquent fous la protection du droit des gens. Mais on leur doit une protection plus particuliere qu'à d'autres étrangers ou citoyens, & quelques égards en confidération du prince qu'ils fervent. Si ce prince envoie un *agent* avec des lettres de créance & pour affaires publiques, l'agent eft dès-lors miniftre public, le titre n'y fait rien. Il faut en dire autant des députés, commiffaires, & autres, chargés d'affaires publiques.

Entre les divers caracteres établis par l'ufage, le fouve- § 76.
rain peut choifir celui dont il veut revêtir fon miniftre, & il Des lettres
déclare le caractere du miniftre, dans les *lettres de créance* qu'il de créance.
lui remet pour le fouverain à qui il l'envoie. Les *lettres de créance* font l'inftrument qui autorife & conftitue le miniftre dans fon caractere auprès du prince à qui elles font adreffées. Si ce prince reçoit le miniftre, il ne peut le recevoir que dans la qualité que lui donnent fes lettres de créance. Elles font comme fa procuration générale, fon *mandement ouvert, mandatum manifeftum.*

Les *inftructions* données au miniftre contiennent le *man-* § 77.
dement fecret du maître, les ordres auxquels le miniftre aura Des inf-
foin de fe conformer, & qui limitent fes pouvoirs. On pour- tructions.
roit appliquer ici toutes les regles du droit naturel fur la matiere de la procuration, ou du mandement, tant ouvert que fecret. Mais outre que cela regarde plus particuliérement la matiere des traités, nous pouvons d'autant mieux nous difpenfer de ces détails dans cet ouvrage, que par un ufage fagement établi les engagemens dans lefquels un miniftre peut entrer, n'ont aujourd'hui aucune force entre les fouverains, s'ils ne font ratifiés par fon principal.

Nous avons vu ci-deffus, que tout fouverain, & même § 78.
tout corps, ou toute perfonne qui a le droit de traiter d'affaires Du droit
d'envoyer
des ambaf-
fadeurs.

publiques avec des puiſſances étrangeres, a auſſi celui d’envoyer des miniſtres publics (voyez le chap. précédent). Il
n’y a pas de difficulté pour ce qui eſt des ſimples miniſtres,
ou des mandataires, conſidérés en général comme chargés des
affaires & munis des pouvoirs de ceux qui ont droit de traiter. On accorde encore ſans difficulté aux miniſtres de tous
les ſouverains, les droits & les prérogatives des miniſtres du
ſecond ordre. Mais les grands monarques refuſent à quelques
petits états le droit d’envoyer des ambaſſadeurs. Voyons ſi
c’eſt avec raiſon. Suivant l’uſage généralement reçu, l’ambaſſadeur eſt un miniſtre public, qui repréſente la perſonne
& la dignité d’un ſouverain : & comme ce caractere répréſen-
tatif lui attire des honneurs particuliers, c’eſt la raiſon pourquoi les grands princes ont peine à admettre l’ambaſſadeur d’un
petit état, ſe ſentant de la répugnance à lui accorder des honneurs ſi diſtingués. Mais il eſt manifeſte que tout ſouverain a
un droit égal de ſe faire repréſenter, auſſi bien au premier dégré
qu’au ſecond & au troiſieme : & la dignité ſouveraine mérite,
dans la ſociété des nations, une conſidération diſtinguée. Nous
avons fait voir (Liv. II, chap. 3), que la dignité des nations indépendantes eſt eſſentiellement la-même, qu’un prince foible,
mais ſouverain, eſt auſſi bien ſouverain, & indépendant que le
plus grand monarque, comme un nain n’eſt pas moins un homme
qu’un géant, quoiqu’à la vérité, le géant politique faſſe une
plus grande figure que le nain, dans la ſociété générale, &
s’attire par-là plus de reſpect & des honneurs plus recherchés.
Il eſt donc évident que tout prince, tout état véritablement
ſouverain a le droit d’envoyer des ambaſſadeurs, & que lui
conteſter ce droit, c’eſt lui faire une très-grande injure, c’eſt
lui conteſter ſa dignité ſouveraine. Et s’il a ce droit, on ne
peut refuſer à ſes ambaſſadeurs les égards & les honneurs, que
l’uſage attribue particuliérement au caractere qui porte la repréſentation d’un ſouverain. Le roi de France n’admet point

d’amd'ambaſſadeurs de la part des princes d'Allemagne, refuſant à leurs miniſtres les honneurs affectés au premier degré de la repréſentation ; & cependant il reçoit les ambaſſadeurs des princes d'Italie. C'eſt qu'il prétend que ces derniers ſont plus parfaitement ſouverains que les autres, ne relevant pas de même de l'autorité de l'empereur & de l'empire, bien qu'ils en ſoient feudataires. Les empereurs cependant affectent ſur les princes d'Italie les mêmes droits, qu'ils peuvent avoir ſur ceux d'Allemagne. Mais la France voyant que ceux-là ne ſont pas corps avec l'Allemagne & n'aſſiſtent point aux dietes, les ſoutient de l'empire, autant qu'elle peut, en favoriſant leur indépendance abſolue.

Je n'entrerai point ici dans le détail des honneurs, qui ſe rendent, & qui ſe rendent en effet aux ambaſſadeurs : ce ſont des choſes de pure inſtitution & de coutume. Je dirai ſeulement en général, qu'on leur doit les civilités & les diſtinctions, que l'uſage & les mœurs deſtinent à marquer la conſidération convenable au repréſentant d'un ſouverain. Et il faut obſerver ici, au ſujet des choſes d'inſtitution & d'uſage, que quand une coutume eſt tellement établie qu'elle donne une valeur réelle à des choſes indifférentes de leur nature, & une ſignification conſtante ſuivant les mœurs & les uſages ; le droit des gens naturel & néceſſaire oblige d'avoir égard à cette inſtitution, & de ſe conduire, par rapport à ces choſes-là, comme ſi elles avoient d'elles-mêmes la valeur que les hommes y ont attachée. C'eſt, par exemple, dans les mœurs de toute l'Europe, une prérogative propre à l'ambaſſadeur, que le droit de ſe couvrir devant le prince à qui il eſt envoyé. Ce droit marque qu'on le reconnoît pour le repréſentant d'un ſouverain. Le refuſer à l'ambaſſadeur d'un état véritablement indépendant, c'eſt donc faire injure à cet état & le dégrader en quelque ſorte. Les Suiſſes, autrefois plus inſtruits dans la guerre que dans les manieres des

§. 79.
Des honneurs qui ſont dus aux Ambaſſadeurs.

cours , & peu jaloux de ce qui n'est que cérémonie , se sont laiffés traiter en quelques occasions , fur un pied peu convenable à la dignité de la nation. Leurs ambassadeurs, en 1663 , souffrirent que le roi de France & les seigneurs de fa cour leur refufaffent des honneurs, que l'ufage a rendus essentiels aux ambassadeurs des souverains , & particuliérement celui de fe couvrir à l'audience du roi (*a*). Quelques-uns, mieux inftruits de ce qu'ils devoient à la gloire de leur république , infifterent fortement fur cet honneur effentiel & diftinctif : mais la pluralité l'emporta , & tous céderent enfin fur ce qu'on les affura, que les ambaffadeurs de la nation ne s'étoient point couverts devant HENRI IV. Suppofé que le fait fut vrai, la raifon n'étoit point fans replique. Les Suiffes pouvoient répondre , que du tems de Henri , leur nation n'avoit pas été folemnellement reconnue pour libre & indépendante de l'empire , comme elle venoit de l'être, en 1648 dans le traité de *Weftphalie*. Ils pouvoient dire, que fi leurs dévanciers avoient failli , & mal foutenu la dignité de leurs fouverains , cette faute groffiere ne pouvoit impofer à des fuccefleurs l'obligation d'en commettre une pareille. Aujourd'hui la nation , plus éclairée & plus attentive à ces fortes de chofes , faura mieux maintenir fa dignité : tous les honneurs extraordinaires, que l'on rend d'ailleurs à fes ambaffàdeurs , ne pourront l'aveugler déformais jufqu'à lui faire négliger celui que l'ufage a rendu effentiel. Lorfque LOUIS XV vint en Alface , en 1744, elle ne voulut point lui envoyer des ambaffadeurs , pour le complimenter, fuivant la coutume, fans favoir fi on leur permettroit de fe couvrir. Et une fi jufte demande ayant été refufée, le corps Helvétique n'envoya perfonne. On doit efpérer en Suiffe que le roi très - chré-

---

(*a*) On peut voir dans WICQUEFORT , le détail de ce qui fe paffa en cette occafion. Cet auteur a raifon de témoigner une forte d'indignation contre les ambaffadeurs Suiffes. Mais il ne devoit pas infulter la nation entiere , en difant brutalement , 'qu'elle *préfere l'argent à l'honneur. Ambaffad. Liv. I. Sect. XIX.* Voyez auffi la Sect. XVIII.

tien n'infiftera pas davantage fur une prétention , très - inu‑
tile à l'éclat de fa couronne , & qui ne pourroit fervir qu'à
dégrader d'anciens & fideles alliés.

CHAPITRE VII.

*Des droits , privileges & immunités des ambaſſadeurs & autres
miniſtres publics.*

LE refpeɥt qui eſt dû aux fouverains doit réjaillir fur leurs
répréfentans , & principalement fur l'ambaſſadeur , qui
répréfente la perfonne de fon maître au premier dégré. Celui
qui offenfe & infulte un miniſtre public, commet un crime
d'autant plus digne d'une peine févere, qu'il pourroit atti‑
rer par‑là de facheufes affaires à fon fouverain & à fa pa‑
trie. Il eſt jufte qu'il porte la peine de fa faute, & que l'état
donne , aux dépens du coupable , une pleine fatisfaɥtion au
fouverain offenfé dans la perfonne de fon miniſtre. Si le mi‑
niſtre étranger offenfe lui-même un citoyen ; celui‑ci peut
le réprimer , fans fortir du refpeɥt qui eſt dû au caraɥtere,
& lui donner une leçon , également propre à laver l'offenfe
& à en faire rougir l'auteur. L'offenfé peut encore porter fa
plainte à fon fouverain , qui demandera pour lui une jufte
fatisfaɥtion au maître du miniſtre. Les grands intérêts de l'état
ue permettent point au citoyen d'écouter , en pareille ren‑
contre , les idées de vengeance , que pourroit lui donner le
point d'honneur , quand on les jugeroit permifes d'ailleurs.
Un gentil-homme , même fuivant les maximes du fiecle ,
n'eſt point flétri par une offenfe , dont il n'eſt pas en fon
pouvoir de tirer fatisfaɥtion par lui-même.

§. 80.
Refpeɥt dû
aux minif‑
tres pu‑
blics.

§. 81.
Leur per‑
fonne eſt
facrée &
inviolable.

　　La néceſſité & le droit des ambaſſades une fois établis
(voyez le chapitre V de ce livre); la fûreté parfaite, l'in‑

violabilité des ambaſſadeurs & autres miniſtres en eſt une conféquence certaine. Car ſi leur perſonne n'eſt pas à couvert de toute violence, le droit des ambaſſades devient précaire, & leur ſuccès très-incertain. Le droit à la fin, eſt inféparable du droit aux moyens nécesſaires. Les ambaſſades étant donc d'une ſi grande importance, dans la ſociété univerſelle des nations, ſi néceſſaires à leur ſalut commun ; la perſonne des miniſtres chargés de ces ambaſſades doit être *ſacrée* & *inviolable* chez tous les peuples (voyez liv. II. §. 218). Quiconque fait violence à un ambaſſadeur, ou à tout autre miniſtre public, ne fait pas ſeulement injure au ſouverain que ce miniſtre repréſente ; il bleſſe la ſûreté commune & le ſalut des nations, il ſe rend coupable d'un crime atroce envers tous les peuples (*a*).

§. 82.
Protection particuliere qui leur eſt due.

Cette ſûreté eſt particuliérement due au miniſtre, de la part du ſouverain à qui il eſt envoyé. Admettre un miniſtre, le reconnoître en cette qualité, c'eſt s'engager à lui accorder la protection la plus particuliere, à le faire jouir de toute la ſûreté poſſible. Il eſt vrai que le ſouverain doit protéger tout homme qui ſe trouve dans ſes états, citoyen ou étranger, & le mettre à couvert de la violence ; mais cette attention eſt due au miniſtre étranger dans un plus haut

(*a*) Un attentat énorme contre le droit des gens, cauſa la ruine du puiſſant empire de Khovarezm, ou Kakesm, & donna occaſion aux Tartares de ſubjuguer preſque toute l'Aſie. Le fameux Gengis-kan voulant établir le commerce de ſes états avec la Perſe & les autres provinces ſoumiſes à Mohamed Cotheddin, Sultan de Khovarezm, envoya à ce prince un ambaſſadeur, accompagné d'une caravanne de marchands. Cette caravane étant arrivée à Otrav, le gouverneur la fit arrêter de même que l'ambaſſadeur & écrivit au Sultan que c'étoient tout autant d'eſpions. Mohamed lui ordonna de faire périr ſes priſonniers. Gengis-kan lui demanda raiſon de cet affreux maſſacre & ſur les délais affectés du Sultan il prit les armes. Tout l'empire de Khovarezm fut bientôt conquis & Mohamed fugitif mourut de douleur dans une isle déferte de la mer Caſpienne.
Canſon dernier Sultan des Mammelus ayant fait tuer les ambaſſadeurs de Sélim I Sultan des Turcs, celui-ci en tira une terrible vengeance ; il conquit tous les états de Canſon & l'ayant vaincu & fait priſonnier auprès du Caire, il le fit pendre à une des portes de la ville. MARIGNY. *Hiſt. des Arabes* Tom. II, pag. 105 & 427.

degré. La violence faite à un particulier, eſt un délit commun, que le prince peut pardonner, ſelon les circonſtances. A-t-elle pour objet un miniſtre public? C'eſt un crime d'état, & un attentat contre le droit des gens : le pardon ne dépend pas du prince chez qui le crime a été commis, mais de celui qui a été offenſé dans la perſonne de ſon repréſentant. Cependant ſi le miniſtre a été inſulté par des gens qui ne connoiſſoient pas ſon caractere, la faute n'intéreſſe plus le droit des gens ; elle retombe dans le cas des délits communs. De jeunes débauchés, dans une ville de Suiſſe, ayant inſulté, pendant la nuit, l'hôtel du miniſtre d'Angleterre, ſans ſavoir qui y logeoit ; le magiſtrat fit demander à ce miniſtre, quelle ſatisfaction il déſiroit. Il répondit ſagement, que c'étoit au magiſtrat de pourvoir comme il l'entendroit à la ſûreté publique ; mais que quant à lui en particulier, il ne demandoit rien ; ne ſe tenant point pour offenſé par des gens, qui ne pouvoient l'avoir eu en vue, puiſqu'ils ne connoiſſoient pas ſa maiſon. Il y a encore ceci de particulier, dans la protection qui eſt due au miniſtre étranger. Dans les funeſtes maximes, introduites par un faux point d'honneur, un ſouverain eſt dans la néceſſité d'uſer d'indulgence envers un homme d'épée, qui ſe venge ſur le champ d'un affront, que lui fait un particulier ; mais les voies de fait ne peuvent être permiſes, ou excuſées, contre un miniſtre public, que dans le cas, où celui-ci, uſant le premier de violence, mettroit quelqu'un dans la néceſſité de ſe défendre.

Quoique le caractere du miniſtre ne ſe développe dans toute ſon étendue, & ne lui aſſure ainſi la jouiſſance de tous ſes droits, que dans le moment où il eſt reconnu & admis par le ſouverain, à qui il remet ſes lettres de créance ; dès qu'il eſt entré dans le pays, où il eſt envoyé, & qu'il ſe fait connoître, il eſt ſous la protection du droit des gens ; autrement ſa venue ne ſeroit pas ſûre. On doit, juſqu'à ſon arrivée auprès du prince, le regarder comme miniſtre, ſur ſa parole ;

§. 83.
Du tems où elle commence.

& d'ailleurs , outre les avis qu'on en a ordinairement par lettres; en cas de doute, le miniftre eft pourvu de paffeports, qui font foi de fon caractere.

§. 84.
De ce qui leur eft dû dans les pays où ils paffent.

Ces paffeports lui deviennent quelquefois néceffaires, dans les pays étrangers, où il paffe, pour fe rendre au lieu de fa deftination. Il les montre, au befoin, pour fe faire rendre ce qui lui eft dû. A la vérité, le prince feul, à qui le miniftre eft envoyé, fe trouve obligé & particuliérement engagé à le faire jouir de tous les droits attachés à fon caractere : mais les autres fur les terres de qui il paffe ne peuvent lui refufer les égards, que mérite le miniftre d'un fouverain , & que les nations fe doivent réciproquement. Ils lui doivent fur - tout une entiere fûreté. L'infulter, ce feroit faire injure à fon maître & à toute la nation : l'arrêter & lui faire violence, ce feroit bleffer le droit d'ambaffade qui appartient à tous les fouverains (§§. 77. & 63.) FRANÇOIS I, roi de France, étoit donc très-fondé à fe plaindre de l'affaffinat de fes ambaffadeurs RINCON & FREGOSE, comme d'un horrible attentat contre la foi & le droit des gens. Ces deux miniftres, deftinés, l'un pour Conftantinople, & l'autre pour Venife, s'étant embarqué fur le Pô, furent arrêtés & affaffinés, felon toute apparence, par les ordres du gouverneur de Milan (a). L'empereur CHARLES V. ne s'étant point mis en peine de faire rechercher les auteurs du meurtre, donna lieu de croire qu'il l'avoit commandé, ou au moins, qu'il l'approuvoit fecrétement & après coup. Et comme il n'en donna point de fatisfaction convenable, François I avoit un très-jufte fujet de lui déclarer la guérre, & même de demander l'affiftance de toutes les nations. Car une affaire de cette nature n'eft point un différend particulier, une queftion litigieufe, dans laquelle chaque partie tire le droit de fon côté ; c'eft la querelle de toutes les na-

(a) Voyez les mémoires de MARTIN DU BELLAY , Liv. IX.

tions, intéreſſées à maintenir comme ſacrés, le droit & les moyens qu'elles ont de communiquer enſemble & de traiter de leurs affaires. Si le paſſage innocent eſt dû, même avec une entiere ſûreté, à un ſimple particulier ; à plus forte raiſon le doit-on au miniſtre d'un ſouverain, qui va exécuter les ordres de ſon maître, & qui voyage pour les affaires d'une nation. Je dis le paſſage innocent ; car ſi le voyage du miniſtre eſt juſtement ſuſpect, ſi un ſouverain a lieu de craindre qu'il n'abuſe de la liberté d'entrer dans ſes terres, pour y tramer quelque choſe contre ſon ſervice, ou qu'il n'aille pour donner certains avis à ſes ennemis, ou pour lui en ſuſciter de nouveaux ; nous avons déjà dit (§. 64) qu'ilpeut lui refuſer le paſſage. Mais il ne doit pas le maltraiter, ni ſouffrir qu'on attente à ſa perſonne. S'il n'a pas des raiſons aſſez fortes pour lui refuſer le paſſage ; il peut prendre des précautions contre l'abus que le miniſtre en pourrroit faire. Les Eſpagnols trouverent ces maximes établies dans le Mexique & dans les provinces voiſines. Les ambaſſadeurs y étoient reſpectés dans toute leur route ; mais ils ne pouvoient s'écarter des grands chemins ſans perdre leurs droits (a). Réſerve ſagement établie, & ainſi réglée, pour empecher qu'on n'envoyât des eſpions, ſous le nom d'ambaſſadeurs. C'eſt ainſi que la paix ſe traitant au fameux congrès de *Weſtphalie* parmi les dangers & le bruit des armes, les courriers, que les plénipotentiaires recevoient & dépêchoient, avoient leur route marquée, hors de laquelle leurs paſſeports ne pouvoient leur ſervir (*b*).

Ce que nous venons de dire regarde les nations qui ont la paix entr'elles. Dès que l'on eſt en guerre, on n'eſt plus obligé de laiſſer à l'ennemi la libre jouiſſance de ſes droits ; au contraire, on eſt fondé à l'en priver, pour

§. 85.
Ambaſſa-
deurs paſ-
ſans en
pays enne-
mi.

(*a*) Solis, hiſtoire de la conquéte du Mexique.
(*b*) Wicquefort, ambaſſadeur, Liv. I, Sect. XVII.

l'affoiblir & le réduire à accepter des conditions équitables.
On peut encore attaquer & arrêter ſes gens, par-tout où
on a la liberté d'exercer des actes d'hoſtilité. Non-ſeulement donc on peut juſtement refuſer le paſſage aux miniſtres
qu'un ennemi envoye à d'autres ſouverains ; on les arrête
même, s'ils entreprennent de paſſer ſecrettement & ſans permiſſion dans les lieux dont on eſt maître. La derniere guerre
nous en fournit un grand exemple. Un ambaſſadeur de
France allant à Berlin, paſſa, par l'imprudence de ſes gui-
des, dans un village de l'électorat de Hanover, dont le ſouverain, roi d'Angleterre, étoit en guerre avec la France.
Il y fut arrêté, & enſuite transféré en Angleterre. Ni la
la cour de France, ni celle de Pruſſe ne ſe plaignirent de
S. M. Britannique, qui n'avoit fait qu'uſer des droits de
la guerre.

§. 86.
Ambaſſa-
des entre
ennemis.

Les raiſons qui rendent les ambaſſades néceſſaires & les
ambaſſadeurs ſacrés & inviolables, n'ont pas moins de force en tems de guerre, qu'en pleine paix. Au contraire, la
néceſſité & le devoir indiſpenſable de conſerver quelque moyen
de ſe rapprocher & de rétablir la paix, eſt une nouvelle raiſon, qui rend la perſonne des miniſtres, inſtrumens des
pourparlers & de la réconciliation, plus ſacrée encore &
plus inviolable. *Nomen legati*, dit CICERON , *ejusmodi eſſe de-
bet, quod non modo inter ſociorum jura, ſed etiam inter hoſ-
tium tela incolume verſetur* (a). Auſſi la ſûreté de ceux qui
appportent les meſſages, ou les propoſitions de l'ennemi,
eſt-elle une des loix les plus ſacrées de la guerre. Il eſt vrai
que l'ambaſſadeur d'un ennemi ne peut venir ſans permiſſion ; & comme il n'auroit pas toujours la commodité de
la faire demander par des perſonnes neutres, on y a ſuppléé
par l'établiſſement de certains meſſagers privilégiés, pour faire
des propoſitions en toute ſûreté , d'ennemi à ennemi.

(a) *In Verrem* , Lib. I.

Je

Je veux parler des *hérauts*, des *trompettes* & des *tam-* § 87.
bours, qui, par les loix de la guerre & le droit des gens, Des hé-
font facrés & inviolables, dès qu'ils fe font connoître, & rauts,
tant quils fe tiennent dans les termes de leur commiffion, dans & tam-
les fonctions de leur emploi. Cela doit être ainfi néceffai- bours.
rement ; car fans compter ce que nous venons de dire,
qu'il faut fe réferver des moyens de ramener la paix, il eft,
dans le cours même de la guerre, mille occafions où le
falut commun & l'avantage des deux partis exigent qu'ils
puiffent fe faire porter des meffages & des propofitions. Les
hérauts avoient fuccédé aux *feciales* des Romains : aujourd'hui
ils ne font plus guere en ufage : on envoie des *tambours*,
ou des *trompettes*, & enfuite, felon les occafions, des miniftres, ou des officiers munis de pouvoirs. Les tambours
& trompettes font facrés & inviolables ; mais ils doivent fe
faire connoître par les marques qui leur font propres. Le
prince d'Orange MAURICE témoigna un vif reffentiment contre la garnifon d'Yfendick, qui avoit tiré fur fon trompette
(*a*). Il difoit à cette occafion, qu'on ne fauroit punir trop
févérement ceux qui violent le droit des gens. On peut voir
d'autres exemples dans WICQUEFORT, & en particulier la
réparation que le duc de Savoye, commandant l'armée de
CHARLES-QUINT, fit faire à un trompette François, qui avoit
été démonté & dépouillé par quelques foldats Allemands (*b*).

Dans les guerres des *Pays-Bas*, le duc D'ALBE fit pen- §. 88.
dre un trompette du prince d'Orange, difant qu'il n'étoit pas Les minif-
obligé de donner fûreté à un trompette que lui envoyoit tres, les
le chef des rebelles (*c*). Ce général fanguinaire viola cer- trompettes
tainement, en cette occafion comme en bien d'autres, les &c. doi-
loix de la guerre, qui doivent être obfervées même dans les vent être
refpectés
même dans
une guerre
civile.

(*a*) WICQUEFORT, Liv. I, fect. III.
(*b*) *Ibid.*
(*c*) *Idem ibid.*

guerres civiles, comme nous l'avons prouvé ci-deſſus (Liv. III, chap. XVIII). Et comment viendra-t-on à parler de paix dans ces occaſions malheureuſes, par quel moyen ménagera-t-on un accommodement ſalutaire, ſi les deux partis ne peuvent le faire porter des meſſages & s'envoyer réciproquement des perſonnes de confiance en toute ſûreté? Le même duc D'ALBE, dans la guerre que les Eſpagnols firent enſuite aux Portugais, qu'ils traitoient auſſi de rebelles, fit pendre le gouverneur de Caſcais, parce qu'il avoit fait tirer ſur le trompette qui venoit ſommer la place (a). Dans une guerre civile, ou lorſqu'un prince prend les armes pour ſoumettre un peuple qui ſe croit diſpenſé de lui obéir, prétendre forcer les ennemis à reſpecter les loix de la guerre, dans le tems qu'on s'en diſpenſe à leur égard, c'eſt vouloir porter ces guerres aux derniers excès de la cruauté, c'eſt les faire dégénérer en maſſacres ſans regle & ſans meſure, par un enchaînement de repréſailles réciproques.

§. 89.
On peut quelque fois refuſer de les admettre.

Mais de même qu'un prince, s'il en a de bonnes raiſons, peut ſe diſpenſer d'admettre & d'écouter des ambaſſadeurs, un général d'armée, ou tout autre commandant, n'eſt pas toujours obligé de laiſſer approcher & d'écouter un trompette, ou un tambour. Si un gouverneur de place, par exemple, craint qu'une ſommation n'intimide ſa garniſon & ne faſſe naître des idées de capituler avant le tems, il peut ſans doute envoyer au devant du trompette qui s'approche, lui ordonner de ſe retirer, & déclarer que, s'il revient pour le même ſujet & ſans permiſſion, il fera tirer ſur lui. Cette conduite n'eſt pas une violation des loix de la guerre : mais il ne faut y venir que ſur des raiſons preſſantes, parce qu'elle expoſe, en irritant l'ennemi, à en être traité à toute rigueur & ſans ménagement. Refuſer d'écouter un trompette,

(a.) Id. ibid.

fans en donner une bonne raifon, c’eſt déclarer 'qu’on veut faire la guerre à outrance.

Soit qu’on admette un héraut, ou un trompette, foit qu’on refuſe de l’entendre, il faut éviter à ſon égard tout ce qui peut ſentir l’inſulte. Non-ſeulement ce reſpect eſt dû au droit des gens, c’eſt encore une maxime de prudence. En 1744, le bailly DE GIVRY envoya un trompette avec un officier, pour ſommer la redoute de Pierre-longe en Piémont. L’officier Savoyard, qui commandoit dans la redoute, brave homme, mais bruſque & emporté, indigné de ſe voir ſommé dans un poſte qu’il croyoit bon, fit une réponſe injurieuſe au général François. L’officier, en homme d’eſprit, la rendit au bailli DE GIVRY, en préſence des troupes Françoiſes : elles en furent enflammées de colere; & l’ardeur de venger un affront ſe joignant à leur valeur naturelle, rien ne fut capable de les arrêter : les pertes qu’elles ſouffrirent dans une attaque très-ſanglante, ne firent que les animer, elles emporterent enfin la redoute, & l’imprudent commandant contribua ainſi à ſa perte & à celle de ſes gens & de ſon poſte.

Le prince, le général de l’armée, & chaque commandant en chef, dans ſon département, ont ſeuls le droit d’envoyer un trompette, ou tambour, & ils ne peuvent l’envoyer auſſi qu’au commandant en chef. Si le général qui aſſiege une ville entreprenoit d’envoyer un trompette à quelque ſubalterne, au magiſtrat, ou à la bourgeoiſie, le gouverneur de la place pourroit avec juſtice traiter ce trompette en eſpion. FRANÇOIS I, roi de France, étant en guerre avec CHARLES-QUINT, envoya un trompette à la diete de l’empire, aſſemblée à Spire en 1544. L’empereur fit arrêter le trompette, & menaça de le faire pendre, parce qu’il ne lui étoit pas adreſſé (a) ; mais il n’oſa pas exécuter ſa menace, ſans doute

(a) WICQUEFORT, ubi ſuprà.

parce qu'il fentoit bien , malgré fes plaintes , que la diete
étoit en droit, même fans fon aveu , d'écouter un trompette.
D'un autre côté, on dédaigne de recevoir un tambour, ou
trompette, de la part d'un fubalterne , à moins que ce ne foit
pour quelque objet particulier, & dépendant de l'autorité préfente de ce fubalterne dans fes fonctions. Au fiege de Rhin-
berg en 1598, un meftre-de-camp d'un régiment Efpagnol
s'étant avifé de faire fommer la place , le gouverneur fit dire
au tambour , qu'il eût à fe retirer, & que fi quelqu'autre tambour ou trompette étoit affez hardi pour y revenir de la part
d'un fubalterne , il le feroit pendre (a).

§. 92.
Indépen-
dance des
miniftres
étrangers.

L'inviolabilité du miniftre public , ou la fûreté qui lui
eft due plus faintement & plus particuliérement qu'à tout autre étranger ou citoyen , n'eft pas fon feul privilege : l'u-
fage univerfel des nations lui attribue de plus une entiere
indépendance de la jurifdiction & de l'autorité de l'état où
il réfide. Quelques auteurs (b) prétendent que cette indépendance eft de pure inftitution entre les nations , & veulent
qu'on la rapporte au droit des gens arbitaire , qui vient des
mœurs, de la coutume, ou des conventions particulieres :
ils nient qu'elle foit de droit des gens naturel. Il eft vrai
que la loi naturelle donne aux hommes le droit de réprimer
& de punir ceux qui leur font injure : par conféquent elle
donne aux fouverains celui de punir un étranger qui
trouble l'ordre public, qui les offenfe eux-mêmes, ou qui
maltraite leurs fujets; elle les autorife à obliger cet étranger
de fe conformer aux loix & de remplir fidélement ce qu'il doit
aux citoyens. Mais il n'eft pas moins vrai que la même loi
naturelle impofe à tous les fouverains l'obligation de confentir aux chofes fans lefquelles les nations ne pourroient cultiver la fociété que la nature a établie entr'elles , correfpondre

(a) *Idem, ibid.*
(b) *Vide* WOLF. Jus Gent. §. 1059.

enfemble, traiter de leurs affaires, ajufter leurs différends. Or les ambaffadeurs & autres miniftres publics font des inftrumens néceffaires à l'entretien de cette fociété générale , de cette correfpondance mutuelle des nations. Mais leur miniftere ne peut atteindre la fin à laquelle il eft deftiné, s'il n'eft muni de toutes les prérogatives capables d'en affurer le fuccès légitime, de le faire exercer en toute fûreté, librement & fidélement. Le même droit des gens , qui oblige les nations à admettre les miniftres étrangers, les oblige donc auffi manifeftement à recevoir ces miniftres avec tous les droits qui leur font néceffaires, tous les privileges qui affurent l'exercice de leurs fonctions. Il eft aifé de comprendre que l'indépendance doit être l'un de ces privileges. Sans elle, la fûreté fi néceffaire au miniftre public, ne fera que précaire : on pourra l'inquiéter, le perfécuter, le maltraiter, fous mille prétextes. Souvent le miniftre eft chargé de commiffions defagréables au prince à qui il eft envoyé : fi ce prince a quelque pouvoir fur lui, & finguliérement une autorité fouveraine, comment efpérer que le miniftre exécutera les ordres de fon maître avec la fidélité, la fermeté, la liberté d'efprit néceffaires ? Il importe qu'il n'ait point de pieges à redouter, qu'il ne puiffe être diftrait de fes fonctions par aucune chicane ; il importe qu'il n'ait rien à efpérer, ni rien à craindre du fouverain à qui il eft envoyé. Il faut donc, pour affurer le fuccès de fon miniftere, qu'il foit indépendant de l'autorité fouveraine de la jurifdiction du pays, tant pour le civil que pour le criminel. Ajoutons que les feigneurs de la cour , les perfonnes les plus confidérables, ne fe changeroient qu'avec répugnance d'une ambaffade, fi cette commiffion devoit les foumettre à une autorité étrangere, fouvent chez des nations peu amies de la leur, où ils auront à foutenir des prétentions défagréables, à entrer dans des difcuffions où l'aigreur fe mêle aifément. Enfin fi l'ambaffadeur peut être accufé pour délits communs, pourfuivi criminellement, arrêté, puni s'il peut être cité en juſtice pour affaires civiles, il arrivera ſouvent qu'il ne lui reſtera ni le pouvoir ni le loiſir, ni la liberté d'eſprit que demandent les affaires de ſon maître. Et la dignité de la repréſentation, comment ſe maintiendra-t-elle dans cet aſſujétiſſement ? Pour toutes ces raiſons, il eſt impoſſible de concevoir que l'intention du prince qui envoie un ambaſſadeur, ou tout autre miniſtre, ſoit de le ſoumettre à l'autorité d'une puiſſance étrangere. C'eſt ici une nouvelle raiſon, qui acheve d'établir l'indépendance du miniſtre public. Si l'on ne peut raiſonnablement préſumer que ſon maître veuille le ſoumettre à l'autorité du ſouverain à qui il l'envoie, ce ſouverain, en recevant le miniſtre, conſent de l'admettre ſur ce pied d'indépendance : & voilà, entre les deux princes, une convention tacite, qui donne une nouvelle force à l'obligation naturelle.

L'uſage eſt entiérement conforme à nos principes. Tous les ſouverains prétendent une parfaite indépendance pour leurs ambaſſadeurs & miniſtres. S'il eſt vrai qu'il ſe ſoit trouvé un roi d'Eſpagne, qui, deſirant de s'attribuer une judiſdiction ſur les miniſtres étrangers réſidens à ſa cour, ait écrit à tous les princes chrétiens que ſi ſes ambaſſadeurs venoient à commettre quelque crime dans le lieu de leur réſidence, il vouloit qu'ils fuſſent déchus de leurs privileges, & jugés ſuivant les loix du pays (a), un exemple unique ne fait rien en pareille matiere, & la couronne d'Eſpagne n'a point adopté cette façon de penſer.

§. 93.
Conduite
que doit
tenir le mi-
niſtre
étranger.] Cette indépendance du miniſtre étranger ne doit pas être convertie en licence : elle ne le diſpenſe point de ſe conformer dans ſes actes extérieurs aux uſages & aux loix du pays,

(a) Le fait eſt avancé par ANTOINE DE VERA, dans ſon *idée du parfait ambaſſadeur*. Mais ce récit paroît ſuſpect à WICQUEFORT, parce qu'il ne l'a trouvé, dit-il, dans aucun autre écrivain. (Ambaſſ. Liv. I, Sect. XXIX, *init*.

dans tout ce qui eſt étranger à l'objet de ſon caractere : il
eſt indépendant, mais il n'a pas droit de faire tout ce qu'il
lui plaît. Ainſi, par exemple, s'il eſt défendu généralement
à tout le monde de paſſer en carroſſe auprès d'un magaſin à
poudre, ou ſur un pont, de viſiter & examiner les fontifica-
tions d'un place, &c, l'ambaſſadeur doit reſpecter de pareilles
défenſes (a). S'il oublie ſes devoirs, s'il devient inſolent,
s'il commet des fautes & des crimes, il y a divers moyens
de le réprimer, ſelon l'importance & la nature de ſes fautes;
& nous allons en parler, après que nous aurons dit deux mots
de la conduite que le miniſtre public doit tenir dans le lieu
de ſa réſidence. Il ne peut ſe prévaloir de ſon indépendance,
pour choquer les loix & les uſages ; mais plutôt il doit s'y
conformer, autant que ces loix & ces uſages peuvent le con-
cerner, quoique le magiſtrat n'ait pas le pouvoir de l'y contraindre : ſur-tout il eſt obligé d'obſerver religieuſement les regles univerſelles de la juſtice envers tous ceux qui ont affaire
à lui. A l'égard du prince à qui il eſt envoyé, l'ambaſſadeur doit
ſe ſouvenir que ſon miniſtere eſt un miniſtere de paix, & qu'il
n'eſt reçu que ſur ce pied-là. Cette raiſon lui interdit toute
mauvaiſe partique. Qu'il ſerve ſon maître, ſans faire tort au
prince qui le reçoit. C'eſt une lâche trahiſon, que d'abuſer
d'un caractere ſacré, pour tramer ſans crainte la perte de ceux

(a) Le roi d'Angleterre, informé que les ambaſſadeurs de France & d'Eſpagne avoient ramaſſé un grand nombre de gens armés pour ſoutenir dans une occaſion ſolemnelle leurs prétentions reſpectives touchant la préſéance, avoit fait prier
tous les ambaſſadeurs de ne point envoyer leurs carroſſes à l'entrée de l'ambaſſadeur
de Veniſe. Le comte d'Eſtrades, alors ambaſſadeur de France, ſouſcrivit à cette
réquiſition. Louis XIV témoigna ſon mécontentement de ce qu'il avoit déféré à ce
que le roi d'Angleterre lui avoit fait dire. " N'ayant même été qu'une priere de ſa
,, part de n'envoyer pas des caroſſes, vu que quand même c'auroit été un ordre
,, exprès, comme il lui eſt permis de les donner tels qu'il veut dans ſes états, vous
,, auriez dû lui répondre que vous n'en recevez que de moi; & s'il eût voulu après
,, cela uſer de violence, le parti que vous aviez à prendre étoit de vous retirer de
,, ſa cour. ,, Il me ſemble que ce monarque étoit dans l'erreur, chaque ſouverain étant ſans doute en droit de défendre à tous miniſtres étrangers de faire dans
ſon pays des choſes dont il peut réſulter du déſordre, & qui d'ailleurs ne ſont point
néceſſaires à l'exercice de leurs fonctions.

qui refpectent ce caractere, pour leur tendre des embûches ; pour leur nuire fourdement, pour brouiller & ruiner leurs affaires. Ce qui feroit infame & abominable dans un hôte particulier, deviendra-t-il donc honnéte & permis au repréfentant d'un fouverain ?

Il fe préfente ici une queftion intéreffante. Il n'eft que trop ordinaire aux ambaffadeurs, de travailler à corrompre la fidélité des miniftres de la cour où ils réfident, celle des fecretaires & autres employés dans les bureaux. Que doit-on penfer de cette pratique ? Corrompre quelqu'un, le féduire, l'engager, par l'attrait puiffant de l'or, à trahir fon prince & fon devoir, c'eft incontehtablement une mauvaife action, felon tous les principes certains de la morale. Comment fe la permet-on fi aifément dans les affaires publiques ? Un fage & vertueux politique (*a*) donne affez à entendre qu'il condamne abfolument cette indigne reffource ; mais pour ne pas *fe faire lapider dans le monde politique*, il fe borne à confeiller de n'y avoir recours qu'au défaut de tout autre moyen. Pour nous, qui écrivons fur les principes facrés & invariables du droit, difons hardiment, pour n'être pas infideles au monde moral, que la corruption eft un moyen contraire à toutes les regles de la vertu & de l'honnêteté, qu'elle bleffe évidemment la loi naturelle. On ne peut rien concevoir de plus déshonnête, de plus oppofé aux devoirs mutuels des hommes, que d'induire quelqu'un à faire le mal. Le corrupteur peche certainement envers le miférable qu'il féduit. Et pour ce qui concerne le fouverain dont on découvre les fecrets de cette maniere, n'eft-ce pas l'offenfer, lui faire injure, que de profiter de l'accès favorable qu'il donne à fa cour, pour corrompre la fidélité de fes ferviteurs ? Il eft en droit de chaffer le corrupteur, & de demander juftice à celui qui l'a envoyé.

(*a*) M. PECQUET, difcours fur l'art de négocier, p. 91, 92.

Si

Si jamais la corruption eſt excuſable, c'eſt lorſqu'elle ſe trouve l'unique moyen de découvrir pleinement & de déconcerter une trame odieuſe, capable de ruiner, ou de mettre en grand péril l'état que l'on ſert. Celui qui trahit un pareil ſecret, peut, ſelon les circonſtances, n'être pas condamnable : le grand & légitime avantage qui découle de l'action qu'on lui fait faire, la néceſſité d'y avoir recours, peuvent nous diſpenſer de nous arrêter trop ſcrupuleuſement ſur ce qu'elle peut avoir d'équivoque de ſa part. Le gagner eſt un acte de ſimple & juſte défenſe. Tous les jours on ſe voit obligé, pour faire avorter les complots des méchans, de mettre en œuvre les diſpoſitions vicieuſes de leurs ſemblables. C'eſt ſur ce pied là que HENRI IV diſoit à l'ambaſſadeur d'Eſpagne, qu'*il eſt permis à l'ambaſſadeur d'employer la corruption, pour découvrir les intrigues qui ſe font contre le ſervice de ſon maître* (a) ; ajoutant que les affaires de Marſeille, de Metz, & pluſieurs autres, faiſoient aſſez voir qu'il avoit raiſon de tâcher de pénétrer les deſſeins qu'on formoit à Bruxelles, contre le repos de ſon royaume. Ce grand prince ne jugeoit pas ſans doute, que la ſéduction fût toujours une pratique excuſable dans un miniſtre étranger, puiſqu'il fit arrêter BRUNEAU, ſecretaire de l'ambaſſadeur d'Eſpagne, qui avoit pratiqué MAIRARGUES pour faire livrer Marſeille aux Eſpagnols.

Profiter ſimplement des offres d'un traître que l'on n'a point ſéduit, eſt moins contraire à la juſtice & à l'honnêteté. Mais les exemples des Romains, que nous avons rapportés ci-deſſus (Liv. III, §. 155 & §. 181), où il s'agiſſoit cependant d'ennemis déclarés; ces exemples, dis-je, font voir que la grandeur d'ame rejette même ce moyen, pour ne pas encourager l'infame trahiſon. Un prince, un miniſtre, dont les ſentimens ne ſeront point inférieurs à ceux de ces anciens Romains, ne ſe permettra d'accepter les offres

____

(a) Voyez les mémoires de SULLY & les hiſtoriens de France.

d'un traître, que quand une cruelle néceſſité lui en fera la loi ; & il regrettera de devoir ſon ſalut à cette indigne reſſource.

Mais je ne prétends pas condamner ici les ſoins, ni même les préſens & les promeſſes, qu'un ambaſſadeur met en uſage pour acquérir des amis à ſon maître. Ce n'eſt pas ſéduire les gens & les pouſſer au crime, que de ſe concilier leur affection ; & c'eſt à ces nouveaux amis à s'obſerver de façon que leur inclination pour un prince étranger ne les détourne jamais de la fidélité qu'ils doivent à leur ſouverain.

§. 94.
Comment on peut les réprimer, 1°. à l'égard des délits communs.

Si l'ambaſſadeur oublie les devoirs de ſon état, s'il ſe rend déſagréable & dangereux, s'il forme des complots, des entrepriſes préjudiciables au repos des citoyens, à l'état, ou au prince à qui il eſt envoyé, il eſt divers moyens de le réprimer, proportionnés à la nature & au degré de ſa faute. S'il maltraite les ſujets de l'état, s'il leur fait des injuſtices, s'il uſe contr'eux de violence ; les ſujets offenſés ne doivent point recourir aux magiſtrats ordinaires, de la juriſdiction deſquels l'ambaſſadeur eſt indépendant ; & par la même raiſon, ces magiſtrats ne peuvent agir directement contre lui. Il faut en pareilles occaſions, s'adreſſer au ſouverain qui demande juſtice au maître de l'ambaſſadeur, & en cas de refus peut ordonner au miniſtre inſolent de ſortir de ſes états.

§. 95.
2°. Pour les fautes commiſes contre le prince.

Si le miniſtre étranger offenſe le prince lui-même, s'il lui manque de reſpect, s'il brouille l'état & la cour par ſes intrigues ; le prince offenſé, voulant garder des ménagemens particuliers pour le maître, ſe borne quelquefois à demander le rappel du miniſtre ; ou ſi la faute eſt plus conſidérable, il lui défend la cour, en attendant la réponſe du maître. Dans les cas graves, il va même juſqu'à le chaſſer de ſes états.

§. 96.
Droit de chaſſer un

Tout ſouverain eſt ſans doute en droit d'en uſer de la

forte : car il eſt maître chez lui ; aucun étranger ne peut demeurer à ſa cour, ou dans ſes états, ſans ſon aveu. Et ſi les ſouverains ſont en général obligés d'écouter les propoſitions des puiſſances étrangeres & d'admettre leurs miniſtres, cette obligation ceſſe entiérement à l'égard d'un miniſtre qui, manquant lui-même aux devoirs que lui impoſe ſon caractere, le rend dangereux ou juſtement ſuſpect à celui auprès duquel il ne peut venir que comme miniſtre de paix. Un prince ſeroit-il obligé de ſouffrir dans ſes terres & à ſa cour, un ennemi ſecret, qui trouble l'état, ou qui en machine la perte ? Ce fut une plaiſante réponſe que celle de PHILIPPE II à la reine ELISABETH, qui le faiſoit prier de rappeller ſon ambaſſadeur, parce que celui - ci tramoit contre elle des complots dangereux. Le roi d'Eſpagne refuſa de le rappeller, diſant que " la condition des princes ſeroit bien „ malheureuſe, s'ils étoient obligés de révoquer leur mi- „ niſtre, dès que ſa conduite ne répondroit point à l'humeur „ ou à l'intérêt de ceux avec qui il négocie (a). „ Elle ſeroit bien plus malheureuſe la condition des princes, s'ils étoient obligés de ſouffrir dans leurs états, & à leur cour, un miniſtre déſagréable, ou juſtement ſuſpect, un brouillon, un ennemi maſqué ſous le caractere d'ambaſſadeur, qui ſe prévaudroit de ſon inviolabilité, pour tramer hardiment des entrepriſes pernicieuſes. La reine, juſtement offenſée du refus de Philippe, fit donner des gardes à l'ambaſſadeur (b).

Mais doit - on toujours ſe borner à chaſſer un ambaſſadeur, à quelque excès qu'il ſe ſoit porté ? Quelques auteurs le prétendent, fondés ſur la parfaite indépendance du miniſtre public. J'avoue qu'il eſt indépendant de la juriſdiction du pays ; & j'ai déjà dit que, par cette raiſon, le magiſtrat ordinaire ne peut procéder contre lui. Je conviens encore,

ambaſſa-
deur cou-
pable, ou
juſtement
ſuſpect.

§. 97.
Droit de le
réprimer
par la for-
ce, s'il agit
en ennemi.

(a) WICQUEFORT, ubi ſuprà. Liv. I, Sect. XXIX.
(b) Idem, ibid.

que pour toutes fortes de délits communs, pour les fcandales & les défordres qui font tort aux citoyens & à la fociété, fans mettre l'état & le fouverain en péril, on doit ce ménagement à un caractere fi néceffaire pour la correfpondance des nations, & à la dignité du prince répréfenté, de fe plaindre à lui de la conduite de fon miniftre, & de lui en demander la réparation ; & fi on ne peut rien obtenir, de fe borner à chaffer ce miniftre, au cas que la gravité de fes fautes exige abfolument qu'on y mette ordre. Mais l'ambaffadeur pourra-t-il impunément cabaler contre l'état où il réfide, en machiner la perte, inciter les fujets à la révolte, & ourdir fans crainte les confpirations les plus dangereufes, lorfqu'il fe tient affuré de l'aveu de fon maître ? S'il fe comporte en ennemi, ne fera-t-il pas permis de le traiter comme tel ? La chofe eft indubitable, à l'égard d'un ambaffadeur qui en vient aux voies de fait, qui prend les armes, qui ufe de violence. Ceux qu'il attaque peuvent le repouffer ; la défenfe de foi-même eft de droit naturel. Ces ambaffadeurs Romains, envoyés aux Gaulois, & qui combattirent contre eux avec les peuples de Clufium, fe dépouillerent eux-mêmes de leur caractere (a). Qui pourroit penfer que les Gaulois devoient les épargner dans la bataille ?

§. 98.
De l'ambaffadeur qui forme des conjurations & des complots dangereux.

La queftion a plus de difficulté à l'égard d'un ambaffadeur qui, fans en venir actuellement aux voies de fait, ourdit des trames dangereufes, incite, par fes menées, les fujets à la révolte, forme & anime des confpirations contre le fouverain ou contre l'état. Ne pourra-t-on réprimer & punir exemplairement un traître qui abufe de fon caractere, & qui viole le premier le droit des gens ? Cette loi facrée ne pourvoit pas moins à la fûreté du prince qui reçoit un ambaffadeur, qu'à celle de l'ambaffadeur lui-même. Mais d'un

(a) TIT. LIV. *Lib.* V , *cap.* 26. L'hiftorien décide fans balancer, que ces ambaffadeurs violerent le droit des gens : *legati contra jus gentium arma capiunt.*

autre côté, fi nous donnons au prince offenfé, le droit de punir, en pareil cas, un miniftre étranger, il en réfultera de fréquens fujets de conteftation & de rupture entre les puiffances, & il fera fort à craindre que le caractere d'ambaffadeur ne foit privé de la fûreté qui lui eft néceffaire. Il eft certaines pratiques, tolérées dans les miniftres étrangers, quoiqu'elles ne foient pas toujours fort honnêtes; il en eft que l'on ne peut réprimer par des peines, mais feulement en ordonnant au miniftre de fe retirer : comment marquer toujours les limites de ces divers dégrés de faute? On chargera d'odieufes couleurs les intrigues d'un miniftre, que l'on voudra troubler; on calomniera fes intentions & fes démarches, par une interprétation finiftre ; on lui fufcitera même de fauffes accufations. Enfin, les entreprifes de cette nature fe font d'ordinaire avec précaution, elles fe ménagent dans le fecret; la preuve complette en eft difficile, & ne s'obtient guéres que par les formalités de la juftice. Or on ne peut affujettir à ces formalités un miniftre indépendant de la jurisdiction du pays.

En pofant les fondemens du droit des gens *vo'ontaire* (Prélim. §. 21), nous avons vu que les nations doivent quelquefois fe priver néceflairement, en faveur du bien général de certains droits, qui, pris en eux-mêmes & abftraction faite de toute autre confidération, leur appartiendroient naturellement. Ainfi le fouverain, dont la caufe eft jufte, a feul véritablement tous les droits de la guerre (Liv. III, §. 188) ; & cependant il eft obligé de confidérer fon ennemi comme ayant des droits égaux aux fiens, & de le traiter en conféquence (*ibid.* §§. 190 & 191). Les mêmes principes nous ferviront ici de regle. Difons donc, qu'en faveur de la grande utilité, de la néceflité même des ambaffades, les fouverains font obligés de refpecter l'inviolabilité de l'ambaffadeur, tant qu'elle ne fe trouve pas incompatible avec leur propre fûreté & le falut de leur état. Et par conféquent, quand les menées de l'ambaffadeur font dévoilées , les complots découverts ; quand le péril eft paffé, enforte que, pour s'en garantir , il n'eft plus néceffaire de mettre la main fur lui ; il faut , en confidération du caractere , renoncer au droit général de punir un traître , un ennemi couvert, qui attente au falut de l'état , & fe borner à chaffer le miniftre coupable , en demandant fa punition au fouverain de qui il dépend.

C'eft en effet de quoi la plupart des nations , & furtout celles de l'Europe , font tombées d'accord. On peut voir dans WICQUEFORT (a) plufieurs exemples des principaux fouverains de l'Europe , qui fe font contentés de chaffer des ambaffadeurs coupables d'entreprifes odieufes, quelquefois même fans en demander la punition aux maîtres, de qui ils n'efpéroient pas de l'obtenir. Ajoutons à ces exemples celui du duc D'ORLEANS régent de France : ce prince ufa de ménagement envers le prince DE CELLAMARE , ambaffadeur d'Efpagne , qui avoit tramé contre lui une confpiration dangereufe ; fe bornant à lui donner des gardes , à faifir fes papiers , & à le faire conduire hors du royaume. L'hiftoire Romaine fournit un exemple très-ancien , dans la perfonne des ambaffadeurs de TARQUIN. Venus à Rome, fous prétexte de réclamer les biens particuliers de leur maître qui avoit été chaffé , ils y pratiquerent une jeuneffe corrompue, & l'engagerent dans une horrible trahifon contre la patrie. Quoique la conduite de ces ambaffadeurs parût autorifer à les traiter en ennemis , les confuls & le fénat refpecterent en leurs perfonnes le droit des gens (b). Les ambaffadeurs furent renvoyés , fans qu'on leur fît aucun mal ; mais il paroît

____

(a) Ambaffad. Liv. I, Sect. XXVII, XXXIII & XXIX.
(b) *Et quamquam vifi funt (legati) commififfe, ut hoftium loco effent , jus tamen gentium valuit.* TIT. LIV. Lib. II , cap. 4.

par le récit de Tɪᴛᴇ Lɪᴠᴇ , qu'on leur enleva les lettres des conjurés, dont ils étoient chargés pour Tᴀʀǫᴜɪɴ.

Cet exemple nous conduit à la véritable regle du droit des gens, dans les cas dont il eſt queſtion. On ne peut punir l'ambaſſadeur, parce qu'il eſt indépendant; & il ne convient pas, par les raiſons que nous venons d'expoſer, de le traiter en ennemi, tant qu'il n'en vient pas lui-même à la violence & aux voies de fait; mais on peut contre lui tout ce qu'exige raiſonnablement le ſoin de ſe garantir du mal qu'il a machiné, de faire avorter ſes complots. S'il étoit néceſſaire , pour déconcerter & prévenir une conjuration, d'arrêter, de faire périr même un ambaſſadeur qui l'anime & la dirige, je ne vois pas qu'il y eût à balancer, non-ſeulement parce que le ſalut de l'état eſt la loi ſuprême, mais encore parce que, indépendamment de cette maxime, on en a un droit parfait & particulier, produit par les propres faits de l'ambaſſadeur. Le miniſtre publie eſt indépendant, il eſt vrai , & ſa perſonne ſacrée; mais il eſt permis, ſans doute, de repouſſer ſes attaques ſourdes ou ouvertes, de ſe défendre contre lui dès qu'il agit en ennemi & en traître. Et ſi nous ne pouvons nous ſauver ſans qu'il lui en arrive du mal, c'eſt lui qui nous met dans la néceſſité de ne pas l'épargner. Alors on peut dire avec raiſon, que le miniſtre ſe prive lui-même de la protection du droit des gens. Je ſuppoſe que le ſénat de Veniſe, découvrant la conjuration du marquis ᴅᴇ Bᴇᴅᴍᴀʀ (a), & convaincu que cet ambaſſadeur en étoit l'ame & le chef, n'eût pas eu d'ailleurs des lumieres ſuffiſantes pour étouffer cet horrible complot, qu'il eût été incertain ſur le lieu où elle devoit éclater, qu'il eût été en doute ſi on ſe propoſoit de faire révolter l'armée navale , ou les troupes de terre , de ſurprendre quelque place importante : auroit-il été obligé de laiſſer partir l'ambaſſadeur en liberté, & par-là de lui donner moyen d'aller

§. 99.
De ce qui eſt permis contre lui ſelon l'exigeance du cas.

(a) Voyez-en l'hiſtoire écrite par l'Abbé ᴅᴇ S. Rᴇᴀʟ.

fe mettre à la tête de fes complices & de faire réuffir fes deffeins? On ne le dira pas férieufement. Le fénat eût donc été
en droit de faire arrêter le marquis & toute fa maifon, de
leur arracher même leur funefte fecret. Mais ces prudens ré-
publicains, voyant le péril paffé, & la conjuration entiérement
étouffée, voulurent fe ménager avec l'Efpagne; & défendant
d'accufer les Efpagnols d'avoir eu part au complot, ils prie-
rent feulement l'ambaffadeur de fe retirer, pour fe garantir de
la fureur du peuple.

§. 100.
D'un am-
baffadeur
qui attente
à la vie du
prince.

On doit fuivre ici la même regle que nous avons donnée ci-deffus (Liv. III, §. 136), en traitant de ce qui eft permis contre un ennemi : dès que l'ambaffadeur agit en ennemi,
on peut fe permettre contre lui tout ce qui eft néceffaire
pour faire avorter fes mauvais deffeins & pour fe mettre en
fûreté. C'eft encore fur ce même principe, & fur cette idée,
qui préfente l'ambaffadeur comme un ennemi public quand
il en fait les actions, que nous déciderons fon fort, au cas
qu'il porte fes attentats jufqu'au plus haut degré d'atrocité.
Si l'ambaffadeur commet de ces crimes atroces qui attaquent
la fûreté du genre humain, s'il entreprend d'affaffiner ou d'empoifonner le prince qui l'a reçu à fa cour, il mérite, fans
difficulté, d'être puni comme un ennemi traître, empoifonneur ou affaffin (Voyez Livre III, §. 155). Son caractere,
qu'il a fi indignement fouillé, ne peut le fouftraire à la
peine. Le droit des gens protégeroit - il un criminel dont
la fûreté de tous les princes & le falut du genre humain demandent le fupplice? On doit peu s'attendre, il eft
vrai, qu'un miniftre public fe porte à de fi horribles excès.
Ce font ordinairement des gens d'honneur, que l'on décore
de ce caractere : & quand il s'en trouveroit, dans le nombre,
de ceux qui ne font fcrupule de rien, les difficultés, la grandeur du péril font capables de les arrêter. Cependant ces attentats ne font pas fans exemple dans l'hiftoire. M. Bar-
BEYRAC

Beyrac (*a*) rapporte celui d'un affaffinat commis en la perfonne du feigneur de Sirmium, par un ambaffadeur que lui envoya Constantin Diogene, gouverneur de la province voifine pour Basile II, empereur de Conftantinople, & il cite l'hiftorien Cedrenus. Voici un fait qui fe rapporte à la matiere. Charles III, roi de Naples, ayant envoyé en 1382, à fon compétiteur Louis, duc d'Anjou, un chevalier nommé Matthieu Sauvage, en qualité de héraut, pour le défier à un combat fingulier, ce héraut fut foupçonné de porter une demi-lance, dont le fer étoit imbu d'un poifon fi fubtil, que quiconque y arrêtoit fixement la vue, ou en laiffoit toucher fes habits, tomboit mort à l'inftant. Le duc d'Anjou averti, refufa de voir le héraut, & le fit arrêter : on l'interrogea, & fur fa propre confeffion, il eut la tête tranchée. Charles fe plaignit du fupplice de fon héraut, comme d'une infraction aux loix & aux ufages de la guerre. Louis foutint dans fa réponfe qu'il n'avoit point violé les loix de la guerre à l'égard du chevalier Sauvage, condamné fur fa propre déclaration (*b*). Si le crime imputé au chevalier eût été bien avéré, ce héraut étoit un affaffin, qu'aucune loi ne pouvoit protéger; mais la nature feule de l'accufation en montre affez la fauffeté.

La queftion que nous venons de traiter, a été débattue en Angleterre & en France, en deux occafions célebres. Elle le fut à l'occafion de Jean Lesley, évêque de Roffe, ambaffadeur de Marie, reine d'Ecoffe. Ce miniftre ne ceffoit de cabaler contre la reine Elisabeth & contre le repos de l'état : il formoit des conjurations, il excitoit les fujets à la révolte. Cinq des plus habiles avocats confultés pas le confeil privé, déciderent *que l'ambaffadeur qui excite une rebellion contre le prince auprès duquel il réfide, eft déchû des privileges du caractere, & fujet aux*

§. 101.
Deux exemples remarquables fur la queftion des immunités des miniftres publics.

(*a*) Dans fes notes fur le traité du juge compétant des ambaffadeurs, par M. Bybkershoek, chap. 24, §. V, not. 2.
(*b*) Hiftoire des rois des deux Siciles, par M. d'Egly.

peines de la loi. Ils devoient dire plutôt , qu'on peut le traiter en ennemi. Mais le conseil se contenta de faire arrêter l'évêque, & après l'avoir détenu prisonnier à la cour pendant deux ans, on le mit en liberté quand on n'eut plus rien à craindre de ses intrigues, & on le fit sortir du royaume (*a*). Cet exemple peut confirmer les principes que nous avons établis. J'en dis autant du suivant. *Bruneau*, secretaire de l'ambassadeur d'Espagne en France, fut surpris traitant avec *Mairargues*, en pleine paix, pour faire livrer Marseille aux Espagnols. On le mit en prison, & le parlement qui fit le procès à Mairargues, interrogea Bruneau juridiquement. Mais il ne le condamna pas, il le renvoya au roi, qui le rendit à son maître, à condition qu'il le feroit sortir incessamment du royaume. L'ambassadeur se plaignit vivement de la détention de son sécrétaire. Mais HENRI IV lui répondit très - judicieusement, *que le droit des gens n'empêche pas qu'on ne puisse arrêter un ministre public, pour lui ôter le moyen de faire du mal.* Le roi pouvoit ajouter qu'on a même le droit de mettre en usage contre le minis-tre, tout ce qui est nécessaire pour se garantir du mal qu'il a voulu faire, pour déconcerter ses entreprises & en prévenir les suites. C'est ce qui autorisoit le parlement à faire subir un interrogatoire à Bruneau, pour découvrir tous ceux qui avoient trempé dans un complot si dangereux. La question, si les ministres étrangers qui violent le droit des gens sont déchus de leur privilege , fut agitée fortement à Paris ; mais le roi n'en attendit pas la décision pour rendre Bruneau à son maître (*b*).

(*a*) CAMDEN , Annal. Angl. *ad ann.* 1571. 1573.

(*b*) Voyez cette discussion & les discours que HENRI IV tint à ce sujet à l'am-bassadeur d'Espagne, dans les mémoires de NEVERS , tom. II. p. 858. & suiv. dans MATTHIEU , tom. II. liv. III. & dans les autres historiens.

Joseph Sofi, roi de Caresem , ayant mis en prison un ambassadeur de Timur-Bec , le secretaire d'état de Timur lui écrivit fortement sur cette violation du droit des gens , lui disant, *que la maxime des rois étoit de tenir pour sacrée la personne des ambassadeurs , ce qui faisoit qu'ils étoient toujours exempts de mort ou de pri-son , pour peu que le souverain vers lequel on les envoyoit eut de connoissance du droit des gens , & que l'ambassadeur eut de prudence pour ne point commettre de*

Il n'eſt pas permis de maltraiter un ambaſſadeur par repré-   §. 102.
ſailles. Car le prince qui uſe de violence contre un miniſtre   Si l'on peut
public commet un crime, l'on ne doit pas s'en venger en   uſer de repréſailles
l'imitant. On ne peut jamais, ſous prétexte de repréſailles,   envers un
commettre des actions illicites en elles-mêmes : & tels ſe-   ambaſſa-
roient ſans doute de mauvais traitemens faits à un miniſtre   deur.
innocent, pour les fautes de ſon maître. S'il eſt indiſpenſable d'obſerver généralement cette regle, en fait de repréſailles, le reſpect qui eſt dû au caractere, la rend plus particuliérement obligatoire envers l'ambaſſadeur. Les Carthaginois avoient violé le droit des gens envers les ambaſſadeurs
de ce peuple perfide, & on lui demanda ce qu'il vouloit qu'on
leur fît : *rien*, dit-il, *de ſemblable à ce que les Carthaginois ont
fait aux nôtres*; & il les renvoya en ſûreté (*a*). Mais en même
tems il ſe prépara à punir, par les armes, l'état qui avoit violé
le droit des gens (*b*). Voilà le vrai modele de la conduite
qu'un ſouverain doit tenir en pareille occaſion. Si l'injure
pour laquelle on veut uſer de repréſailles ne regarde pas
un miniſtre public, il eſt bien plus certain encore qu'on ne
peut les exercer contre l'ambaſſadeur de la puiſſance dont on
ſe plaint. La ſûreté des miniſtres publics ſeroit bien incer-

faute conſidérable, & pour ſe comporter en honnête homme. Il ajoute ; qu'il eſt
marqué dans l'Alcoran que les ambaſſadeurs ſont ſacrés & ne ſont obligés à rien
qu'à exécuter les ordres de leur maître. La Croix, Hiſt. de Timur-Bec. Liv. II.
chap. 26.

Le même hiſtorien rapportant l'hiſtoire de Barcouc, ſultan d'Egypte, qui fit
mourir l'ambaſſadeur de Timur dit, que ce fut une action infâme ; qu'inſulter
un ambaſſadeur eſt violer le droit des gens, & cela fait horreur à la nature même.
Ibid. liv. V, chap. 17.

(*a*) Appien, cité par Grotius, Liv. II, chap. 28. §. 7. Suivant Diodore
de Sicile, Scipion dit aux Romains : *n'imitez point ce que vous reprochez aux
Carthaginois :* Σκίπιων, ουκ, ἔφη, δεῖν πράττειν ὁ Τοῖς Καρχηδονίοις ἐγκαγοῦσι. Diod. Sicul.
Excerpt. Peireſc. p. 290.

(*b*) Tit. Liv. Lib. XXX, chap. 25. Cet hiſtorien fait dire à Scipion : quoique les Carthaginois ayent violé la foi de la treve & le droit des gens en la perſonne de nos ambaſſadeurs, je ne ferai rien contre les leurs qui ſoit indigné des
maximes du peuple Romain & de mes principes.

taine, fi elle étoit dépendante de tous les différends qui peuvent furvenir. Mais il eft un cas où il paroit très-permis d'arrêter un ambaffadeur, pourvu qu'on ne lui faffe fouffrir d'ailleurs aucun mauvais traitement : quand un prince, violant le droit des gens, a fait arrêter notre ambaffadeur, nous pouvons arrêter & retenir le fien, afin d'affurer par ce gage, la vie & la liberté du nôtre. Si ce moyen ne réuffiffoit pas, il faudroit relâcher l'ambaffadeur innocent, & fe faire juftice par des voies plus efficaces. CHARLES - QUINT fit arrêter l'ambaffadeur de France, qui lui avoit déclaré la guerre, fur quoi FRANÇOIS I fit auffi arrêter GRANVELLE, ambaffadeur de l'empereur. On convint enfuite que les ambaffadeurs feroient conduits fur la frontiere, & élargis en même tems (a).

§. 203.
Confentement des nations fur les privileges des ambaffadeurs.

Nous avons déduit l'indépendance & l'inviolabité de l'ambaffadeur des principes naturels & néceffaires du droit des gens. Ces prérogatives lui font confirmées par l'ufage & le confentement général des nations. On a vû ci-deffus (§. 84), que les Efpagnols trouverent le droit des ambaffades établi & refpecté au Mexique. Il l'eft même chez les peuples fauvages de l'Amérique feptentrionale. Paffez à l'autre extrêmité de la terre, vous verrez les ambaffadeurs très-refpectés à la Chine. Ils le font aux Indes, moins religieufement à la vérité (b). Le roi de Ceilan a quelquefois mis en prifon les ambaffadeurs de la compagnie Hollandoife. Maître des lieux où croît la cannelle, il fait que les Hollandois lui pafferont bien des chofes en faveur d'un riche commerce, & il s'en prévaut en barbare. L'alcoran prefcrit aux mufulmans de refpecter le miniftre public ; & fi les Turcs n'ont pas toujours obfervé ce précepte, il faut en accufer la férocité de quelques princes, plutôt que les principes de la nation. Les droits

(a) MEZERAY, hiftoire de France, tom. II, p. 470.
(b) Hiftoire générale des voyages, art. de la Chine & des Indes.

des ambaſſadeurs étoient fort bien connus des Arabes. Un auteur (*a*) de cette nation rapporte le trait ſuivant. K haled, général Arabe, étant venu comme ambaſſadeur à l'armée de de l'empereur Heraclius, parloit inſolemment au général ; ſur quoi celui-ci lui dit *que la loi reçue chez toutes les nations mettoit les ambaſſadeurs à couvert de toute violence, & que c'é-toit-là apparemment ce qui l'avoit enhardi à lui parler d'une maniere ſi indécente* (*b*). Il ſeroit fort inutile d'accumuler ici les exemples que pourroit fournir l'hiſtoire des nations Eu-ropéennes ; ils ſont innombrables, & les uſages de l'Europe ſont aſſez connus à cette égard. S. Louis étant à Acre, donna un exemple remarquable de la ſûreté qui eſt due aux miniſtres publics. Un ambaſſadeur du *vieil de la Montagne*, ou un prince des *aſſaſſins*, lui parlant avec inſolence, les grands-maîtres du temple & de l'hôpital dirent à ce miniſtre, que *ſans le reſpect de ſon caractere, ils le feroient jetter à la mer* (*c*). Le roi le renvoya, ſans permettre qu'il lui fût fait aucun mal. Cependant le prince des *aſſaſſins* violant lui-même les droits les plus ſacrés des nations, il ſembleroit qu'on ne devoit au-cune ſûreté à ſon ambaſſadeur, ſi l'on ne faiſoit réflexion que cette ſûreté étant fondée ſur la néceſſité de conſerver aux ſouverains des moyens ſûrs de ſe faire des propoſitions ré-ciproques, & de traiter enſemble en paix & en guerre, elle doit s'étendre juſqu'aux envoyés des princes, qui, violant eux-mê-mes le droit des gens, ne mériteroient d'ailleurs aucun égard.

§. 104.
Du libre exercice de la reli-gion.

Il eſt des droits d'une autre nature, qui ne ſont point ſi néceſſairement attachés au caractere de miniſtre public, mais que la coutume lui attribue preſque par-tout. L'un des prin-cipaux eſt le libre exercice de ſa religion. Il eſt, à la vérité, très-convenable que le miniſtre, & ſur-tout le miniſtre réſi-dent puiſſe exercer librement ſa religion dans ſon hôtel, pour

(*a*) Alvake & di, hiſtoire de la conquéte de la Sirie.

(*b*) Hiſtoire des Sarraſins, par Ockley, tom. I, p. 294. de la traduction françoiſe.

(*c*) Choisy, hiſtoire de S. Louis.

lui & les gens de fa fuite ; mais on ne peut pas dire que
ce droit foit, comme l'indépendance & l'inviolabilité, abfolument néceffaire au jufte fuccès de fa commiffion, particuliérement pour un miniftre non-réfident, le feul que les
nations foient obligées d'admettre (§. 66). Le miniftre fera
à cet égard ce qu'il voudra, dans le fecret de fa maifon, où
perfonne n'eft en droit de pénétrer. Mais fi le fouverain du
pays ou il réfide, fondé fur de bonnes raifons, ne vouloit pas
lui permettre d'exercer fa religion d'une maniere qui tranf-
pirât dans le public, on ne fauroit condamner ce fouverain,
bien moins l'accufer de bleffer le droit des gens. Aujourd'hui
ce libre exercice n'eft refufé aux ambaffadeurs dans aucun pays
civilifé : un privilege fondé en raifon ne peut être refufé,
quand il n'entraîne point d'inconvénient.

§. 105.
Si l'ambaf-
fadeur eft
exempt de
tous im-
pots.

Parmi ces droits non néceffaires au fuccès des ambaffades,
il en eft qui ne font pas fondés non plus fur un confentement
auffi général des nations, mais que l'ufage attribue cependant
au caractere, en plufieurs pays. Telle eft l'exemption des droits
d'entrée & de fortie, pour les chofes qu'un miniftre étranger
fait venir dans le pays, ou qu'il envoie dehors. Il n'y a nulle
néceffité qu'il foit diftingué à cet égard, puifqu'en payant ces
droits il n'en fera pas moins en état de remplir fes fonctions.
Si le fouverain veut bien l'en exempter, c'eft une civilité
à laquelle le miniftre ne pouvoit prétendre de droit, non plus
qu'à fouftraire fes bagages, ou les caiffes qu'il fait venir de
dehors, à la vifite des commis de la douane, cette vifite étant
néceffairement liée avec le droit de lever un impôt fur les
marchandifes qui entrent dans le pays. Thomas Chaloner,
ambaffadeur d'Angleterre en Efpagne, fe plaignit amérement
à la reine Elisabeth, fa maîtreffe, de ce que les commis de la
douane avoient ouvert fes coffres pour les vifiter. Mais la reine lui répondit, *que l'ambaffadeur étoit obligé de diffimuler tout ce
qui n'offenfoit pas directement la dignité de fon fouverain* (a).

(a) Wicquefort, ambaff. liv. I, fect. XXXIII, vers la fin.

L'indépendance de l'ambaſſadeur l'exempte, à la vérité, de toute impoſition perſonnelle, capitation, ou autre redevance de cette nature, & en général il eſt à couvert de tout impôt relatif à la qualité de ſujet de l'état. Mais pour ce qui eſt des droits impoſés ſur quelque eſpece de marchandiſes, ou de denrées, l'indépendance la plus abſolue n'exempte pas de les payer; les ſouverains étrangers eux‑mêmes y ſont ſoumis. On ſuit cette regle en Hollande; les ambaſſadeurs y ſont exempts des droits qui ſe levent ſur la conſommation, ſans doute parce que ces droits ont un rapport plus direct à la perſonne : ils paient les droits d'entrée & de ſortie.

A quelque point que s'étende leur exemption, il eſt bien manifeſte qu'elle ne regarde que les choſes véritablement à leur uſage. S'ils en abuſent, pour en faire un honteux trafic, en prêtant leur nom à des marchands, le ſouverain eſt inconteſtablement en droit de redreſſer & de prévenir la fraude, même par la ſuppreſſion du privilege. C'eſt ce qui eſt arrivé en divers endroits : la ſordide avarice de quelques miniſtres qui trafiquoient de leurs exemptions, a obligé le ſouverain à les leur ôter. Aujourd'hui les miniſtres étrangers à Petersbourg ſont ſoumis aux droits d'entrée, mais l'Impératrice a la générofité de les dédommager de la perte d'un privilege qui ne leur étoit pas dû, & que les abus l'ont obligée d'abolir.

Mais on demande à ce ſujet ſi une nation peut abolir ce qui ſe trouve établi par l'uſage, à l'égard des miniſtres étrangers ? Voyons donc quelle obligation la coutume, l'uſage reçu, peut impoſer aux nations, non ſeulement en ce qui regarde les miniſtres, mais auſſi en géneral ſur tout autre ſujet. Tous les uſages, toutes les coutumes des autres nations ne peuvent obliger un état indépendant, ſinon en tant qu'il y a donné ſon conſentement, exprés ou tacite. Mais dès qu'une coutume indifférente en ſoi eſt une fois bien établie & reçue, elle

§. 106. De l'obligation fondée ſur l'uſage & la coutume.

oblige les nations qui l'ont tacitement ou expreſſément adop-
tée. Cependant, ſi quelqu'une y découvre dans la ſuite des
inconvéniens, elle eſt libre de déclarer qu'elle ne veut plus
s'y ſoumettre ; & ſa déclaration une fois donnée bien clairement, perſonne n'eſt en droit de ſe plaindre , ſi elle na
aucun égard à la coutume. Mais une pareille déclaration doit
ſe faire d'avance, & lorſqu'elle n'intéreſſe perſonne en particulier , il eſt trop tard d'y venir lorſque le cas exiſte. C'eſt
une maxime généralement reçue, que l'on ne change pas
une loi dans le cas actuellement exiſtant. Ainſi , dans le ſujet particulier dont nous traitons, un ſouverain, en s'expli-
quant d'avance & ne recevant l'ambaſſadeur que ſur ce pied-
là , peut ſe diſpenſer de le laiſſer jouir de tous les privileges,
ou de lui déférer tous les honneurs que la coutume attri-
buoit auparavant à ſon caractere, pourvû que ces privileges
& ces honneurs ne ſoient point eſſentiels à l'ambaſſade, &
néceſſaires à ſon légitime ſuccès. Refuſer des privileges de
cette derniere eſpece, ce ſeroit autant que refuſer l'ambaſſade même, ce qu'un état ne peut faire généralement & toujours (§. 65), mais ſeulement lorſqu'il en a quelque bonne raiſon. Retrancher des honneurs conſacrés, devenus en quelque
façon eſſentiels, c'eſt marquer du mépris & faire une injure.

Il faut obſerver encore ſur cette matiere, que quand un
ſouverain veut ſe diſpenſer de ſuivre déſormais une coutume
établie, la regle doit être générale. Refuſer certains honneurs,
ou certains privileges d'uſage, à l'ambaſſadeur d'une nation,
dans le tems que l'on continue à en laiſſer jouir ceux des autres, c'eſt faire affront à cette nation, lui témoigner du mépris, ou au moins de la mauvaiſe volonté.

Quelquefois les princes s'envoient les uns aux autres
des miniſtres ſecrets, dont le caractere n'eſt point public. Si
un pareil miniſtre eſt inſulté par quelqu'un qui ne connoît pas
ſon caractere, le droit des gens n'eſt point violé ; mais le prince
qui

qui reçoit ce miniftre, & qui le connoît pour miniftre public, eft lié des mêmes obligations envers lui, il doit le protéger, & le faire jouir, autant qu'il eft en fon pouvoir, de toute la fûreté & de l'indépendance que le droit des gens attribue au caractere. L'action de François Sforce, duc de Milan, qui fit mourir Maraviglia (ou Merveille) miniftre fecret de François I, eft inexcufable. Sforce avoit fouvent traité avec cet agent fecret, il l'avoit reconnu pour miniftre du roi de France (a).

Nous ne pouvons mieux placer qu'ici une queftion intéreffante du droit des gens, qui a beaucoup de rapport au droit des ambaffades. On demande quels font les droits d'un fouverain qui fe trouve en pays étranger, & de quelle façon le maître du pays doit en ufer à fon égard? Si ce prince eft venu pour négocier, pour traiter de quelque affaire publique, il doit jouir fans contredit, & dans un degré plus éminent de tous les droits des ambaffadeurs. S'il eft venu en voyageur, fa dignité feule, & ce qui eft dû à la nation qu'il repréfente & qu'il gouverne, le met à couvert de toute infulte, lui affure des refpects & toute forte d'égards, & l'exempte de toute jurifdiction. Il ne peut être traité comme fujet aux loix communes dès qu'il fe fera connoître; car on ne préfume pas qu'il ait confenti à s'y foumettre, & fi on ne veut pas le fouffrir fur ce pied-là, il faut l'avertir. Mais fi ce prince étranger forme quelque entreprife contre la fûreté & le falut de l'état, en un mot, s'il agit en ennemi, il peut très-juftement être traité comme tel. Hors ce cas-là, on lui doit toute fûreté, puifqu'elle eft due même à un particulier étranger.

§. 108. D'un fouverain qui fe trouve en pays étranger.

Une idée ridicule a gagné l'efprit des gens même qui ne fe croient pas peuple : ils penfent qu'un fouverain qui entre

(a) Voyez les mémoires de Martin du Bellay, Liv. IV, & l'hiftoire de France du P. Daniel, Tom. I, p. 300. & fuiv.

dans un pays étranger, fans permiffion, peut y être arrêté
(*a*). Et fur quelle raifon pourroit-on fonder une pareille violence? Cette abfurdité fe réfute d'elle - même. Il eft vrai que
le fouverain étranger doit avertir de fa venue, s'il defire
qu'on lui rende ce qui lui eft dû. Il eft vrai de même qu'il
fera prudent à lui de demander des paffeports, pour ôter à la
mauvaife volonté tout prétexte & toute efpérance de couvrir l'injuftice & la violence fous quelques raifons fpécieufes.
Je conviens encore que la préfence d'un fouverain étranger pouvant tirer à conféquence dans certaines occafions ,
pour peu que les tems foient foupçonneux & fon voyage fufpect, le prince ne doit pas l'entreprendre fans avoir l'agré-
ment de celui chez qui il veut aller. PIERRE le grand voulant aller lui-même chercher dans les pays étrangers les arts &
les fciences, pour enrichir fon empire, fe mit à la fuite de
fes ambaffadeurs.

Le prince étranger conferve fans doute tous fes droits fur
fon état & fes fujets, & il peut les exercer en tout ce qui
n'intéreffe point la fouveraineté du territoire dans lequel il fe
trouve. C'eft pourquoi il paroît que l'on fut trop ombrageux
en France, lorfqu'on ne voulut pas fouffrir que l'empereur
SIGISMOND étant à Lyon, y créât duc le comte de Savoie,
vaffal de l'empire (voyez ci-deffus, Liv. II, §. 40.). On n'eût
pas été fi difficile à l'égard d'un autre prince , mais on étoit en
garde jufqu'au fcrupule contre les vieilles prétentions des em-

---

(*c*) On eft furpris de voir un grave hiftorien donner dans cette penfée : voyez
CRAMOND , hift. Gall. *Lib* XII. Le Cardinal de RICHELIEU allégua auffi cette
mauvaife raifon , quand il fit arréter l'électeur Palatin CHARLES - LOUIS , qui avoit
entrepris de traverfer la France *incognito* : il dit *qu'il n'étoit permis à aucun prince
étranger de paffer par le royaume fans paffeport.* Mais il ajouta de meilleures raifons , prifes des deffeins du prince Palatin fur Brifac & fur les autres places laiffées
par le duc BERNARD de Saxe - Weymar , & auxquelles la France prétendoit avoir
plus de droit que perfonne , parce que ces conquêtes avoient été faites avec fon argent. Voyez l'hiftoire du traité de Weftphalie , par le P. BOUGANT. Tom. II. *in-
12°. p. 88.*

pereurs. Au contraire, ce fut avec beaucoup de raifon que l'on trouva mauvais, dans le même royaume, que la reine Christine y eût fait exécuter, dans fon hôtel, un de fes domeftiques, car une exécution de cette nature eft un acte de jurifdiction territoriale. Et d'ailleurs, Chriftine avoit abdiqué la couronne : toutes fes réferves, fa naiffance, fa dignité, pouvoient bien lui affurer de grands honneurs, & tout au plus une entiere indépendance ; mais non pas tous les droits d'un fouverain actuel. Le fameux exemple de Marie, reine d'Ecoffe, que l'on voit fi fouvent allégué en cette matiere, n'y vient pas fort à propos. Cette princeffe ne poffédoit plus la couronne quand elle vint en Angleterre & qu'elle y fut arrêtée, jugée & condamnée.

Les députés aux affemblées des états d'un royaume, ou d'une république ne font point des miniftres publics comme ceux dont nous venons de parler, n'étant pas envoyés aux étrangers ; mais ils font perfonnes publiques, & en cette qualité ils ont des privileges que nous devons établir en peu de mots, avant que de quitter cette matiere. Les états qui ont droit de s'affembler par députés, pour délibérer fur les affaires publiques, font fondés, par cela même, à exiger une entiere fûreté pour leurs repréfentans, & toutes les exemptions néceffaires à la liberté de leurs fonctions. Si la perfonne des députés n'eft pas inviolable, ceux qui les délèguent ne pourront s'affûrer de leur fidélité à maintenir les droits de la nation, à défendre courageufement le bien public : Et comment ces répréfentans pourront-ils s'acquitter dignement de leurs fonctions, s'il eft permis de les inquiéter, en les traînant en juftice, foit pour dettes, foit pour délits communs ? Il y a ici, de la nation au fouverain, les mêmes raifons, qui établiffent, d'état à état, les immunités des ambaffadeurs. Difons donc, que les droits de la nation & la foi publique mettent ces députés à couvert de toute violence, & même de toute pour-

§. 109.
Des députés des états.

O o 2

fuite judiciaire, pendant le tems de leur miniftere. C'eft auffi ce qui s'obferve en tout pays, particuliérement aux dietes de l'empire, aux parlemens d'Angleterre, & aux *cortes* d'Ef-pagne. HENRI III, roi de France, fit tuer aux états de Blois le duc & le cardinal DE GUISE. La fûreté des états fut fans doute violée par cette action ; mais ces princes étoient des rebelles, qui portoient leurs vues audacieufes jufqu'à dépouil-ler leur fouverain de fa couronne : & s'il étoit également cer-tain que HENRI ne fût plus en état de les faire arrêter & punir fuivant les loix, la néceffité d'une jufte défenfe faifoit le droit du roi & fon apologie. C'eft le malheur des princes foibles & mal-habiles, qu'ils fe laiffent réduire à des extrêmités d'où ils ne peuvent fortir fans violer toutes les regles. On dit que le pape SIXTE V, apprenant la mort du duc de Guife, loua cet acte de vigueur comme un coup d'état néceffaire ; mais il entra en fureur, quand on lui dit que le cardinal avoit été auffi tué (*a*). C'étoit pouffer bien loin d'orgueilleufes prétentions. Le pontife convenoit que la néceffité preffante avoit autorifé HENRI à violer la fûreté des états & toutes les formes de la juftice : prétendoit - il que ce prince mit au ha-fard fa couronne & fa vie plutôt que de manquer de refpect pour la pourpre romaine ?

CHAPITRE VIII.

Du juge de l'ambaffadeur en maniere civile.

QUelques auteurs veulent foumettre l'ambaffadeur, pour affaires civiles, à la jurifdiction du pays où il réfide, au moins pour les affaires qui ont pris naiffance pen-

(*a*) Voyez les hiftoriens de France.

dant le tems de l'ambaſſade : ils alleguent, pour ſoutenir leur
ſentiment, que cette ſujétion ne fait aucun tort au caractere :
quelque ſacrée, diſent-ils, *que ſoit une perſonne, on ne donne aucune atteinte à ſon inviolabilité en l'appellant en juſtice pour cauſe
civile.* Mais ce n'eſt pas parce que leur perſonne eſt *ſacrée*,
que les ambaſſadeurs ne peuvent être appellés en juſtice ;
c'eſt par la raiſon qu'ils ne relevent point de la juriſdiction
du pays où ils ſont envoyés : & l'on peut voir ci-deſſus (§.
92) les raiſons ſolides de cette indépendance. Ajoutons ici
qu'il eſt tout-à-fait convenable, & même néceſſaire, qu'un ambaſſadeur ne puiſſe être appellé en juſtice, même pour cauſe
civile, afin qu'il ne ſoit point troublé dans l'exercice de ſes
fonctions. Par une raiſon ſemblable, il étoit défendu chez les Romains , d'appeller en juſtice un pontife pendant qu'il vaquoit
à ſes fonctions ſacrées (*a*), mais on pouvoit l'y appeller en d'autres tems. La raiſon ſur laquelle nous nous fondons, eſt alléguée dans le droit romain : *Ideo enim non datur actio* (ad-
verſus legatum) *ne ab officio ſuſcepto legationis avocetur* (*b*),
ne impediatur legatio (*c*). Mais il y avoit une exception au ſujet
des affaires contractées pendant l'ambaſſade. Cela étoit raiſonnable à l'égard de ces *legati* , ou miniſtres, dont parle ici
le droit romain , leſquels n'étant envoyés que par des peuples ſoumis à l'empire , ne pouvoient prétendre à l'indépendance dont jouit un miniſtre étranger. Le légiſlateur pouvoit
ordonner ce qui lui paroiſſoit le plus convenable à l'égard des
ſujets de l'état : mais il n'eſt pas de même du pouvoir d'un
ſouverain, de ſoumettre à ſa juriſdiction le miniſtre d'un autre ſouverain. Et quand il le pourroit, par convention, ou
autrement, cela ne ſeroit point à propos. L'ambaſſadeur pourroit être ſouvent troublé dans ſon miniſtere ſous ce prétexte,

(*a*) *Nec pontificem* (in jus vocari oportet) *dum ſacra facit.* Dɪɢᴇsᴛ. Lib.
II. Tit. IV. *de in jus vocando*, Leg. II.
(*b*) Dɪɢᴇsᴛ. lib. V, tit. I. *De judiciis*, &c. Leg. XXIV. §. 2.
(*c*) *Ibid.* Leg. XXVI.

& l'état entraîné dans de fâcheuses querelles, pour le mince intérêt de quelques particuliers, qui pouvoient & qui devoient prendre mieux leurs sûretés. C'est donc très-convenablement aux devoirs des nations, & conformément aux grands principes du droit des gens, que, par l'usage & le consentement de tous les peuples, l'ambassadeur, ou ministre public, est aujourd'hui absolument indépendent de toute jurisdiction, dans l'état où il réside, tant pour le civil, que pour le criminel. Je sais qu'on a vu quelques exemples du contraire. Mais un petit nombre de faits n'établit pas la coutume; au contraire, ceux-ci la confirment telle que nous la disons, par l'improbation qu'ils ont reçue. L'an 1668, on vit à la Haye un résident de Portugal arrêté & mis en prison pour dettes, par ordre de la cour de justice. Mais un illustre membre (*a*). de cette même cour juge avec raison, que cette procédure étoit illégitime & contraire au droit des gens. En l'année 1657, un résident de l'électeur de Brandebourg fut arrêté aussi pour dettes, en Angleterre. Mais on le relâcha, comme n'ayant pu être arrêté légitimement, & même les créanciers & les officiers de justice, qui lui avoient fait cette insulte, furent punis (*b*).

§. 111.
Comment il peut s'y soumettre volontairement.

Mais si l'ambassadeur veut renoncer en partie à son indépendance, & se soumettre à la jurisdiction du pays pour affaires civiles, il le peut sans-doute, pourvu que ce soit avec le consentement de son maitre. Sans ce consentement, l'ambassadeur n'est pas en droit de renoncer à des privileges, qui intéressent la dignité & le service de son souverain, qui sont fondés sur les droits du maitre, faits pour son avantage, &

---

a M. DE BYNKERSHOEK, traité du juge compétent des ambassadeurs, chap. 13. §. 1.

b *Ibid.*

Il n'y a pas long-tems qu'on a vu un ministre étranger en France, poursuivi par ses créanciers & à qui la cour de France réfusa un passeport. Voyez Journal politique de Bouillon du 1 février 1771. pag. 54. & 15 janvier, pag. 57.

non pour celui du miniſtre. Il eſt vrai que, ſans attendre la permiſſion du maître, l'ambaſſadeur reconnoît la juriſdiction du pays, lorſqu'il devient acteur en juſtice. Mais cela eſt inévitable ; & d'ailleurs, il n'y a pas d'inconvénient en matiere civile & d'intérêt, parce que l'ambaſſadeur eſt toujours le maître de ne point ſe rendre acteur, & qu'il peut, au beſoin, charger un procureur ou un avocat de pourſuivre la cauſe.

Ajoutons ici en paſſant, qu'il ne doit jamais ſe rendre acteur en juſtice, pour cauſe criminelle : s'il a été inſulté, il porte ſes plaintes au ſouverain, & la partie publique doit pourſuivre le coupable.

Il peut arriver que le miniſtre d'une puiſſance étrangere ſoit en même tems ſujet de l'état où il eſt accrédité ; & en ce cas, par ſa qualité de ſujet, il demeure inconteſtablement ſoumis à la juriſdiction du pays, dans tout ce qui n'appartient pas directement à ſon miniſtere. Mais il eſt queſtion de connoître en quels cas ces deux qualités de ſujet & de miniſtre étranger ſe trouvent réunies dans la même perſonne. Il ne ſuffit pas pour cela que le miniſtre ſoit né ſujet de l'état où il eſt envoyé ; car à moins que les loix ne défendent expreſſément à tout citoyen de quitter ſa patrie, il peut avoir renoncé légitimement à ſon pays, pour ſe donner à un nouveau maître ; il peut encore, ſans renoncer pour toujours à ſa patrie, en devenir indépendant, pour tout le tems qu'il ſera au ſervice d'un prince étranger ; & la préſomption eſt certainement pour cette indépendance. Car l'état & les fonctions du miniſtre public exigent naturellement qu'il ne dépende que de ſon maître (§. 92), du prince dont il fait les affaires. Lors donc que rien ne décide ni n'indique le contraire, le miniſtre étranger, quoique auparavant ſujet de l'état. en eſt réputé abſolument indépendant, pendant tout le tems de ſa commiſſion. Si ſon premier ſou-

§. 112. D'un miniſtre ſujet de l'état auprès du quel il eſt employé.

verain ne veut pas lui accorder cette indépendance dans fon pays , il peut refufer de l'admettre en qualité de miniftre étranger , comme cela fe pratique en France , où , fuivant M. DE CALLIERES (a), le roi *ne reçoit plus de fes fujets en qualité de miniftres des autres princes.*

Mais un fujet de l'état peut demeurer fujet , tout en acceptant la commiffion d'un prince étranger. Sa fujétion eft expreffément établie , quand le fouverain ne le reconnoît en qualité de miniftre que fous la réferve qu'il demeurera fujet de l'état. Les Etats généraux des Provinces-Unies , par une ordonnance du 19 juin 1681 , déclarent : " qu'aucun fujet de l'état n'eft reçu comme ambaffadeur ou „ miniftre d'une autre puiffance , qu'à condition qu'il ne „ dépouillera point fa qualité de fujet , même à l'égard de la „ jurifdiction , tant pour les affaires civiles que pour les „ criminelles , & que fi quelqu'un , en fe faifant reconnoître „ pour ambaffadeur ou miniftre , n'a point fait mention de „ fa qualité de fujet de l'état , il ne jouira point des droits „ ou privileges qui ne conviennent qu'aux miniftres des „ puiffances étrangeres (b). „

Ce miniftre peut encore garder *tacitement* fa premiere fujétion ; & alors on connoît qu'il demeure fujet , par une conféquence naturelle , qui fe tire de fes actions , de fon état & de toute fa conduite. C'eft ainfi que , indépendamment même de la déclaration dont nous venons de parler , ces marchands Hollandois , qui fe procurent des titres de réfidens de quelques princes étrangers , & continuent cependant leur commerce , indiquent affez par cela même , qu'ils demeurent fujets. Quels que puiffent être les inconvéniens de la fujétion d'un miniftre au fouverain , auprès du-

(a) Maniere de négocier avec les fouverains , chap. 6.
(b) BYNKERSHOEK ; *ubi fuprà ,* chap. 11 à la fin.

quel

quel il eſt employé ; ſi le prince étranger veut s'en contenter , & avoir un miniſtre ſur ce pied-là , c'eſt ſon affaire ;
il ne pourra ſe plaindre quand ſon miniſtre ſera traité comme
ſujet.

Il peut arriver encore qu'un miniſtre étranger ſe rende
ſujet de la puiſſance à laquelle il eſt envoyé , en recevant
d'elle un emploi; & en ce cas , il ne peut prétendre à l'indépendance , que dans les choſes ſeulement qui appartiennent directement à ſon miniſtere. Le prince qui l'envoie
lui permettant cet aſſujettiſſement volontaire , veut bien s'expoſer aux inconvéniens. Ainſi on a vu dans le ſiecle dernier , le baron DE CHARNACE' & le comte d'ESTRADES , ambaſſadeurs de France auprès des Etats-généraux , & en même
tems officiers dans les troupes de leurs hautes puiſſances.

§. 113.
Comment
l'exemp-
tion du mi-
niſtre s'é-
tend à ſes
biens.

L'indépendance du miniſtre public eſt donc la vraie raiſon qui le rend exempt de toute juriſdiction du pays où il
réſide. On ne peut lui adreſſer directement aucun exploit
juridique , parce qu'il ne releve point de l'autorité du prince
ou des magiſtrats. Mais cette exemption de la perſonne s'é-
tend-elle indiſtinctement à tous ſes biens ? Pour réſoudre
cette queſtion , il faut voir ce qui peut aſſujettir les biens à
la juriſdiction d'un pays , & ce qui peut les en exempter. En
général , tout ce qui ſe trouve dans l'étendue d'un pays eſt
ſoumis à l'autorité du ſouverain & à ſa juriſdiction (liv. I,
§. 205 , & liv. II, §§. 83 , 84.) : s'il s'éleve quelque conteſtation au ſujet d'effets , de marchandiſes qui ſe trouvent
dans le pays , ou qui y paſſent , c'eſt au juge du lieu qu'en
appartient la déciſion. En vertu de cette dépendance , on a
établi en bien des pays , le moyen des *arrêts* ou *ſaiſies* , pour
obliger un étranger à venir dans le lieu où ſe fait l'arrêt ,
répondre à quelque demande qu'on a à lui faire , quoiqu'elle
n'ait pas pour objet direct les effets ſaiſis. Mais , comme
nous l'avons fait voir , le miniſtre étranger eſt indépendant

de la jurifdiction du pays; & fon indépendance perfonnelle, quant au civil, lui feroit affez inutile , fi elle ne s'étendoit à tout ce qui lui eft néceffaire pour vivre avec dignité & pour vaquer tranquillement à fes fonctions. D'ailleurs , tout ce qu'il a amené ou acquis pour fon ufage , comme miniftre, eft tellement attaché à fa perfonne , qu'il en doit fuivre le fort. Le miniftre venant comme indépendant , il n'a pu entendre foumettre à la jurifdiction du pays fon train , fes bagages, tout ce qui fert à fa perfonne. Toutes les chofes donc qui appartiennent directement à la perfonne du miniftre , en fa qualité de miniftre public , tout ce qui eft à fon ufage , tout ce qui fert à fon entretien & à celui de fa maifon , tout cela, dis - je , participe à l'indépendance du miniftre , & eft abfolument exempt de toute jurifdiction dans le pays. Ces chofes-là font confidérées comme étant hors du territoire , avec la perfonne à qui elles appartiennent.

§. 114. L'exemption ne peut s'étendre aux effets appartenans à quelque trafic que fera le miniftre.

Mais il n'en peut être de même des effets qui appartiennent manifeftement au miniftre , fous une autre relation que celle de miniftre. Ce qui n'a aucun rapport à fes fonctions & à fon caractere , ne peut participer aux privileges que fes fonctions & fon caractere lui donnent. S'il arrive donc , comme on l'a vu fouvent , qu'un miniftre faffe quelque trafic, tous les effets, marchandifes , argent , dettes actives & paffives appartenant à fon commerce, toutes les conteftations même & les procès qui en réfultent , tout cela eft foumis à la jurifdiction du pays. Et bien que, pour ces procès , on ne puiffe s'adreffer directement à la perfonne du miniftre, à caufe de fon indépendance on l'oblige indirectement à répondre, par la faifie des effets qui appartiennent à fon commerce. Les abus qui naîtroient d'un ufage contraire font manifeftes. Que feroit - ce qu'un marchand privilégié pour commettre impunément dans un pays étranger toutes fortes d'injuftices ? Il n'y a aucune raifon d'étendre l'exemption du miniftre jufqu'à des chofes de cette nature. Si le maître craint quelque inconvénient de la dépendance indirecte où fon miniftre fe trouvera de cette maniere, il n'a qu'à lui défendre un négoce, lequel auffi bien fied affez mal à la dignité du caractere.

Ajoutons deux éclairciffemens à ce qui vient d'être dit. 1°. Dans le doute, le refpect dû au caractere exige que l'on explique toujours les chofes à l'avantage de ce même caractere. Je veux dire, que quand il y a lieu de douter fi une chofe eft véritablement deftinée à l'ufage du miniftre & de fa maifon, ou fi elle appartient à fon commerce, il faut juger à l'avantage du miniftre ; autrement on s'expoferoit à violer fes privileges. 2°. Quand je dis que l'on peut faifir les effets du miniftre qui n'ont aucun rapport à fon caractere, ceux de fon commerce en particulier, cela doit s'entendre dans la fuppofition que ce ne foit point pour quelque fujet provenant des affaires que peut avoir le miniftre dans fa qualité de miniftre, pour fournitures faites à fa maifon, par exemple, pour loyer de fon hôtel, &c. Car les affaires que l'on a avec lui fous cette relation, ne peuvent être jugées dans le pays, ni par conféquent être foumifes à la jurifdiction, par la voie indirecte des arrêts.

Tous les fonds de terre, tous les biens immeubles relevent de la jurifdiction du pays (liv. I, §. 205. & liv. II, §§. 83, 84), quel qu'en foit le propriétaire. Pourroit - on les en fouftraire par cela feul que le maître fera envoyé en qualité d'ambaffadeur, par une puiffance étrangere ? Il n'y auroit aucune raifon à cela. L'ambaffadeur ne poffede pas ces biens-là comme ambaffadeur ; ils ne font pas attachés à fa perfonne, de maniere qu'ils puiffent être réputés hors du territoire avec elle. Si le prince étranger craint les fuites de cette dépendance où fe trouvera fon miniftre par rapport à quelques- uns de fes biens, il peut en choifir un au-

§ 115.
Non plus
qu'aux im-
meubles,
qu'il poffe-
de dans le
pays.

tre. Difons donc que les biens immeubles, poffédés par un miniftre étranger, ne changent point de nature par la qualité du propriétaire, & qu'ils demeurent fous la jurifdiction de l'état où ils font fitués. Toute difficulté, tout procès qui les concerne doit être porté devant les tribunaux du pays, & les mêmes tribunaux en peuvent ordonner la faifie, fur un titre légitime. Au refte, on comprendra aifément que fi l'ambaffadeur loge dans une maifon qui lui appartient en propre, cette maifon eft exceptée de la regle, comme fervant actuellement à fon ufage ; exceptée, dis-je, dans tout ce ce qui peut intéreffer l'ufage qu'en fait actuellement l'ambaffadeur.

On peut voir dans le traité de M. DE BYNKERSHOEK (a), que la coutume eft conforme aux principes établis ici & dans le paragraphe précédent. Lorfqu'on veut intenter action à un ambaffadeur, dans les deux cas dont nous venons de parler, c'eft-à-dire, au fujet de quelque immeuble fitué dans le pays, ou d'effets mobiliaires qui n'ont aucun rapport à l'ambaffade, on doit faire citer l'ambaffadeur, comme on cite les abfens, puifqu'il eft cenfé hors du territoire, & que fon indépendance ne permet point qu'on s'addreffe à fa perfonne par une voie qui porte le caractere de l'autorité, comme feroit le miniftere d'un huiffier.

§. 116.
Comment
on peut ob-
tenir juf-
tice contre
un ambaf-
fadeur.

Quel eft donc le moyen d'avoir raifon d'un ambaffadeur qui fe refufe à la juftice, dans les affaires que l'on peut avoir avec lui? Plufieurs difent qu'il faut l'attaquer devant le tribunal dont il étoit reffortiffant avant fon ambaffade. Cela ne me paroît pas exact. Si la néceffité & l'importance de fes fonctions le mettent au deffus de toute pourfuite, dans le pays étranger où il réfide, fera-t-il permis de le troubler, en l'appellant devant les tribunaux de fon domicile ordinaire? Le bien du

(a) Du juge compétent des ambaffadeurs. chap. 16. §. 6.

ſervice public s'y oppoſe. Il faut que le miniſtre dépende uniquement du ſouverain auquel il appartient d'une façon toute
particuliere. C'eſt un inſtrument dans la main du conducteur
de la nation, dont rien ne doit détourner ou empêcher le ſervice. Il ne ſeroit pas juſte non plus que l'abſence d'un homme
chargé des intérêts du ſouverain & de la nation lui devint
préjudiciable dans ſes affaires particulieres. Par - tout, ceux
qui ſont abſens pour le ſervice de l'état ont des privileges
qui les mettent à couvert des inconvéniens de l'abſence. Mais
il faut prévenir, autant qu'il eſt poſſible, que ces privileges
des miniſtres de l'état ne ſoient trop onéreux aux particuliers qui ont des affaires avec eux. Quel eſt donc le moyen
de concilier ces intérêts divers, le ſervice de l'état & le ſoin
de la juſtice? Tous particuliers, citoyens ou étrangers qui
ont des prétentions à la charge d'un miniſtre, s'ils ne peuvent obtenir ſatisfaction de lui-même, doivent s'adreſſer au
maître, lequel eſt obligé de rendre juſtice de la maniere la
plus compatible avec le ſervice public. C'eſt au prince de voir
s'il convient de rappeller ſon miniſtre, ou de marquer le tribunal devant lequel on pourra l'appeller, d'ordonner des délais, &c. En un mot, le bien de l'état ne ſouffre point que qui
que ce ſoit puiſſe troubler le miniſtre dans ſes fonctions, ou
l'en diſtraire, ſans la permiſſion du ſouverain, & le ſouverain,
obligé de rendre la juſtice à tout le monde, ne doit point
autoriſer ſon miniſtre à la refuſer, ou à fatiguer ſes adverſaires
par d'injuſtes délais.

CHAPITRE IX.

De la maifon de l'ambaffadeur, de fon hôtel, & des gens de fa fuite.

§. 117.
De l'hôtel de l'ambaf-fadeur.

L'Indépendance de l'ambaffadeur feroit fort imparfaite & fa fûreté mal établie, fi la maifon où il loge ne jouiffoit d'une entiere franchife, & fi elle n'étoit pas inacceffible aux miniftres ordinaires de la juftice. L'ambaffadeur pourroit être troublé fous mille prétextes, fon fecret découvert par la vifite de fes papiers, & fa perfonne expofée à des avanies. Toutes le raifons qui établiffent fon indépendance & fon inviolabilité concourent donc auffi à affurer la franchife de fon hôtel. Ce droit du caractere eft généralement reconnu chez les nations policées. On confidere au moins dans tous les cas ordinaires de la vie, l'hôtel d'un ambaffadeur comme étant hors du territoire, auffi bien que fa perfonne. On en a vu, il y a peu d'années, un exemple remarquable à Pétersbourg. Trente foldats, aux ordres d'un officier, entrerent le 3 d'avril 1752, dans l'hôtel du baron DE GREIFFENEIM, miniftre de Suede, & enleverent deux de fes domeftiques, qu'ils conduifirent en prifon, fous prétexte que ces deux hommes avoient vendu clandeftinement des boiffons que la ferme impériale a feule le privilege de débiter. La cour indignée d'un pareille action, fit arrêter auffi-tôt les auteurs de cette violence; l'impératrice ordonna de donner fatisfaction au miniftre offenfé. Elle lui fit remettre, & aux autres miniftres des puiffances étrangeres, une déclaration, dans laquelle cette fouveraine témoignoit fon indignation & fon déplaifir de ce qui s'étoit paffé, & faifoit part des ordres qu'elle avoit donnés au fénat de faire le procès au chef du bureau établi pour empêcher la vente clandeftine des liqueurs, qui étoit le principal coupable.

La maifon d'un ambaſſadeur doit être à couvert de toute infulte, ſous la protection particuliere des loix & du droit des gens : l'inſulter, c'eſt ſe rendre coupable envers l'état & envers toutes les nations.

Mais l'immunité, la franchiſe de l'hôtel n'eſt établie qu'en faveur du miniſtre & de ſes gens, comme on le voit évidemment par les raiſons mêmes ſur leſquelles elle eſt fondée. Pourra-t-il s'en prévaloir, pour faire de ſa maiſon un aſyle dans lequel il retirera les ennemis du prince & de l'état, les malfaiteurs de toute eſpece, & les ſouſtraira aux peines qu'ils auront méritées? Une pareille conduite ſeroit contraire à tous les devoirs d'un ambaſſadeur, à l'eſprit qui doit l'animer, aux vues légitimes qui l'ont fait admettre; perſonne n'oſera le nier : mais nous allons plus loin, & nous poſons comme une vérité certaine, qu'un ſouverain n'eſt point obligé de ſouffrir un abus ſi pernicieux à ſon état, ſi préjudiciable à la ſociété. A la vérité, quand il s'agit de certains délits communs, de gens ſouvent plus malheureux que coupables, ou dont la punition n'eſt pas fort importante au repos de la ſociété, l'hôtel d'un ambaſſadeur peut bien leur ſervir d'aſyle, & il vaut mieux laiſſer échapper des coupables de cette eſpece, que d'expoſer le miniſtre à ſe voir ſouvent troublé ſous prétexte de la recherche qu'on en pourroit faire, & que de compromettre l'état dans les inconvéniens qui en pourroient naître. Et comme l'hôtel d'un ambaſſadeur eſt indépendant de la juriſdiction ordinaire, il n'appartient en aucun cas aux magiſtrats, juges de police, ou autres ſubalternes d'y entrer de leur autorité, ou d'y envoyer leurs gens, ſi ce n'eſt dans des occaſions de néceſſité preſſante, où le bien public ſeroit en danger & ne permettroit point de délai. Tout ce qui touche une matiere ſi élevée & ſi délicate, tout ce qui intéreſſe les droits & la gloire d'une puiſſance étrangere, tout ce qui pourroit commettre l'état avec cette puiſſance, doit être porté immédia-

§. 118.
Du droit
d'aſyle.

tement au fouverain , & réglé par lui-même, ou fous fes ordres , par fon confeil d'état. C'eft donc au fouverain de décider , dans l'occafion , jufqu'à quel point on doit refpecter le droit d'afyle , qu'un ambaffadeur attribue à fon hôtel : & s'il s'agit d'un coupable , dont la détention ou le châtiment foit d'une grande importance à l'état , le prince ne peut être arrêté par la confidération d'un privilege qui n'a jamais été donné pour tourner au dommage & à la ruine des états. L'an 1726 , le fameux duc DE RIPPERDA s'étant réfugié chez milord GARRINGTON , ambaffadeur d'Angleterre , le confeil de Caftille décida " qu'on pouvoit l'en faire enle-
„ ver , même de force , puifque autrement , ce qui avoit été
„ réglé pour maintenir une plus grande correfpondance en-
„ tre les fouverains , tourneroit au contraire à la ruine &
„ à la deftruction de leur autorité; qu'étendre les privile-
„ ges accordés aux hôtels des ambaffadeurs en faveur fim-
„ plement des délits communs , jufqu'aux fujets dépofitaires
„ des finances ,des forces & des fecrets d'un état, lorfqu'ils
„ viennent à manquer aux devoirs de leur miniftere , ce fe-
„ roit introduire la chofe du monde la plus préjudiciable &
„ la plus contraire à toutes les puiffances de la terre , qui
„ fe verroient forcées , fi jamais cette maxime avoit lieu ,
„ non feulement à fouffrir , mais même à voir foutenir dans
„ leur cour tous ceux qui machineroient leur perte (a). „
On ne peut rien dire de plus vrai & de plus judicieux fur cette matiere.

L'abus de la franchife n'a été porté nulle part plus loin qu'à Rome , où les ambaffadeurs des couronnes la prétendent pour tout le quartier dans lequel leur hôtel eft fitué. Les papes, autrefois fi formidables aux fouverains , font depuis plus de deux fiecles dans la néceffité de les ménager

____

(a) Mémoires de M. l'abbé DE MONTGON , tom. I.

à

à leur tour. Ils ont fait de vains efforts pour abolir ou pour resserrer du moins dans de justes bornes un privilege abusif, que le plus ancien usage ne devroit pas soutenir contre la justice & la raison.

Les carosses, les équipages de l'ambassadeur jouissent des mêmes privileges que son hôtel, & par les mêmes raisons : les insulter, c'est attaquer l'ambassadeur lui - même & le souverain qu'il représente. Ils sont indépendans de toute autorité subalterne, des gardes, des commis, des magistrats & de leurs suppots, & ne peuvent être arrêtés & visités, sans un ordre supérieur. Mais ici comme à l'égard de l'hôtel, il faut éviter de confondre l'abus avec le droit. Il seroit absurde qu'un ministre étranger pût faire évader dans son carosse un criminel d'importance, un homme dont il seroit essentiel à l'état de s'assurer ; & cela, sous les yeux d'un souverain qui se verroit ainsi bravé dans son royaume & à sa cour. En est-il un qui le voulut souffrir ? Le marquis de FONTENAY, ambassadeur de France à Rome, donnoit retraite aux exilés & aux rebelles de Naples, & voulut enfin les faire sortir de Rome dans ses carosses, mais en sortant de la ville, les carosses furent arrêtés par des Corses de la garde du pape, & les Napolitains mis en prison. L'ambassadeur se plaignit vivement : le pape lui répondit " qu'il avoit voulu „ faire saisir des gens que l'ambassadeur avoit fait évader „ de la prison, que puisque l'ambassadeur se donnoit la liberté „ de protéger des scélérats, & tout ce qu'il y avoit de cri- „ minels dans l'état de l'église, il devoit pour le moins être „ permis à lui, qui en étoit le souverain, de les faire re- „ prendre par-tout où ils se rencontreroient ; *le droit & le pri-* „ *vilege des ambassadeurs ne devant pas s'étendre si loin.* L'ambas- „ sadeur repartit, qu'il ne se trouveroit point qu'il eut donné „ retraite aux sujets du pape, mais bien à quelques Napoli- „ tains, à qui il pouvoit donner sûreté contre les persécu-

§. 219.
Franchise des caros-
ses de l'ambassa-
deur.

Tome II.   Q q

„ tions des Espagnols (*a*). „ Ce ministre convenoit tacitement par sa réponse , qu'il n'auroit pas été fondé à se plaindre de ce qu'on avoit arrêté ses carosses , s'il les eût
fait servir à l'évasion de quelques sujets du pape , & à souf-
traire des criminels à la justice.

§. 120.
De la suite
de l'ambas-
sadeur.

L'inviolabilité de l'ambassadeur se communique aux gens
de sa suite , & son indépendance s'étend à tout ce qui forme
sa maison. Toutes ces personnes lui sont tellement attachées,
qu'elles suivent son sort ; elles dépendent de lui seul immédiatement , & sont exemptes de la jurisdiction du pays , où
elles ne se trouvent qu'avec cette réserve. L'ambassadeur doit
les protéger , & on ne peut les insulter sans l'insulter lui-même.
Si les domestiques & toute la maison d'un ministre étranger
ne dépendoient pas de lui uniquement, on sent avec quelle
facilité il pourroit être molesté , inquiété & troublé dans l'exercice de ses fonctions. Ces maximes sont reconnues par - tout
aujourd'hui , & confirmées par l'usage.

§. 121.
De l'épou-
se & de la
famille de
l'ambassa-
deur.

L'épouse de l'ambassadeur lui est intimément unie , &
lui appartient plus particuliérement que toute autre personne
de sa maison. Aussi participe-t-elle à son indépendance & à son
inviolabilité. On lui rend même des honneurs distingués , &
qui ne pourroient lui être refusés à un certain point, sans
faire affront à l'ambassadeur : le cérémonial en est réglé dans
la plupart des cours. La considération qui est due à l'ambassadeur rejaillit encore sur ses enfans, qui participent aussi à
ses immunités.

§. 122.
Du secré-
taire de
l'ambassa-
de.

Le secretaire de l'ambassadeur est au nombre de ses domestiques ; mais le secretaire de l'ambassade tient sa commission
du souverain lui-même, ce qui en fait une espece de ministre public, qui jouit pour lui-même de la protection du droit des gens

____

(*a*) WICQUEFORT , ambass. Liv. I , Sect. XXVIII vers la fin.

& des immunités attachées à fon état, indépendamment de l'ambaffadeur, aux ordres duquel il n'eft même foumis que fort imparfaitement, quelquefois point du tout, & toujours fuivant que leur maître commun l'a réglé.

Les couriers qu'un ambaffadeur dépêche ou reçoit, fes papiers, fes lettres & dépêches font autant de chofes qui appartiennent effentiellement à l'ambaffade, & qui doivent par conféquent être facrées, puifque fi on ne les refpectoit pas, l'ambaffade ne fauroit obtenir fa fin légitime, ni l'ambaffadeur remplir fes fonctions avec la fûreté convenable. Les Etats-généraux des Provinces-Unies ont jugé, dans le tems que le préfident JEANNIN étoit ambaffadeur de France auprès d'eux, que ouvrir les lettres d'un miniftre public c'eft violer le droit des gens (*a*). On peut voir d'autres exemples dans WICQUEFORT. Ce privilege n'empêche pas cependant que, dans les occafions importantes, où l'ambaffadeur a violé lui-même le droit des gens, en formant, ou en favorifant des complots dangereux, des confpirations contre l'état, on ne puiffe faifir fes papiers, pour découvrir toute la trame & les complices, puifqu'on peut bien, en pareil cas, l'arrêter & l'interroger lui-même (§. 99). On en ufa ainfi à l'égard des lettres remifes par des traîtres aux ambaffadeurs de TARQUIN (98).

§. 123. Des couriers & des dépêches de l'ambaffadeur.

Les gens de la fuite du miniftre étranger étant indépendans de la jurifdiction du pays, ne peuvent être arrêtés ni punis fans fon confentement. Mais il feroit peu convenable qu'ils vécuffent dans une entiere indépendance, & qu'ils euffent la liberté de fe livrer fans crainte à toute forte de défordres. L'ambaffadeur eft néceffairement révêtu de toute l'autorité néceffaire pour les contenir (*b*). Quelques-uns veulent que

§. 124. Autorité de l'ambaffadeur fur les gens de fa fuite.

(*a*) WICQUEFORT, Liv. I, Sect. XXVII.
(*b*) Il doit veiller fur leur conduite & ufer de cette autorité pour empêcher qu'ils ne fortent de leur caractere & ne faffent des chofes de nature à offenfer légi-

cette autorité s'étende jufqu'au droit de vie & de mort. Le marquis de ROSNY, depuis duc de SULLY, étant ambaffadeur extraordinaire de France en Angleterre, un gentilhomme de fa fuite fe rendit coupable d'un meurtre, ce qui excita une grande rumeur parmi le peuple de Londres. L'ambaffadeur affembla quelques feigneurs François, qui l'avoient accompagné, fit le procès au meurtrier, & le condamna à perdre la tête; après quoi il fit dire au maire de Londres qu'il avoit jugé le criminel, & lui demanda des archers & un bourreau pour exécuter la fentence. Mais enfuite, il convint de livrer le coupable aux Anglois, pour en faire eux-mêmes juftice, comme ils l'entendroient, & M. DE BEAUMONT, ambaffadeur ordinaire de France, obtint du roi d'Angleterre la grace du jeune homme, qui étoit fon parent (*a*). Il dépend du fouverain d'étendre jufqu'à ce point le pouvoir de fon ambaffadeur fur les gens de fa maifon, & le marquis de ROSNY fe tenoit bien affuré de l'aveu de fon maître, qui en effet approuva fa conduite. Mais en général, on doit préfumer que l'ambaffadeur eft feulement revêtu d'un pouvoir coercitif, fuffifant pour contenir fes gens, par d'autres peines, non capitales & point infamantes. Il peut châtier les fautes commifes contre lui & contre le fervice du maître, ou renvoyer les coupables à leur fouverain, pour être punis. Que fi fes gens fe rendent coupables envers la fociété, par des crimes dignes d'une peine févere, l'ambaffadeur doit diftinguer entre les domeftiques de fa nation & ceux qui font fujets du pays où il réfide. Le plus court & le plus naturel eft de chaffer ces derniers de fa maifon, & de les livrer à la juftice. Quant à ceux

timement le fouverain chez qui il réfide, ce qui peut avoir quelquefois des fuites fâcheufes & défagréables. Le comte de Harcourt étant envoyé en Angleterre pour moyenner un accommodement entre Charles I & fon parlement, plufieurs gentilshommes de fa fuite fe rendirent à l'armée du roi & combattirent contre les parlementaires. Dès ce moment le parlement ne voulut plus traiter avec le comte de Harcourt. *Hift. des confpirat.* Par du Port. Tom. IV, p. 261.

(*a*) Mémoires de SULLY, Tom. VI, chap. I, édition *in-12º.*

qui font de fa nation, s'ils ont offenfé le fouverain du pays, ou commis de ces crimes atroces , dont la punition intéreffe toutes les nations, qu'il eft d'ufage, pour cette raifon, de rendre d'un état à l'autre, pourquoi ne les livreroit-il pas à la nation qui demande leur fupplice? Si la faute eft d'un autre genre, il les renverra à fon fouverain. Enfin, dans un cas douteux, l'ambaffadeur doit tenir le criminel dans les fers , jufques-à-ce qu'il ait reçu les ordres de fa cour. Mais s'il condamne le coupable à mort, je ne penfe pas qu'il puiffe le faire exécuter dans fon hôtel. Car une exécution de cette nature eft une acte de fupériorité territoriale, qui n'appartient qu'au fouverain du pays. Et fi l'ambaffadeur eft réputé hors du territoire, auffi bien que fa maifon & fon hôtel, ce n'eft qu'une façon d'exprimer fon indépendance & tous les droits néceffaires au légitime fuccès de l'ambaffade : cette fiction ne peut emporter des droits réfervés au fouverain , trop délicats & trop importans pour être communiqués à un étranger; & dont l'ambaffadeur n'a pas befoin pour s'acquitter dignement de fes fonctions. Si le coupable a péché contre l'ambaffadeur , ou contre le fervice du maître , l'ambaffadeur peut l'envoyer à fon fouverain : fi le crime intéreffe l'état où le miniftre réfide , il peut juger le criminel, & le trouvant digne de mort, le livrer à la juftice du pays , comme fit le marquis de Rofny.

Quand la commiffion d'un ambaffadeur eft finie , lorfqu'il a terminé les affaires qui l'ont amené, lorfqu'il eft rappellé , ou congédié ; en un mot, dès qu'il eft obligé de partir, par quelque raifon que ce foit, fes fonctions ceffent ; mais fes privileges & fes droits n'expirent point dès ce moment : il les conferve jufqu'à fon retour auprès du maître , à qui il doit rendre compte de fon ambaffade (*a*). Sa fûreté, fon

§. 125.
Quand finiffent les droits de l'ambaffadeur.

____

(*a*) *C'étoit la coutume , dit Joinville , alors ufitée en payennie comme en chrétienté, que quand deux princes étoient en guerre , fi l'un d'eux venoit à mourir ,*

indépendance & fon inviolabilité ne font pas moins néceſ-
faires au ſuccès de l'ambaſſade , dans le départ que dans la
venue. Auſſi , lorſqu'un ambaſſadeur ſe retire , à cauſe de
la guerre qui s'allume entre ſon maître & le ſouverain auprès duquel il étoit employé, on lui laiſſe un tems ſuffiſant
pour ſortir du pays en toute ſûreté : & même , s'il s'en retournoit par mer , & qu'il vînt à être pris dans le trajet , il
ſeroit relâché ſans difficulté, comme ne pouvant être de bonne
priſe.

§. 126.
Des cas où
il faut de
nouvelles
lettres de
créance.

Les mêmes raiſons font ſubſiſter les privileges de l'ambaſſadeur, dans le cas où l'activité de ſon miniſtere ſe trouve
en ſuſpens , & où il a beſoin de nouveaux pouvoirs. Ce
cas arrive par la mort du prince que le miniſtre repréſente ,
ou par celle du ſouverain auprès duquel il réſide. Dans l'une
& l'autre occaſion , il eſt néceſſaire que le miniſtre ſoit muni
de nouvelles lettres de créance ; moins néceſſaire cependant
dans le dernier cas que dans le premier , ſur-tout ſi le ſucceſſeur du prince mort eſt ſucceſſeur naturel & néceſſaire ,
parce que l'autorité d'où eſt émanée le pouvoir du miniſtre
ſubſiſtant , on préſume aiſément qu'il demeure en la même
qualité auprès du nouveau ſouverain. Mais ſi le maître du
miniſtre n'eſt plus , les pouvoirs expirent , & il lui faut abſolument des lettres de créance du ſucceſſeur , pour l'autoriſer à parler & à agir en ſon nom. Cependant il demeure
dans l'intervalle miniſtre de ſa nation , & il doit jouir à ce
titre , des droits & des honneurs attachés au caractere.

§. 127.
Conclu-
ſion.

Me voici enfin parvenu au bout de la carriere que je
m'étois propoſée. Je ne me flatte point d'avoir donné un
traité complet & parfaitement rempli du droit des gens : ce
n'a pas été mon deſſein , & c'eût été trop préſumer de mes

les ambaſſadeurs qu'ils s'étoient envoyés réciproquement demeuroient priſonniers
eſclaves. Pag. 72 & 73.

forces , dans une matiere ſi vaſte & ſi riche. Ce ſera beaucoup pour moi, ſi mes principes ſont trouvés ſolides, lumi-
neux , & ſuffiſans aux perſonnes intelligentes., pour donner
la ſolution des queſtions de détail , dans les cas particuliers.
Heureux ſi mon travail peut être de quelque utilité aux gens
en place , qui aiment le genre humain & qui reſpectent la
juſtice ; s'il leur fournit des armes pour défendre le bon
droit, & pour forcer au moins les injuſtes à garder quelque
meſure , à ſe tenir dans les bornes de la décence !

FIN DU TOME SECOND.

TABLE

Des livres, chapitres & paragraphes, ou analyse du Tome I I.

LIVRE III.

De la guerre.

CHAPITRE I.

De la guerre & de ses différentes especes, & du droit de faire la guerre.

CHAPITRE II.

De ce qui sert à faire la guerre, de la levée des troupes, &c. de leurs commandans, ou des puissances subalternes dans la guerre.

13. Des

CHAPITRE III.

Des juftes caufes de la guerre.

Tome II. R r

CHAPITRE IV.

De la déclaration de guerre, & de la guerre en forme.

CHAPITRE V.

De l'ennemi , & des choses appartenantes à l'ennemi.

CHAPITRE VI.

Des associés de l'ennemi , des sociétés de guerre , des auxiliaires , des subsides.

CHAPITRE VII.

De la neutralité , & du paſſage des troupes en pays neutre.

CHAPITRE XVIII.

*Du droit des nations dans la guerre, & 1°. de ce qu'on est en
droit de faire & de ce qui est permis dans une guerre
juste, contre la personne de l'ennemi.*

C H A P I T R E IX.

Du droit de la guerre à l'égard des chofes qui appartiennent à l'ennemi.

C H A P I T R E X.

De la foi entre ennemis , des ʃtratagêmes , des ruʃes de guerre ; des eʃpions , & de quelques autres pratiques.

CHAPITRE XI.

Du fouverain qui fait une guerre injufte.

CHAPITRE XII.

Du Droit des gens volontaire, par rapport aux effets de la guerre en forme, indépendamment de la juftice de la caufe.

CHAPITRE XIII.

De l'acquifition par guerre, & principalement de la conquête.

CHAPITRE XIV.

Du droit de poftliminie.

CHAPITRE XV.

Du droit des particuliers dans la guerre.

CHAPITRE XVI.

De diverfes conventions qui fe font dans le cours de la guerre.

Tome II. S s

CHAPITRE XVII.

Des fauf-conduits & paffeports , & queftions fur la rançon des prifonniers de guerre.

CHAPITRE XVIII.

De la guerre civile.

LIVRE IV.

Du rétabliffement de la paix, & des ambaffades.

CHAPITRE I.

De la paix, & de l'obligation de la cultiver.

S s 2

CHAPITRE II.

Des traités de paix.

CHAPITRE III.

De l'exécution du traité de paix.

CHAPITRE IV.

De l'obſervation & de la rupture du traité de paix.

C H A P I T R E V.

*Du droit d'ambaſſade, ou du droit d'envoyer & de recevoir
des miniſtres publics.*

C H A P I T R E VI.

*Des divers ordres de miniſtres publics, du caractere repréſenta-
tif, & des honneurs qui ſont dus aux miniſtres.*

CHAPITRE VII.

Des droits, privileges & immunités des ambaſſadeurs & autres miniſtres publics.

CHAPITRE VIII.

Du juge de l'ambassadeur, en matiere civile.

CHAPITRE IX.

De la maison de l'ambassadeur, de son hôtel & des gens de sa suite.

FIN DE LA TABLE.

www.ingramcontent.com/pod-product-compliance
Lightning Source LLC
LaVergne TN
LVHW021236170726
843501LV00003B/809